Kursbuch

Ein Sprachkurs für Erwachsene und Jugendliche

Deutsch in der Schweiz

Arbeitsblätter für den leichten Einstieg Deutsch in der Schweiz

Ein Sprachkurs für Erwachsene und Jugendliche

Die Arbeitsblätter für den leichten Einstieg zu *Deutsch in der Schweiz* sind nicht in gedruckter Form erschienen, sondern können als kostenpflichtige Downloads direkt ab unserer Website bezogen werden: www.klett.ch

Arbeitsblätter zu Kapitel 1	*Die Arbeitsblätter für den leichten Einstieg* haben zum Ziel, schulungewohnten Lernenden den Weg in die Lehrwerksteile (Kursbuch, Arbeitsbuch und Vokabelheft) von Deutsch in der Schweiz zu erleichtern PDF-Dokument, 25 Seiten, 1967 KB	Fr. 20.00
Arbeitsblätter zu Kapitel 2	*Die Arbeitsblätter für den leichten Einstieg* haben zum Ziel, schulungewohnten Lernenden den Weg in die Lehrwerksteile (Kursbuch, Arbeitsbuch und Vokabelheft) von Deutsch in der Schweiz zu erleichtern PDF-Dokument, 32 Seiten, 1534 KB	Fr. 25.60

Klett und Balmer AG, Verlag, Baarerstrasse 95, 6302 Zug
Telefon 041 726 28 50, Fax 041 726 28 51, info@klett.ch
www.klett.ch

Klett und Balmer Verlag Zug

Deutsch in der Schweiz

Deutsch in der Schweiz

Ein Sprachkurs für Erwachsene und Jugendliche

Autor und Projektleitung
Ernst Maurer

Koautorinnen
Franziska Harder (Einheit 2–10)
Christine Hintermann (Einheit 1–8)
Nora Kindler (Einheit 7–10)
Virginia Boxer (Einheit 9)

Begutachtung und didaktische Begleitung
Institut für Interkulturelle Kommunikation, Zürich
Claudio Nodari
Claudia Neugebauer

Verlagsredaktion
Guido Mazzuri
Irene Schüpfer
Karin Veit

Korrektorat
Terminus Textkorrektur, Luzern

Gestaltungskonzept, Layout/DTP, Umschlag
Rebecca Hug, Luzern

Illustrationen
Rebecca Hug, Luzern

Gesamtherstellung
IB Print AG, Zug

Deutsch in der Schweiz basiert auf einem Konzept und Manuskriptfragment, das zwischen 1994 und 1996 im Rahmen der Sondermassnahmen zugunsten der beruflichen Weiterbildung im Auftrag des damaligen Bundesamtes für Industrie, Gewerbe und Arbeit von Pierre Binkert, Esther Jansen und Ernst Maurer erarbeitet wurde. Weiter wurden Beiträge von Iris Bischel, Fred Hodel und Käthi Schwab bei der Entwicklung des Lehrwerks verwendet.

Autor, Koautorinnen und Verlag danken allen Fachkolleginnen und Fachkollegen, die mit ihren Ideen und Anregungen zur Entwicklung des vorliegenden Lehrwerkes beigetragen haben.

2. Auflage 2001 (Nachdruck 2005)

ISBN 3-264-83270-4

Gedruckt auf chlorfrei gebleichtem Papier.
Printed in Switzerland.

Die Lehrwerkteile von Deutsch in der Schweiz

Im **Kursbuch** finden Sie viele Informationen zum Leben in der Schweiz.
Das Kursbuch eignet sich zum Lernen in einer Gruppe mit einer Kursleiterin oder mit einem Kursleiter. Sie lernen Hochdeutsch verstehen, sprechen und schreiben.
Sie lernen mit dem Kursbuch auch schon etwas Schweizerdeutsch verstehen. Sie finden im Kursbuch auch Tabellen und Erklärungen zur Grammatik und viele hilfreiche Lerntipps zum Deutschlernen.

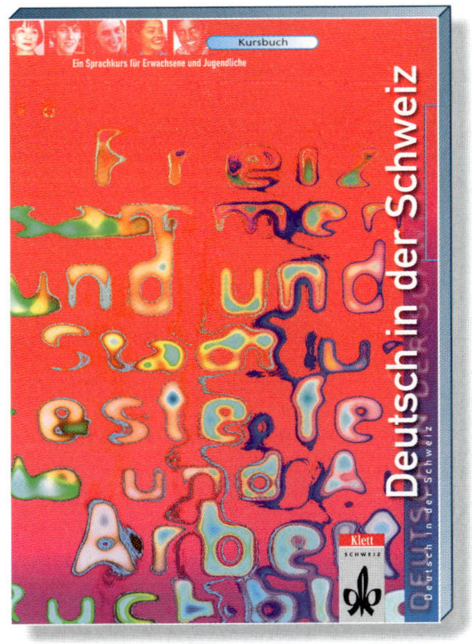

Im **Arbeitsbuch** finden Sie Übungen zum Lesen, zum Sprechen und zum Schreiben.
Sie finden hier auch viele Grammatikübungen. Sie können die Übungen im Deutschkurs oder zu Hause lösen.

Im **Vokabelheft** finden Sie Listen mit wichtigen Wörtern auf Deutsch. Sie können die Wörter in Ihre Muttersprache übersetzen und die Übersetzung ins Vokabelheft schreiben. Im Vokabelheft gibt es zudem Übungen und Tipps zum Wortschatzlernen.

Auf den **CDs** und auf den **Kassetten** finden Sie Hörtexte auf Hochdeutsch und auf Schweizerdeutsch. Die Hörtexte helfen Ihnen, Hochdeutsch und Schweizerdeutsch verstehen zu lernen. Sie können die CDs oder die Kassetten im Deutschkurs und zu Hause hören.

Inhalt

Im Kursbuch finden Sie diese Symbole:

 Sie finden die Lösung zu dieser Übung hinten im Buch.

 Zu dieser Übung gibt es einen Hörtext auf Hochdeutsch.

 Zu dieser Übung gibt es einen Hörtext auf Schweizerdeutsch.

 Hier finden Sie Tipps zum Deutschlernen.

 In dieser Übung schreiben Sie.

→ Grammatik, G1–G2 Am Schluss von jedem Thema finden Sie eine Grammatik-Zusammenfassung.

Ü24–Ü30 (Arbeitsbuch, Seite 10–11) Im Arbeitsbuch gibt es noch mehr Übungen zum Thema.

Willkommen

17 23

7 756 10

83 26

902 8

654

4820

795

3 182

Willkommen

1 Im Deutschkurs

1 Interview

Fragen Sie und schreiben Sie eine Liste.

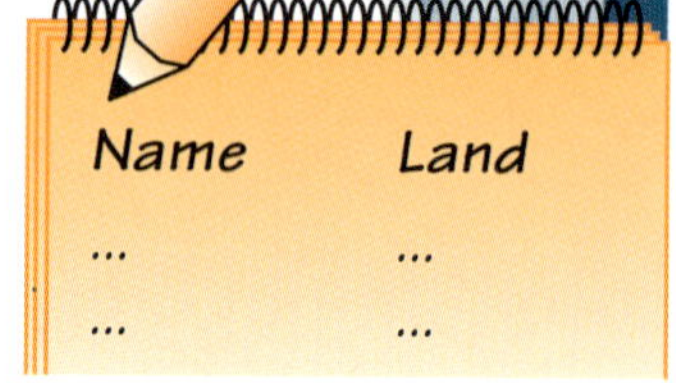

2 Zwei Situationen

Hören Sie die Dialoge und lesen Sie.

Situation 1

- ► Wie ist Ihr Name?
- ○ Mein Name ist Fiona Miller.
- ► Fiona Miller. Kommen Sie aus England?
- ○ Nein, ich komme aus Irland.

Situation 2

- ► Wie heisst du?
- ○ Ich heisse Anna. Und du?
- ► Paul, Paul Ador. Woher kommst du?
- ○ Aus Italien. Und du? Woher kommst du?
- ► Ich komme aus der Schweiz, aus Basel.

3 Alles klar?

Notieren Sie die Antworten.

1 Wie ist der Vorname von Frau Miller?
2 Kommt sie aus England?
3 Wer kommt aus Italien?
4 Woher kommt Paul?
5 Wie ist der Familienname von Paul?
6 Kommt er aus Bern?

4 Grammatik aktiv

Ergänzen Sie die Tabellen.

Fragewörter Woher? Wer? Wie?

W-Fragen

______	heissen	Sie?
______	kommen	Sie?
______	kommt	aus Basel?
1	2	3

Aussagesatz

Mein Name	ist	Maria Bernasconi.
Ich	komme	aus Lugano.
Aus Basel	kommt	Paul Ador.
1	2	3

Das Verb ist im Satz auf Position ____ .

Fragen ohne Fragewort

ø	Heisst	er Paul Müller?
ø	Kommt	er aus Bern?
ø	Kommt	Anna aus Italien?
1	2	3

Antworten mit Ja oder Nein

______ , Paul Ador.

______ , aus Basel.

______ .

→ Grammatik, **G1 – G2**

5 Viele Fragen, viele Antworten

Wählen Sie eine Variante.

Variante 1: Augen schliessen und hören

Variante 2: Augen schliessen, hören und leise nachsprechen

Variante 3: Hören, lesen und nachsprechen

Fragen und Antworten

Wie heissen Sie?	Ich heisse ...
Entschuldigung, wie ...	...
Wie ist Ihr Name, bitte?	Mein Name ist ...
Woher kommen Sie?	Aus ...
...	Ich komme aus ...

Fragen und Antworten

Wie heisst du?	Maria
Entschuldigung, wie ist dein Name?	Ich heisse ...
	Mein Name ist ...
Woher kommst du?	Aus ...
Und du? ...	Ich komme aus ...
Wer ist das? ...	Das ist ...
Wie heisst dein Kollege?	Er kommt aus ...
Woher kommt er?	...
Und deine Kollegin? ...	Sie heisst ...
Kommt sie aus Italien?	Ja, sie kommt aus ...
	Ich weiss es nicht.

Arbeitsbuch, **Seite 4 – 5** Ü1 – Ü4

2 Guten Tag und auf Wiedersehen

1 Bilder und Dialoge

Was passt zusammen?

Dialog 1

▶ Guten Morgen, Frau Blumer.
○ Guten Morgen, Herr Ferrari. Wie geht es Ihnen?
▶ Gut, danke. Und Ihnen?
○ Auch gut, danke.

Dialog 2

▶ Hallo, Rolf!
○ Hallo, Brigitte! Wie geht's?
▶ Sehr gut, danke, und dir?
○ Ganz gut. Danke.

Dialog 3

▶ Also dann, tschüss, Regina.
○ Tschüss, Helen, bis Montag.
▶ Schönes Wochenende!
○ Danke, gleichfalls.

Dialog 4

▶ Auf Wiedersehen, Herr Schneider.
○ Auf Wiedersehen, Herr Lehmann. Schönen Abend!
▶ Danke, gleichfalls.

A

Dialog ___

B

Dialog ___

C

Dialog ___

D

Dialog ___

2 Begrüssungen und Verabschiedungen

Wählen Sie eine Variante.

Variante 1: Augen schliessen und hören

Variante 2: Augen schliessen, hören und leise nachsprechen

Variante 3: Hören, lesen und nachsprechen

Begrüssung (formell)	**Verabschiedung** (formell)	**Begrüssung** (informell)	**Verabschiedung** (informell)
Guten Morgen, Frau ...	Auf Wiedersehen.	Hallo, ...	Tschüss, ...
Guten Tag, Frau ...	Auf Wiedersehen, Frau ...	Grüss dich, ...	Tschau, bis bald.
Wie geht es Ihnen?	...		
Gut, danke, und Ihnen?	Schönes Wochenende.	Wie geht es dir?	Schönes Wochenende.
	Danke, gleichfalls.	Wie geht's?	Danke, gleichfalls.
Guten Abend, Herr ...		Gut, danke, und dir?	
...	Bis Montag.	...	Bis morgen.
	...		...

3 Dialoge spielen

Kombinieren Sie die Sätze aus Übung 2 neu und spielen Sie Dialoge.

Ü5 – Ü8 Arbeitsbuch, **Seite 5 – 6**

3 Meine Deutschklasse ist international

1 Eine Klasse und viele Sprachen

Welche Sprachen sprechen die Personen? Hören Sie und machen Sie Kreuze.

- ☐ Chinesisch
- ☐ Englisch
- ☐ Spanisch
- ☐ Arabisch
- ☐ Portugiesisch
- ☐ Französisch
- ☐ Russisch
- ☐ Deutsch
- ☐ Italienisch
- ☐ Albanisch
- ☐ Japanisch
- ☐ Tagalog
- ☐ Türkisch
- ☐ Tamilisch
- ☐ Griechisch
- ☐ Urdu

2 Sprachen in meiner Klasse

Fragen Sie Ihre Kolleginnen und Kollegen und schreiben Sie eine Liste.

Woher ... ?

Aus ...

Wir sind eine internationale Klasse

Wir kommen aus	Unsere Muttersprachen sind
...	...
...	...

Was ist Ihre Muttersprache?

Meine Muttersprache ist ...

3 Eine Statistik

Woher kommen die Personen in Ihrer Deutschklasse?
Fragen Sie und ergänzen Sie die Liste.

Kontinent	**Frauen**	**Männer**
Afrika	______	______
Asien	______	______
Australien	______	______
Europa	______	______
Nordamerika	______	______
Südamerika	______	______
Total	______	______

4 Länder und Kontinente

Zeigen auch Sie Ihr Land.

Arbeitsbuch, **Seite 6** Ü9 – Ü11

4 Zahlen

1 Die Zahlen von 0 bis 20

Hören, lesen und nachsprechen.

0	null	**5**	fünf	**10**	zehn	**15**	fünfzehn	**20**	zwanzig
1	eins	**6**	sechs	**11**	elf	**16**	sechzehn		
2	zwei	**7**	sieben	**12**	zwölf	**17**	siebzehn		
3	drei	**8**	acht	**13**	dreizehn	**18**	achtzehn		
4	vier	**9**	neun	**14**	vierzehn	**19**	neunzehn		

2 Verstehen Sie die Zahlen?

Hören, notieren und verbinden Sie die Zahlen.

Figur A

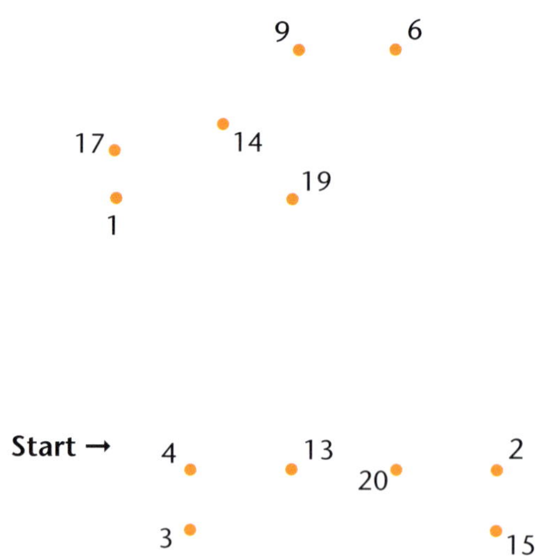

Figur B

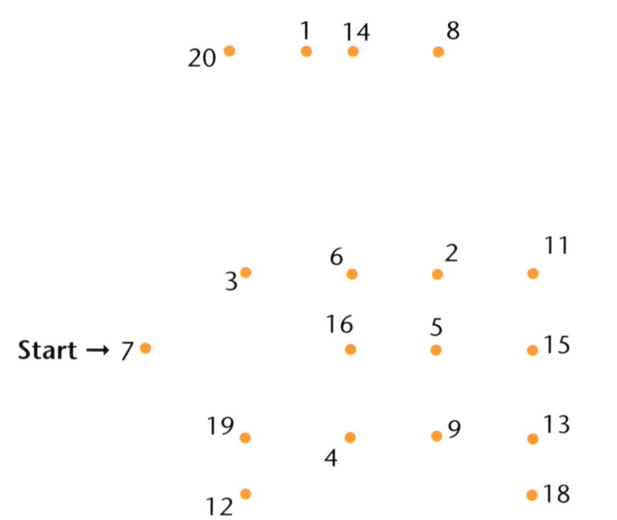

3 Kettenübung

Üben Sie die Zahlen im Deutschkurs.

Varianten:

→ 0 – 2 – 4 – …
→ 1 – 3 – 5 – …
→ 20 – 19 – 18 – …
→ 20 – 18 – 16 – …
→ …

4 Leicht oder schwierig?

Welche Zahlen sind leicht für Sie? Welche sind schwierig? Notieren Sie und vergleichen Sie mit Ihren Kolleginnen und Kollegen.

Zahlen schreiben

leicht	schwierig
…	…

Zahlen sagen

leicht	schwierig
…	…

5 Die Zahlen von 20 bis 100

Hören, lesen und nachsprechen.

20	zwanzig	**30**	dreissig	**100**	hundert
21	einundzwanzig	**31**	einunddreissig		
22	zweiundzwanzig	**32**	zweiunddreissig		
23	dreiundzwanzig				
24	vierundzwanzig	**40**	vierzig		
25	fünfundzwanzig	**50**	fünfzig		
26	sechsundzwanzig	**60**	sechzig		
27	siebenundzwanzig	**70**	siebzig		
28	achtundzwanzig	**80**	achtzig		
29	neunundzwanzig	**90**	neunzig		

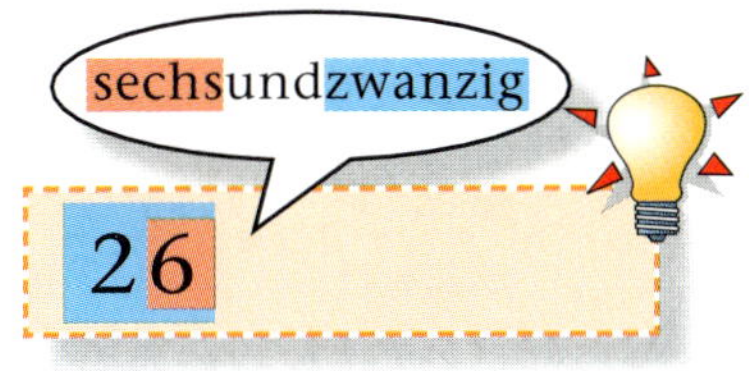

6 Welche Zahlen hören Sie?

15 oder 50? 13 oder 30? Hören Sie und machen Sie Kreuze.

15 ☐	13 ☐	14 ☐	15 ☐	16 ☐	17 ☐	18 ☐	19 ☐	15 ☐	17 ☐	14 ☐	19 ☐
50 ☒	30 ☐	40 ☐	50 ☐	60 ☐	70 ☐	80 ☐	90 ☐	55 ☐	77 ☐	44 ☐	99 ☐

7 Pingpong

Üben Sie die Zahlen zu zweit.

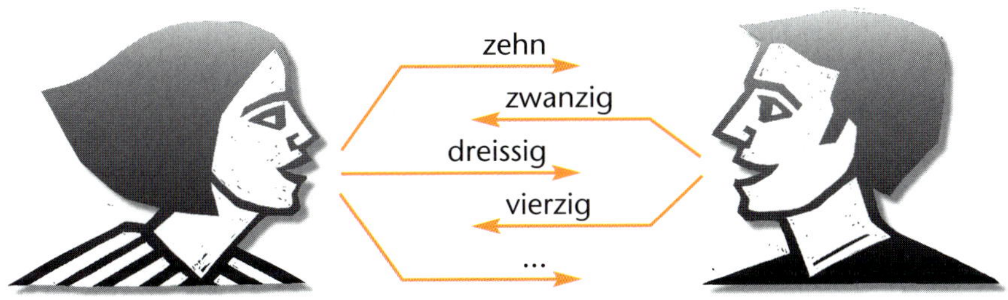

Varianten:

→ 5 – 10 – 15 – …
→ 5 – 15 – 25 – …
→ 11 – 22 – 33 – …
→ 100 – 90 – 80 – …
→ …

8 Die Zahlen von 100 bis 1 000 000 000

Hören, lesen und nachsprechen.

100	hundert	**110**	hundertzehn	**1000**	tausend
101	hunderteins	**121**	hunderteinundzwanzig	**1001**	tausendeins
102	hundertzwei	**200**	zweihundert	**1010**	tausendzehn
103	hundertdrei	**300**	dreihundert	**1120**	tausendeinhundertzwanzig
104	hundertvier	**400**	vierhundert	**1490**	tausendvierhundertneunzig
105	hundertfünf	**500**	fünfhundert	**5000**	fünftausend
106	hundertsechs	**600**	sechshundert	**10 000**	zehntausend
107	hundertsieben	**700**	siebenhundert	**100 000**	hunderttausend
108	hundertacht	**800**	achthundert	**1 000 000**	eine Million
109	hundertneun	**900**	neunhundert	**1 000 000 000**	eine Milliarde

9 Zahlen hören und notieren

Notieren Sie die Zahlen.

Arbeitsbuch, **Seite 7–8** Ü12 – Ü17

5 Schweiz, Suisse, Svizzera, Svizra

1 Geografie

Schreiben Sie die Städte und Länder in die Karte.

Städte

Bern Genf Lugano ~~St. Gallen~~
Zürich ~~Basel~~ Schaffhausen Chur

Länder

Schweiz Frankreich Deutschland
Italien Österreich Liechtenstein

Basel

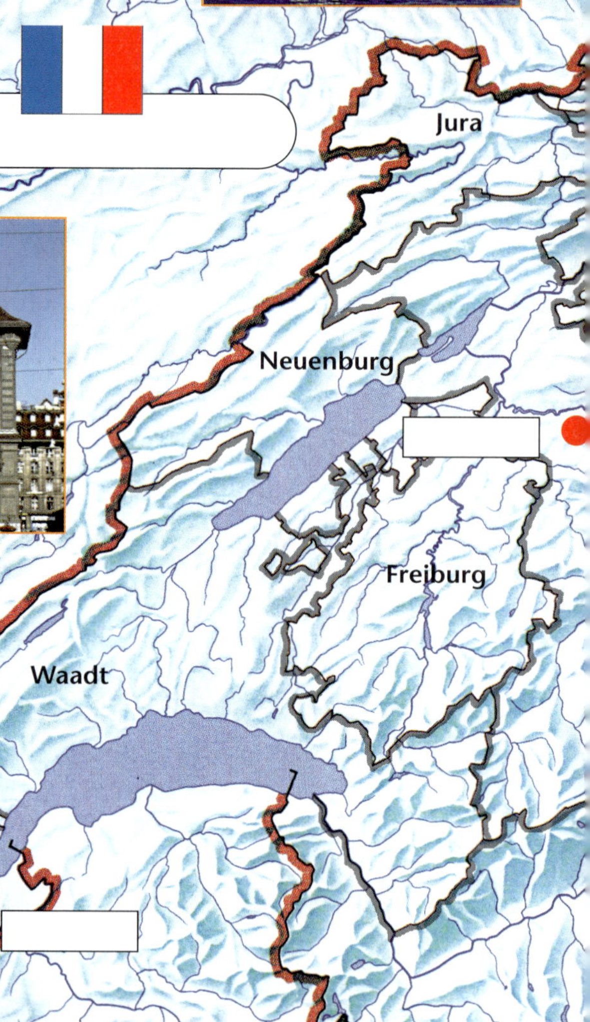

2 Kantone und Sprachen in der Schweiz

Hören Sie und lesen Sie mit.

Bern

Die Schweiz hat 26 Kantone. Die Hauptstadt ist Bern. Die Schweiz hat vier Landessprachen.
In 17 Kantonen sprechen die Leute Deutsch, Schweizerdeutsch: in Basel zum Beispiel Baseldeutsch, in Bern Berndeutsch und in Zürich Zürichdeutsch.
In der Westschweiz spricht man in den Kantonen Genf, Waadt, Neuenburg und Jura Französisch.
Die Kantone Bern, Freiburg und Wallis sind zweisprachig. Hier sprechen die Leute Deutsch und Französisch.
Der Kanton Graubünden ist dreisprachig. Hier spricht man Deutsch, Italienisch und Rätoromanisch.
Im Süden der Schweiz, im Kanton Tessin, sprechen die Leute Italienisch.
Deutsch, Französisch, Italienisch und Rätoromanisch sind die vier offiziellen Landessprachen. In der Schweiz sprechen viele Leute aber auch Englisch, Spanisch, Portugiesisch, Tamilisch, Türkisch und viele andere Sprachen.
Die Schweiz ist eigentlich nicht viersprachig, die Schweiz ist vielsprachig.

3 Fragen zum Text

Richtig oder falsch? Machen Sie Kreuze.

	richtig	falsch
1 Die Schweiz hat 26 Kantone.	☐	☐
2 Die Hauptstadt ist Basel.	☐	☐
3 Die Schweiz hat drei Landessprachen.	☐	☐
4 In zehn Kantonen sprechen die Leute Deutsch.	☐	☐
5 Französisch spricht man in der Ostschweiz.	☐	☐
6 Im Kanton Tessin sprechen die Leute Italienisch.	☐	☐

Matterhorn

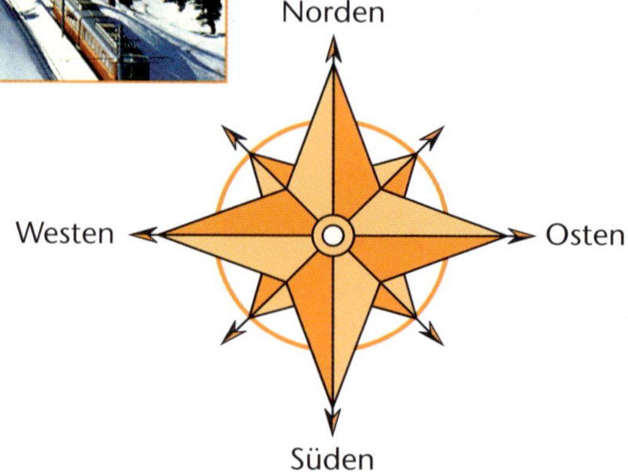

4 Ideen zur Schweiz?

Ergänzen Sie das Assoziogramm.
Arbeiten Sie in Gruppen.

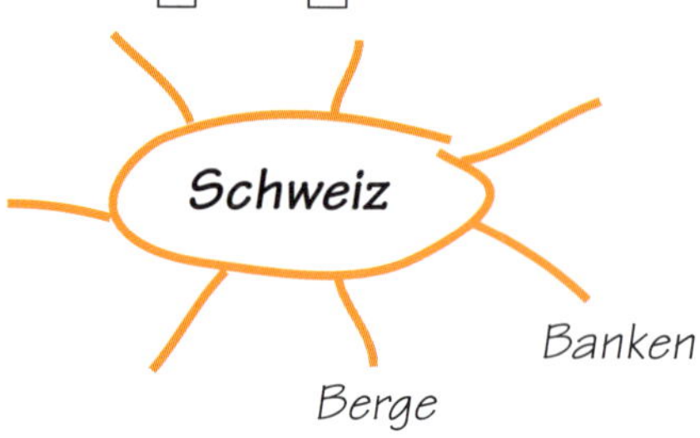

Rheinfall

Ascona

5 Distanzen in der Schweiz

Hören Sie und notieren Sie die Distanzen.

Die Schweiz ist klein. Die Distanzen sind kurz:

1 Von Bern nach Zürich sind es ____ Kilometer.
2 Von Zürich nach Schaffhausen sind es nur ____ Kilometer.
3 Von Schaffhausen nach Genf sind es ____ Kilometer.
4 Von Basel nach Lugano sind es ____ Kilometer.
5 Von St.Gallen nach Chur sind es ____ Kilometer.

6 Distanzen international

Hören Sie und notieren Sie auch hier die Distanzen.

5+6

Die Schweiz liegt in Europa. Im Norden ist Deutschland, im Osten sind Liechtenstein und Österreich, im Süden liegt Italien und im Westen Frankreich. Man ist schnell in München, Mailand oder Paris:

1 Von Bern nach München sind es ____ Kilometer.
2 Von Bern nach Mailand sind es nur ____ Kilometer.
3 Von Bern nach Paris sind es ____ Kilometer.

Arbeitsbuch, **Seite 9–10** Ü18 – Ü23

6 Das Alphabet

1 Namen von A bis Z

Hören Sie und sprechen Sie nach.

1+2

A	wie	Anna	**N**	wie	Niklaus
B	…	Berta	**O**	…	Otto
C	…	Cäsar	**P**	…	Peter
D	…	Daniel	**Q**	…	Quelle
E	…	Emil	**R**	…	Rosa
F	…	Friedrich	**S**	…	Sara
G	…	Gustav	**T**	…	Theodor
H	…	Heinrich	**U**	…	Ulrich
I	…	Ida	**V**	…	Vogel
J	…	Jakob	**W**	…	Wilhelm
K	…	Kaiser	**X**	…	Xaver
L	…	Leopold	**Y**	…	Yvonne
M	…	Maria	**Z**	…	Zürich

2 Andere Laute

Hören Sie und sprechen Sie nach.

Umlaute

Ä	wie	Äquator
Ö	…	Österreich
Ü	…	Übung

Diphtonge

AU	wie	Australien
EI	…	eins und zwei
AI	…	Mailand
EU	…	Europa
ÄU	…	Bäume

Spezielle Laute

SCH	wie	Schweiz
SP	…	Sprache …
ST	…	buchstabieren
ß	wie	dreißig

→ Grammatik, G3

3 Buchstabieren Sie bitte

3+4

Hören Sie den Dialog und notieren Sie den Familiennamen.

M _ _ _ _ _ _ _ _ _ _

4 Entschuldigung, wie ist Ihr Name?

Hören, lesen und nachsprechen.

Wie bitte?	
Bitte langsam.	Danke.
Ich verstehe nicht.	Danke schön.
Tut mir Leid, ich …	
Entschuldigung, wie …	
Wie schreibt man das?	Bitte, gern geschehen.
Buchstabieren Sie bitte.	…

5 Abkürzungen und Signete

Hören Sie und nummerieren Sie die Signete.

☐ SBB
☐ CH
☐ EC DIRECT SERVICE
☐ WWF

☐ C&A
1 SF DRS
☐ i
☐ ABM

6 Projekt: Signete

- → Suchen Sie Signete und Abkürzungen.
- → Suchen Sie in Illustrierten und Zeitungen.
- → Suchen Sie in der Stadt und notieren Sie oder machen Sie Fotos.
- → Machen Sie eine Collage.

Ü24 – Ü30 Arbeitsbuch, **Seite 10 – 11**

7 Der Weg ins Wörterbuch

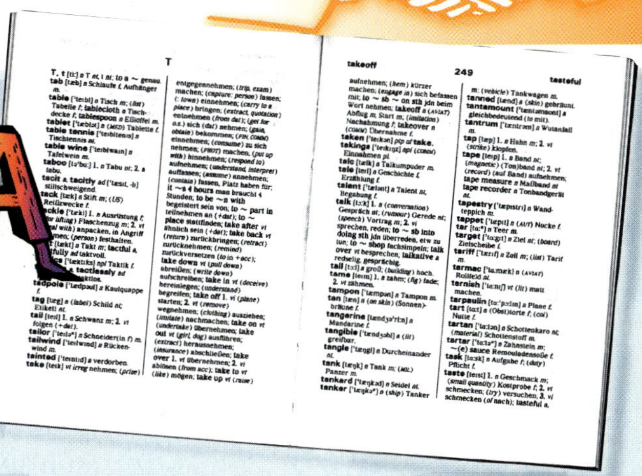

1 Kettenübung und Pingpong

Üben Sie das Alphabet laut und leise. Flüstern Sie auch.

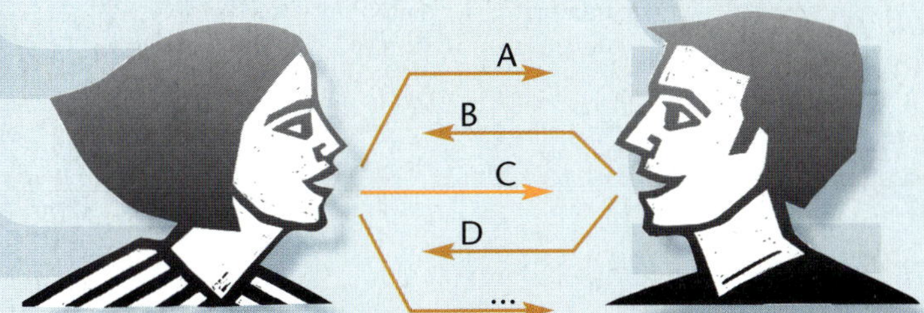

2 Wörterbücher in allen Grössen

Was passt zusammen?

klein
sehr gross ~~mittelgross~~ gross
sehr klein

a ______________ b ______________ c *mittelgross* d ______________ e ______________

3 Suchen und finden

So finden Sie Wörter im Wörterbuch. Ein Beispiel.

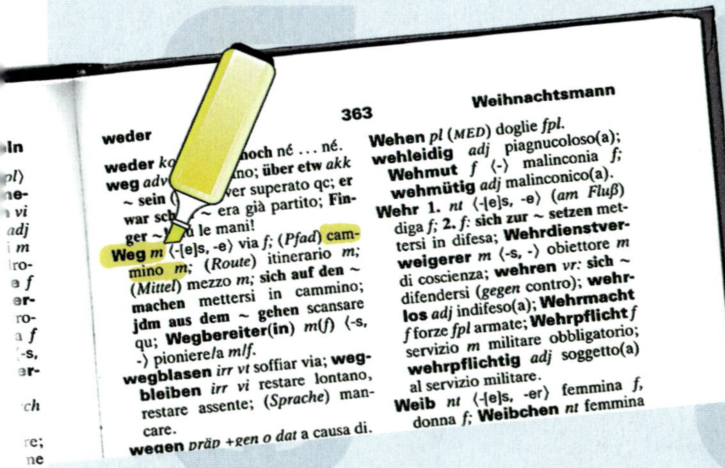
weder 363 Weihnachtsmann

weder ... noch né ... né. **weg** ... ; über etw akk ~ sein ... ver superato qc; er war sch... era già partito; Finger ~! ... le mani! **Weg** m ⟨-[e]s, -e⟩ via f; (Pfad) cammino m; (Route) itinerario m; (Mittel) mezzo m; **sich auf den ~ machen** mettersi in cammino; **jdm aus dem ~ gehen** scansare qu; **Wegbereiter(in)** m(f) ⟨-s, -⟩ pioniere/a m/f. **wegblasen** irr vt soffiar via; **wegbleiben** irr vi restare lontano, restare assente; (Sprache) mancare. **wegen** präp +gen o dat a causa di.

Wehen pl (MED) doglie fpl. **wehleidig** adj piagnucoloso(a); **Wehmut** f ⟨-⟩ malinconia f; **wehmütig** adj malinconico(a). **Wehr 1.** nt ⟨-[e]s, -e⟩ (am Fluß) diga f; **2.** f: **sich zur ~ setzen** mettersi in difesa; **Wehrdienstverweigerer** m ⟨-s, -⟩ obiettore m di coscienza; **wehren** vr: **sich ~** difendersi (gegen contro); **wehrlos** adj indifeso(a); **Wehrmacht** f forze fpl armate; **Wehrpflicht** f servizio m militare obbligatorio; **wehrpflichtig** adj soggetto(a) al servizio militare. **Weib** nt ⟨-[e]s, -er⟩ femmina f, donna f; **Weibchen** nt femmina

Sprachen: Deutsch – Italienisch
Suchwort: Weg
Übersetzung: cammino

4 Mein Wörterbuch

Suchen Sie «Weg» in Ihrem Wörterbuch.

Sprachen: ______________
Suchwort: Weg
Übersetzung: ______________

Arbeitsbuch, **Seite 12** Ü31 – Ü33

8 Hochdeutsch und Mundart

1 Deutsch lernen mit «Deutsch in der Schweiz»

Lesen Sie und machen Sie Kreuze.

Mit **«Deutsch in der Schweiz»** lernen Sie Deutsch.
Sie lernen Hochdeutsch sprechen, lesen und schreiben.

Mit der Hochdeutsch-Kassette lernen Sie Hochdeutsch verstehen.
Das ist das Basisprogramm.

Aber Sie lernen nicht nur das!
Mit der Schweizerdeutsch-Kassette lernen Sie auch Schweizerdeutsch verstehen.
Das Hörprogramm für Schweizerdeutsch beginnt in Übung 2.

Mit **«Deutsch in der Schweiz»** lernen Sie also Hochdeutsch verstehen, sprechen, lesen und schreiben.
Sie lernen auch Schweizerdeutsch verstehen.
Sie lernen nicht Schweizerdeutsch sprechen, lesen und schreiben.

	Hochdeutsch	**Mundart**
verstehen	☐	☐
sprechen	☐	☐
lesen	☐	☐
schreiben	☐	☐

2 Eine Reise

Frau Meier macht eine Reise in der Schweiz. Sie trifft Bekannte, Freundinnen und Freunde.
Hören Sie die Begrüssungen und nummerieren Sie die Städte.

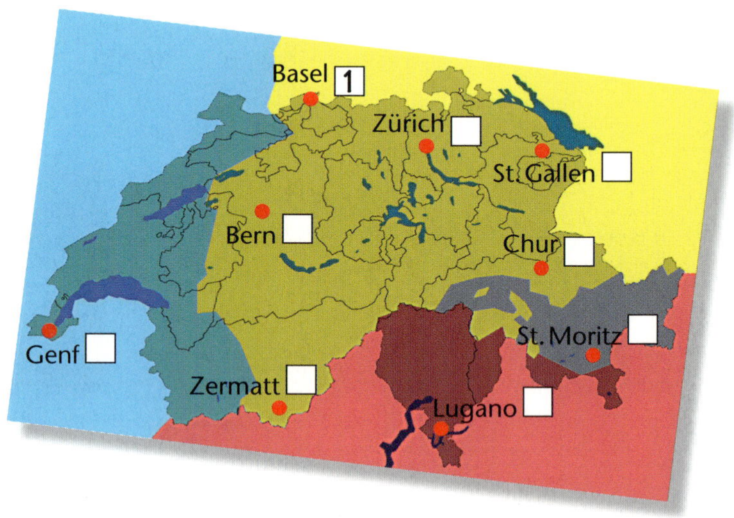

3 Ein Lied auf Schweizerdeutsch hören

Wie finden Sie das Lied? Welcher Titel passt?

Ich finde das Lied ...

- super
- sehr gut
- gut
- schlecht
- miserabel

Welcher Titel passt?

☐ Guten Tag, Frau Meier
☐ Guten Tag, Frau Stirnimann
☐ Auf Wiedersehen, Frau Stirnimann

Ü34 Arbeitsbuch, **Seite 12**

9 Deutsch in der Klasse

1 Kommunikation im Unterricht

Hören Sie, lesen Sie und sprechen Sie nach.

In der Deutschklasse

Öffnen Sie bitte das Kursbuch auf Seite …
Auf welcher Seite bitte?
Auf …
Schliessen Sie bitte die Bücher.

Lösen Sie die Übung zu zweit.
Arbeiten Sie bitte in Gruppen.
Spielen Sie den Dialog.

Wie bitte?
Ich verstehe das nicht.
Das …
Bitte noch einmal.
Bitte langsam.

Wer beginnt?
Ich.
Ich beginne.
Ich frage.
Und ich antworte.

Korrigieren Sie bitte die Übung.
Vergleichen Sie Ihre Lösung mit dem Schlüssel.
Vergleichen Sie mit einer Kollegin.
Vergleichen Sie …

Stimmt das?
Ist das richtig?
Ja, das stimmt.
Das ist richtig.
Gut.
Sehr gut.
…

Ich bin noch nicht fertig.
Ich bin fertig.
Ich auch.

2 Wer sagt was?

Schreiben Sie eine Liste.
Arbeiten Sie zu zweit.

Deutsch in der Klasse

Das sage ich:	*Das sagt die Lehrerin:*
…	…

3 Deutsch lernen

Was haben Sie bis jetzt gemacht? Was heisst «Deutsch lernen» für Sie? Machen Sie Kreuze.
Vergleichen Sie mit Kolleginnen und Kollegen in der Klasse.

Rückblick

	Deutsch lernen, das heisst für mich …	**ja**	**nein**
a	mit Kollegen und Kolleginnen ein Interview machen.	☐	☐
b	eine Grammatiktabelle ergänzen.	☐	☐
c	Wörter auf Papierstreifen schreiben und Sätze bauen.	☐	☐
d	die Augen schliessen und die Kassette hören.	☐	☐
e	die Kassette hören, im Kursbuch mitlesen und nachsprechen.	☐	☐
f	Sätze ordnen und Dialoge schreiben.	☐	☐
g	Dialoge spielen.	☐	☐
h	Pingpong-Übungen machen.	☐	☐
i	Kettenübungen machen.	☐	☐
j	Wörter und Sätze ergänzen.	☐	☐
k	Texte schreiben, zum Beispiel zum Thema «Mein Land».	☐	☐
l	eine Collage machen.	☐	☐
m	in Gruppen arbeiten.	☐	☐
n	selber eine Übung schreiben.	☐	☐
o	eine Übung mit Kollegen und Kolleginnen vergleichen.	☐	☐
p	eine Übung mit dem Schlüssel vergleichen und selber korrigieren.	☐	☐
q	Namen buchstabieren.	☐	☐
r	Wörter alphabetisch ordnen.	☐	☐
s	ein Lied hören.	☐	☐
t	Wörter im Wörterbuch suchen.	☐	☐
u	…	☐	☐

Arbeitsbuch, **Seite 13** Ü35 – Ü38

Grammatik

G 1 Fragewörter

Wer?	Was?	Wie viele?
Wie?	Welcher?	…
Woher?	Welche?	

G 2 Satzbau

W-Fragen

1	2	3
Wie	heissen	Sie?
Woher	kommen	Sie?
Wer	kommt	aus Basel?

Das Verb ist im Satz auf Position 2.

Aussagesatz

1	2	3
Mein Name	ist	Maria Bernasconi.
Ich	komme	aus Lugano.
Aus Basel	kommt	Paul Ador.

Fragen ohne Fragewort

1	2	3
ø	Heisst	er Paul Müller?
ø	Kommt	er aus Bern?
ø	Kommt	Anna aus Italien?

Antworten mit Ja oder Nein

Nein, Paul Ador.
Nein, aus Basel.
Ja.

G 3 Das deutsche Alphabet

A	B	C	D	E	F	G	H	I	J	K	L	M	N	O	P	Q	R	S	T	U	V	W	X	Y	Z
a	b	c	d	e	f	g	h	i	j	k	l	m	n	o	p	q	r	s	t	u	v	w	x	y	z

Das deutsche Alphabet hat 26 Buchstaben.
Man schreibt sie GROSS oder klein: ein grosses S, ein kleines s.
Gross schreibt man:
- Wörter am Satzanfang
- Nomen und Namen
- Sie, Ihr, Ihnen (formell)

Vokale:
a, e, i, o, u

Konsonanten:
b, c, d, f …

Buchstabenkombinationen
Umlaute: ä (a-Umlaut), ö (o-Umlaut), ü (u-Umlaut)
Diphtonge: ai, ei, ay, ey
au
äu, eu

In Deutschland und in Österreich: ß (Eszett) wie «dreißig»
In der Schweiz und in Liechtenstein: ss (Doppel-s) wie «dreissig»

Leute in der Schweiz

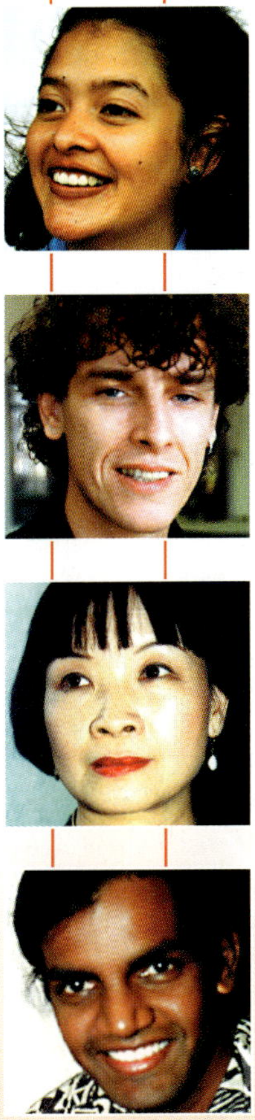

Leute in der Schweiz

Leute in der Schweiz

10 Wir leben hier

1 Sechs Personen

Texte und Bilder: Was passt zusammen?

Text 1
Hui-Zhu Hu (38) wohnt in Luzern. Sie arbeitet als Gymnastiklehrerin. Ihre Muttersprache ist Chinesisch. Sie spricht Englisch und Deutsch und versteht Schweizerdeutsch.

Text 2
Astrid Koch (35) aus Einsiedeln im Kanton Schwyz. Sie wohnt in Genf und arbeitet da als Übersetzerin. Sie spricht Deutsch (Muttersprache), Italienisch, Französisch, Portugiesisch und Englisch und lernt jetzt Arabisch. Sie sagt: «Ich fahre oft nach Paris. Das ist nicht weit und die Stadt ist sehr schön.»

A
Text ___

B
Text ___

C
Text ___

D
Text ___

F
Text ___

E
Text ___

Text 3
Sellathurai Ranganathan (30) kommt aus Sri Lanka und wohnt jetzt in Kloten im Kanton Zürich.
Er arbeitet als Küchenhilfe im Restaurant «Airgate».
Er spricht Tamilisch (Muttersprache), Englisch und Deutsch. Er versteht auch Zürichdeutsch.

Text 4
Ilario Pifferini (26): «Ich komme aus dem Tessin und wohne jetzt in Basel. Meine Muttersprache ist Italienisch. Ich spreche auch in Basel oft Italienisch. Ich verstehe aber Baseldeutsch und spreche auch relativ gut Deutsch und Französisch. Ich suche Arbeit als Automechaniker oder Chauffeur.»

Text 5
Neina Cathomen (18) wohnt in Falera im Kanton Graubünden. Sie fährt jeden Tag mit dem Postauto nach Chur. Sie geht da in eine Schule für Physiotherapie. Neina ist zweisprachig. Sie spricht zu Hause Rätoromanisch und Bündnerdeutsch.

Text 6
Ana Carina Hernández Castillo (22) aus Guatemala wohnt in Zürich und arbeitet als Schwesternhilfe im Kantonsspital. Sie spricht Spanisch (Muttersprache) und Hochdeutsch.
Im Spital hört sie viele Sprachen. Sie versteht Italienisch, Portugiesisch und auch Schweizerdeutsch.

2 Falsch oder richtig?

Unterstreichen Sie die falschen Informationen und schreiben Sie die Sätze richtig.

Falsch = ~~~~

1 Hui-Zhu wohnt in Einsiedeln. Sie arbeitet als Übersetzerin.
2 Astrid sagt: «Ich wohne in Luzern. Ich fahre oft nach München.»
3 Sellathurai wohnt in Basel. Er arbeitet im Kantonsspital.
4 Ilario sagt: «Ich komme aus dem Tessin. Meine Muttersprache ist Italienisch. Ich spreche auch sehr gut Deutsch und Französisch.»
5 Neina ist 19 Jahre alt. Sie fährt jeden Tag nach Lugano. Sie spricht Spanisch.
6 Ana Carina ist 21. Sie kommt aus Mexiko.

Richtig
1 Hui-Zhu wohnt in Luzern. Sie arbeitet …
2 Astrid sagt: «Ich …

3 Verben suchen

Markieren Sie alle Verben in Übung 2.

1 Hui-Zhu wohnt in Einsiedeln. Sie arbeitet als Übersetzerin.

4 Grammatik aktiv

Ergänzen Sie die Tabellen. Arbeiten Sie zu zweit.

	kommen		arbeiten
ich	*komme*	ich	arbeite
du	kommst	du	arbeitest
er / es / sie	______	er / es / sie	______
wir	kommen	wir	arbeiten
ihr	kommt	ihr	arbeitet
sie	kommen	sie	arbeiten
Sie	kommen	Sie	arbeiten

ich du er es sie wir ihr Sie sie

Wie «kommen»:
beginnen, fragen, hören, lernen, machen, notieren, sagen, schreiben, spielen, suchen, üben, verstehen, wiederholen, wohnen, ...

Wie «arbeiten»:
antworten, finden, ordnen, öffnen, ...

	sprechen		fahren
ich	______	ich	______
du	sprichst	du	fährst
er / es / sie	______	er / es / sie	______
wir	sprechen	wir	fahren
ihr	sprecht	ihr	fahrt
sie	sprechen	sie	fahren
Sie	sprechen	Sie	fahren

	haben		sein
ich	habe	ich	bin
du	hast	du	bist
er / es / sie	hat	er / es / sie	______
wir	haben	wir	sind
ihr	habt	ihr	seid
sie	haben	sie	sind
Sie	haben	Sie	sind

Wie «sprechen»:
treffen (ich treffe, du triffst, ...)
lesen (ich lese, du liest, ...)

→ Grammatik, G1–G2

5 Grammatik und Poesie

Hören Sie und ergänzen Sie die Grammatik-Poesie.
Sprechen Sie zu zweit mit.

Ich und du

Ich bin ich.
Du bist _____.
Er ist _____.
Wir sind _____.
Wer seid _____?

So sind wir!

Ich _bin_, wie ich _bin_.
Du _____, wie du _____.
Er _____, wie er _____.
Sie ist, wie sie _____.

So _____ es:
Wir _____, wie wir _____.
Und ihr?
Wie _____ ihr?

6 Gestik und Sprache

Personalpronomen: Wie zeigen Sie Personen?

Varianten:

➜ Du oder er?
➜ Er oder sie?
➜ Wir oder ihr?
➜ Wir oder sie?
➜ …

7 Zusammen Verben konjugieren

Üben Sie zu zweit, üben Sie in Gruppen.

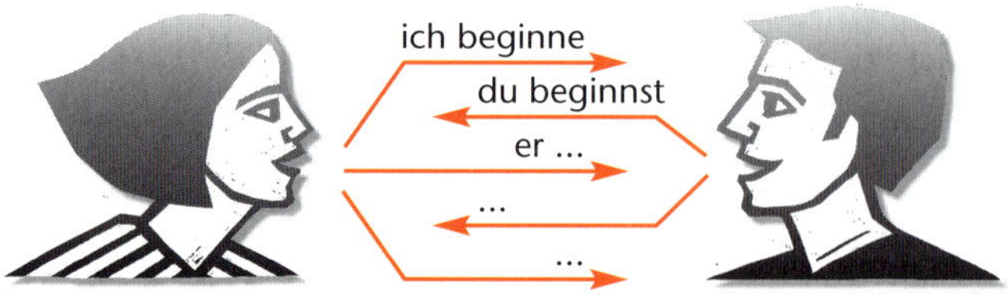

beginnen
buchstabieren fragen
hören kommen
lernen machen notieren
sagen schreiben
spielen suchen üben
verstehen wiederholen
wohnen …

arbeiten antworten
finden ordnen
öffnen zeichnen …

sprechen treffen
lesen haben
sein …

8 Richtig oder falsch?

Schreiben Sie zwei Sätze. Die Information in einem Satz ist richtig. Die Information im anderen Satz ist falsch. Lesen Sie die Sätze. Ihre Kolleginnen und Kollegen im Deutschkurs raten.

Das stimmt nicht!
Das ist falsch!
Das stimmt!
Das ist richtig!
…

Ü1 – Ü8 Arbeitsbuch, **Seite 14 – 15**

11 Die Uhrzeit

1 Ein Tag am Kiosk

Fotos und Uhrzeiten: Was passt zusammen?

__ 9.40 Uhr:
20 vor 10 am Vormittag

__ 23.30 Uhr:
halb 12 am Abend

A 6.05 Uhr:
5 nach 6 am Morgen

__ 17.15 Uhr:
Viertel nach 5
am Nachmittag

2 Die Uhr lesen

Hören Sie und ergänzen Sie die Uhrzeiten.

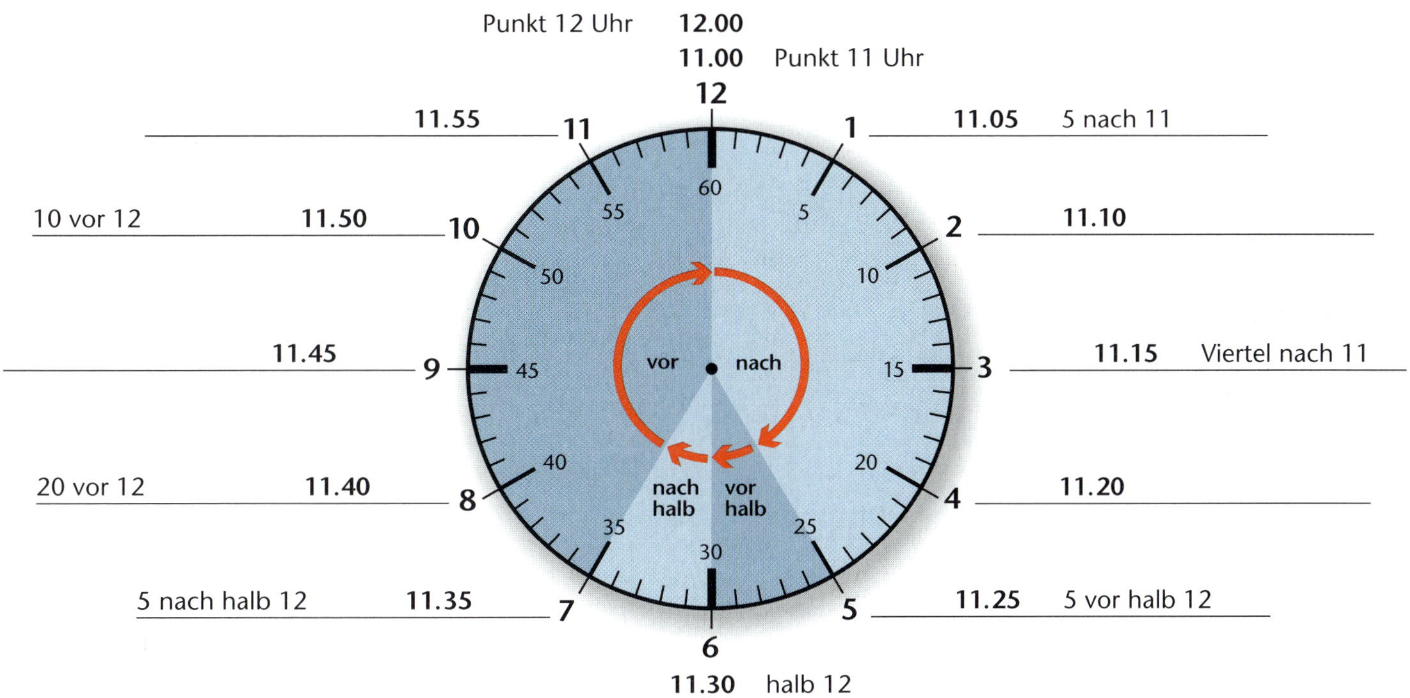

3 Uhrzeiten

Hören, mitlesen und nachsprechen.

Fragen und Antworten

Wie spät ist es, bitte?	…
	Es ist …
Wie viel Uhr ist es?	…
Punkt 2 Uhr?	Ja, es ist Punkt zwei.
Danke.	…
Wie viel Uhr ist es, bitte?	Es ist …
Genau …?	Ja, genau 11 Uhr 50.
Ist es schon 2 Uhr?	Nein, erst …
	Wir haben noch Zeit.
Wie spät ist es?	…
Was? Schon …	Oh ja, wir sind zu spät.

4 Dialoge spielen

Kombinieren Sie die Fragen und Antworten aus Übung 3 neu und spielen Sie Dialoge.

3

5 Öffnungszeiten

Telefon-Informationen und Schilder. Was passt zusammen?

A

Öffnungszeiten:
Montag: geschlossen
Di – Fr: 09.00 – 12.00
14.00 – 16.30
Sa + So: 10.00 – 17.00

Hörtext ___

B

Geöffnet:
Mo – Fr: 08.00 – 18.30
Do: 08.00 – 20.00
Sa: 08.30 – 16.00

Hörtext ___

C

Öffnungszeiten
URAS DA SPURTEGL

gliendisdis / Montag	08.30 – 11.30	15.00 – 17.30
mardis / Dienstag	08.30 – 11.30	15.00 – 17.30
mesjamna / Mittwoch	08.30 – 11.30	
gievgia / Donnerstag	08.30 – 11.30	15.00 – 17.30
venderdis / Freitag	08.30 – 11.30	15.00 – 17.30

Hörtext ___

6 Der Kiosk ist geöffnet

Hören Sie den Dialog und ergänzen Sie den Text.

Öffnungszeiten
So – Do: 06.00 – 22.30
Fr + Sa: 06.00 – 24.00

Der Kiosk ist _von_ Sonntag _bis_ Donnerstag _____ 6 Uhr am Morgen _____ halb 11 Uhr _____ Abend geöffnet. _Am_ Freitag und _____ Samstag haben wir _____ 6 Uhr _____ Morgen _____ Mitternacht offen.

7 Arbeitszeiten am Kiosk

Von wann bis wann arbeiten die Frauen am Kiosk? Hören Sie und ergänzen Sie die Tabelle.

	am Vormittag / am Mittag	am Nachmittag / am Abend
Frau Künzli	von _6_ Uhr bis ___ Uhr	von _12_ Uhr bis _halb 7_ Uhr
Frau Berisha	von ___ Uhr bis ___ Uhr	von ___ Uhr bis ______ Uhr
Frau Ferrari	von ___ Uhr bis ___ Uhr	von ___ Uhr bis ______ Uhr
Frau Beerli	von ___ Uhr bis ___ Uhr	von ___ Uhr bis ______ Uhr

8 Projekt: Öffnungszeiten

Post
Bank
Supermarkt
Kiosk
Restaurant
Konsulat
...

- → Suchen Sie Schilder mit Öffnungszeiten.
- → Wie sind die Öffnungszeiten am Montag?
- → Wie sind die Öffnungszeiten am Samstag?
- → Lesen Sie und notieren Sie.
- → Fragen Sie auch das Personal und notieren Sie.

Von wann bis wann haben Sie am Montag geöffnet?

Ab wann haben Sie geöffnet?

Bis wann ist am Samstag geöffnet?

Haben Sie über Mittag geöffnet?

Ü9 – Ü13 Arbeitsbuch, **Seite 16 – 17**

1 Interview mit einem Taxifahrer

Was ist richtig? Was ist falsch? Hören Sie und machen Sie Kreuze.

		richtig	falsch
1	Es ist halb acht.	☐	☐
2	Herr Cimildoro ist fertig mit der Arbeit.	☐	☐
3	Er arbeitet schon 20 Jahre als Taxifahrer.	☐	☐
4	Er spricht gern mit den Leuten.	☐	☐
5	Er wartet nicht gern, das ist langweilig.	☐	☐
6	Morgen arbeitet Herr Cimildoro von 14 Uhr bis 24 Uhr.	☐	☐
7	Er fährt nicht gern in der Nacht.	☐	☐
8	Er schläft manchmal am Tag.	☐	☐

2 Als Taxifahrer arbeiten

Hören Sie, lesen Sie und sprechen Sie nach.

Als Taxifahrer arbeiten, das heisst:
warten, warten, warten und fahren und warten und fahren.
Das heisst: Strassen suchen und fahren und fahren und fahren.
Taxi fahren, das heisst aber auch: sprechen und Leute kennen lernen, reden und lachen.
Taxi fahren ist anstrengend – aber auch interessant.

3 Meine Arbeit

Schreiben Sie. Arbeiten Sie mit dem Wörterbuch.

Als … arbeiten, das heisst:
…, …, … und … und … und …
Das heisst: … und … und …
Das heisst aber auch: … und …, … und …
… ist … – aber auch …

4 Arbeit und Beruf: Fragen und Antworten

Wählen Sie eine Variante.

Variante 1: Augen schliessen und hören

Variante 2 : Augen schliessen, hören und leise nachsprechen

Variante 3 : Hören, lesen und nachsprechen

Fragen (formell)	**Fragen** (informell)	**Antworten**	
Was arbeiten Sie?	Was arbeitest du?	Ich arbeite als …	Ich arbeite bei …
Was machen Sie beruflich?	Was machst du beruflich?	Ich bin …	Bei …
Was sind Sie von Beruf?	Was bist du von Beruf?		
		Ich habe … keine Arbeit.	Ich arbeite bei der Firma …
Und wo arbeiten Sie?	Und wo arbeitest du?	Ich bin arbeitslos.	In …
		Ich suche Arbeit als …	Ich arbeite in …

5 Eine Klassenliste schreiben

Fragen Sie Ihre Kolleginnen und Kollegen und schreiben Sie eine Liste.

Arbeitsbuch, **Seite 17–18** Ü14–Ü18

13 Geld im Alltag

1 Franken und Rappen: die Währung in der Schweiz

Wie viele Franken und Rappen sind das zusammen?

Das sind zusammen ______ Franken und ______ Rappen.

2 Münzen und Noten in der Schweiz

Welche Münzen gibt es? Welche Noten gibt es? Ergänzen Sie.

Münzen	Noten
_____ Rappen	________ Franken
_____ Rappen	________ Franken
_____ Rappen	________ Franken
_____ Rappen	________ Franken
_____ Franken	________ Franken
_____ Franken	________ Franken
_____ Franken	
Total:	**Total:**
8.85 Franken	**1380 Franken**

Man schreibt:
Fr. –.85
Fr. 8.–
Fr. 8.85

Man sagt:
fünfundachtzig Rappen
acht Franken
acht Franken fünfundachtzig

Münzen und Noten sind zusammen ________ Franken und ______ Rappen.

3 Geld im Alltag: telefonieren

Lesen Sie und sprechen Sie zu zweit.

Eine Minute nach Bolivien kostet …

Land	Tarif für 1 Minute
Albanien	Fr. 1.49
Argentinien	Fr. 2.56
Australien	Fr. 1.60
Bolivien	Fr. 3.41
Bosnien-Herzegowina	Fr. 1.49
Chile	Fr. 2.13
China	Fr. 2.56
Dominikanische Republik	Fr. 3.41
Frankreich	Fr. –.75
Grossbritannien	Fr. –.75
Italien	Fr. –.75
Japan	Fr. 2.13
…	…

4 Geld im Alltag: der Einzahlungsschein

Lesen Sie und notieren Sie die Antworten.

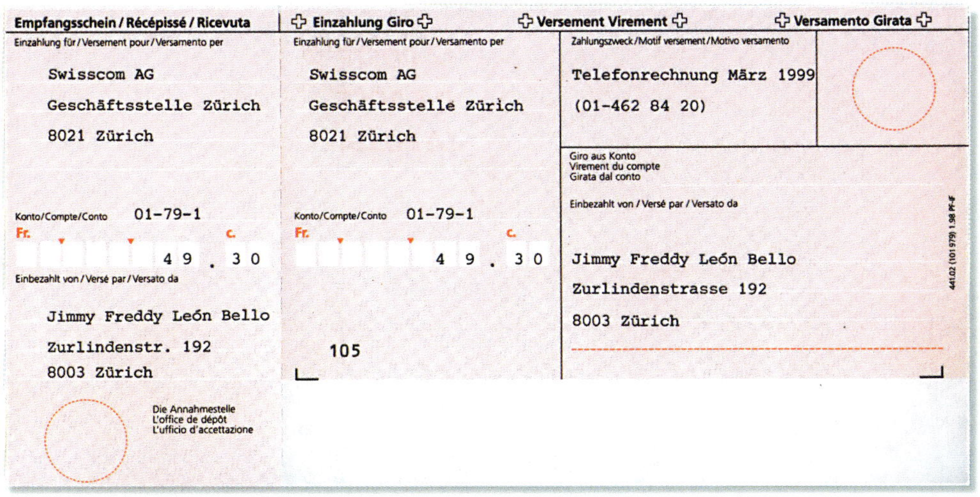

Empfangsschein / Récépissé / Ricevuta
Einzahlung für / Versement pour / Versamento per
Swisscom AG
Geschäftsstelle Zürich
8021 Zürich
Konto/Compte/Conto 01-79-1
Fr. 49 c. 30
Einbezahlt von / Versé par / Versato da
Jimmy Freddy León Bello
Zurlindenstr. 192
8003 Zürich
Die Annahmestelle
L'office de dépôt
L'ufficio d'accettazione

Einzahlung Giro / Versement Virement / Versamento Girata
Einzahlung für / Versement pour / Versamento per
Swisscom AG
Geschäftsstelle Zürich
8021 Zürich
Konto/Compte/Conto 01-79-1
Fr. 49 c. 30
105

Zahlungszweck / Motif versement / Motivo versamento
Telefonrechnung März 1999
(01-462 84 20)
Giro aus Konto
Virement du compte
Girata dal conto
Einbezahlt von / Versé par / Versato da
Jimmy Freddy León Bello
Zurlindenstrasse 192
8003 Zürich

1 Wer bezahlt? Wie heisst er?
2 Wo wohnt er?
3 Wie viel bezahlt er?
4 Wer bekommt das Geld?

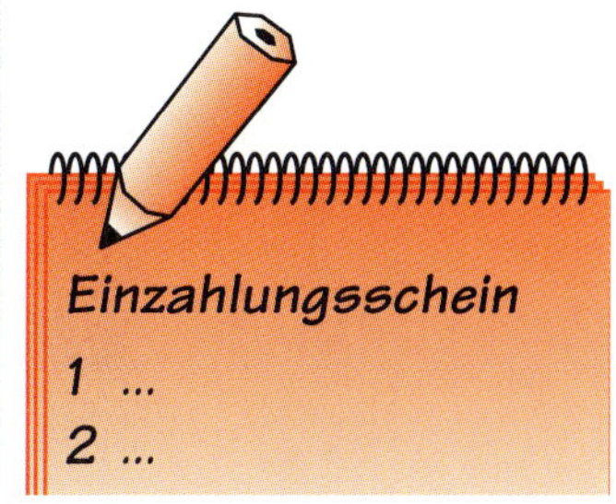

5 Geld im Alltag: Sonderangebote

Hören Sie. Was passt zusammen?

Gipfeli
Stück nur
–.40

Hörtext *1*

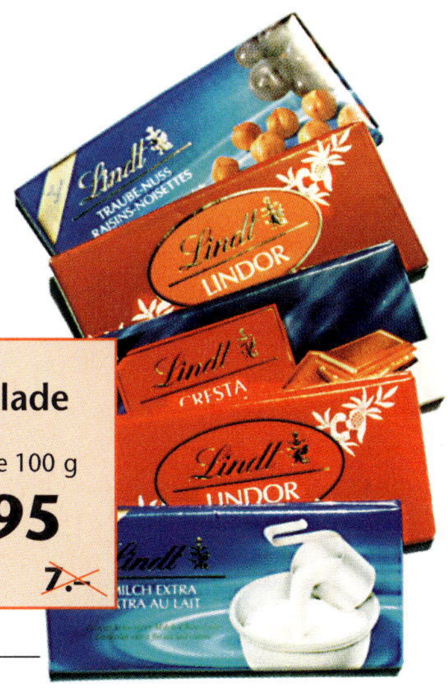

LINDT Schokolade
assortiert,
5 Tafeln à je 100 g
4.95
~~7.–~~

Hörtext ___

Hören Sie auf Produktenamen und Preise.

Hörtext ___

Ananas
aus Ghana
Stück
4.30
statt 5.30

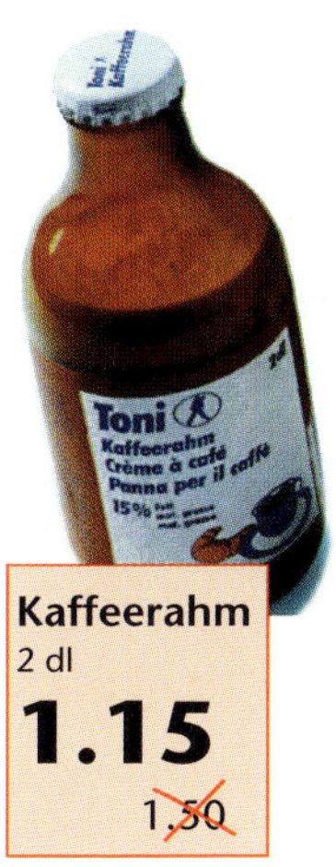

Kaffeerahm
2 dl
1.15
~~1.50~~

Hörtext ___

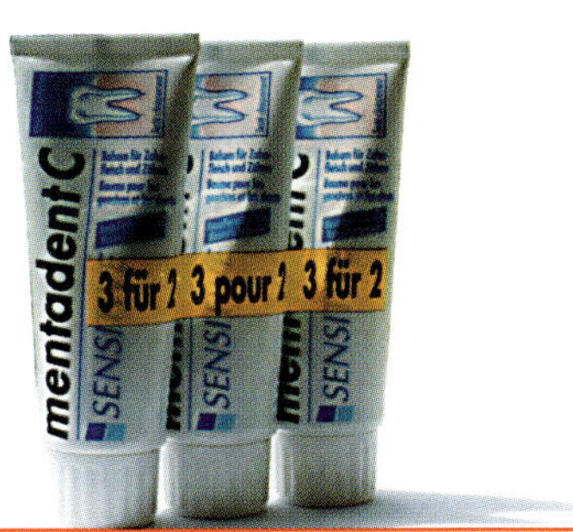

Mentadent C
Zahnpasta, 3 für 2 nur **7.20**

Hörtext ___

6 Projekt: Sonderangebote

drei für zwei
10%
Rabatt!!!

→ Suchen Sie Sonderangebote.
→ Schneiden Sie Sonderangebote aus Zeitungen und Prospekten aus.
→ Machen Sie eine Collage.

50% SALE
Sonderverkauf
günstig

Arbeitsbuch, **Seite 19 – 20**   Ü19 – Ü22

14 Personalien

1 Frau Beerli findet einen Ausweis

Lesen Sie die Fragen. Notieren Sie die Antworten. Arbeiten Sie zu zweit.

ZAR-Nr. 0425.1566/3
Name Pereira Locher
Vorname Patricia
Unterschrift des Inhabers

Kanton Schwyz
ZAR-Nr. 0425.1566/3
Kant.-Ref.-Nr. SZ 1237654
Aufenthaltsbewilligung XYZ
gültig bis 15.04.2001
Name Pereira Locher
Vorname Patricia
Geburtsdatum 12.03.1970
Nationalität Brasilien
Wohnort Goldau / SZ
Zivilstand verheiratet
Beruf Verkäuferin
In der Schweiz seit 15.04.1998

Wer ist das?

1 Wie heisst die Frau?
2 Woher kommt sie?
3 Wo wohnt sie?
4 Was ist sie von Beruf?
5 Ist sie verheiratet?
6 Wie ist ihre Telefonnummer?

2 Mein Ausweis ist weg!

Frau Pereira geht zur Polizei. Der Polizist hat viele Fragen. Hören Sie, lesen Sie mit und sprechen Sie nach.

Name, Vorname	Adresse	Ort, PLZ	Telefonnummer, Vorwahl
Wie ist Ihr Familienname? Und Ihr Vorname, bitte?	Ihre Adresse, bitte? Wie heisst die Strasse? Die Hausnummer, bitte? Welche Nummer, bitte?	Ihr Wohnort? Wo wohnen Sie? Die Postleitzahl, bitte? Wie ist die Postleitzahl?	Ihre Telefonnummer, bitte? Wie bitte, wie ist Ihre Telefonnummer? Und die Vorwahl? Wie ist die Vorwahlnummer, bitte? Bitte noch einmal.

Nationalität	Beruf	Alter, Zivilstand	Unterschrift
Ihre Nationalität, bitte? Woher kommen Sie? Ihr Herkunftsland, bitte?	Was sind Sie von Beruf? Arbeiten Sie? Was arbeiten Sie?	Und wie alt sind Sie? Ihr Alter, bitte? Ihr Zivilstand, bitte? Sind Sie verheiratet?	Ihre Unterschrift, bitte. Bitte unterschreiben Sie hier. Nein, hier bitte. Ja, hier. Danke schön.

3 Rollenspiel

Auf der Polizei:
Kombinieren Sie die Fragen aus Übung 2 neu und spielen Sie die Szene.

4 Frau Beerli sucht die Telefonnummer von Frau Pereira

Hören Sie die Telefon-Auskunft. Welche Telefonnummer hat Frau Pereira? Machen Sie ein Kreuz.

111 **Auskunft Inland**
Renseignements pour la Suisse
Informazioni per la Svizzera

- ☐ 051/245 24 57
- ☐ 041/783 72 86
- ☐ 041/245 24 75
- ☐ 041/738 72 68

5 Tel.-Nr.

Hören und notieren Sie die Telefonnummern.

4+5

6 Frau Beerli telefoniert mit Frau Pereira

Notieren Sie die Adresse von Frau Pereira.

Frau Patricia Pereira ____________

____

____

7 Projekt: Telefonbuch 1

Ergänzen Sie die Tabelle. Suchen Sie die Informationen im Telefonbuch Ihrer Region.

Ort	Vorwahl Fernkennzahl
Basel	______
St.Gallen	______
Chur	______
Genf	______
Lugano	______
Schaffhausen	______
Bern	______
Zürich	______

8 Projekt: Telefonbuch 2

Ergänzen Sie die Tabellen. Suchen Sie die Postleitzahlen im Telefonbuch. Arbeiten Sie zu zweit.

Wie ist die Postleitzahl von Chur?

Chur hat die Postleitzahl ...

Ort	PLZ
Chur	______
Lugano	______

Welche Postleitzahl hat Lugano?

...

4000 Basel	PLZ
Adlerstrasse	______
Erlenstrasse	______
Schalerstrasse	______

8200 Schaffhausen	PLZ
Bergstrasse	______
Dorfstrasse	______
Geissbergstrasse 113	______

Arbeitsbuch, **Seite 20–22** Ü23–Ü31

15 Namen, Namen, Namen

1 Namen in der Deutschschweiz

Stimmt das? Was meinen Sie? Machen Sie Kreuze.
Lesen Sie dann die Impressionen aus der Deutschschweiz.

	Stimmt	Stimmt nicht
Namen sind wichtig in der Deutschschweiz.	☐	☐
Namen verstehen, das ist leicht.	☐	☐
Am Telefon sagen die Deutschschweizer zuerst «Hallo».	☐	☐
Junge Leute sagen am Telefon zuerst die Telefonnummer.	☐	☐

Impressionen aus der Deutschschweiz

Ohne Familienname geht in der Deutschschweiz nichts. Sie sagen hier nicht «Guten Tag, mein Herr» oder «Auf Wiedersehen, Madame». Sie sagen «Guten Tag, Herr Schneider» und «Auf Wiedersehen, Frau Künzli». So hören Sie hier jeden Tag viele Namen. Alle Namen verstehen und die Namen lernen, das ist nicht leicht.

Auch am Telefon sind Namen in der Deutschschweiz wichtig. Sie hören hier am Telefon nicht zuerst «Hallo» oder «Ja». Sie hören auch nicht die Telefonnummer. Nein, Deutschschweizerinnen und Deutschschweizer sagen am Telefon zuerst den Familiennamen. Junge Leute sagen auch den Vornamen. Alle sagen den Namen. Das ist hier normal.

Patricia Pereira, Goldau SZ

2 Namen am Telefon

Welche Namen hören Sie?
Machen Sie Kreuze.

A

Imhof	☐	Steiner	☐
Indermauer	☐	Studer	☐
Inderbitzin	☐	Stiefel	☐
Iseli	☐	Stucki	☐

B

Fritz	☐	Heidi	☐
Franz	☐	Helen	☐
Felix	☐	Hildegard	☐
Philipp	☐	Hanna	☐

3 Städtenamen

Woher kommen die Leute? Wo wohnen sie jetzt?
Hören Sie und ergänzen Sie die Sätze.

Luzern Bern Bern Basel St.Gallen Bern ~~Chur~~ Zürich

St.Gallen

Zürich

1 Silvia kommt aus _Chur_. Sie wohnt jetzt in ________________.

2 Franz kommt aus __________. Er wohnt jetzt in ______________.

3 Elisabeth kommt aus ____________ und wohnt jetzt in _________.

4 Fritz kommt aus ________ und wohnt in ________.

1 Informationen suchen

So verstehen Sie Texte leicht.

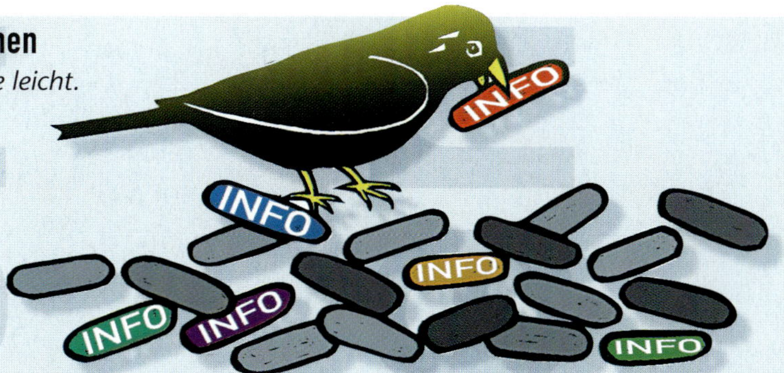

Texte verstehen, das heisst Informationen finden.
Suchen Sie Informationen.
Lesen Sie selektiv: **Picken Sie Informationen.**
So verstehen Sie Texte schnell. So verstehen Sie Texte leicht.

2 Lesen und zwei Informationen picken

Lesen Sie die Fragen. Suchen Sie die Antworten im Text, picken Sie die Informationen und notieren Sie die Antworten.

Fragen:

a Wie alt ist der Mann?
b Welche Sprache spricht er zu Hause?

Text:

Fred Hodel (42) wohnt im Kanton Bern: «Ich wohne in Thun und ich arbeite auch hier. Ich bin Lehrer. Ich unterrichte Deutsch und Mathematik in einer internationalen Klasse. Die Schülerinnen und Schüler kommen aus der ganzen Welt. So höre ich jeden Tag viele Sprachen. Ich selber spreche in der Klasse Hochdeutsch. Zu Hause spreche ich Berndeutsch. Das ist meine Muttersprache.»

Antworten:

1 ____________________

2 ____________________

Sind die Antworten richtig?
Gut. Sie haben die Informationen. Der Rest, die anderen Wörter im Text sind im Moment nicht wichtig.

3 Lesen und sechs Informationen picken

Lesen Sie den Text in Übung 2 noch einmal und ergänzen Sie die Tabelle.
Sie lesen selektiv und picken so sechs Informationen aus dem Text.

Vorname	Name	Alter	Wohnort	Arbeit Beruf	Sprachen
________	________	____	________	________	________ ________

Informationen suchen und Texte verstehen: **Tabellen helfen!**

Rückblick

4 Deutsch lernen

Lösen Sie die Übung 33 im Arbeitsbuch auf Seite 23.

Arbeitsbuch, **Seite 23** Ü32 – Ü33

Grammatik

G1 Personalpronomen und Verb

Das Personalpronomen und das Verb

du = kommst

Personalpronomen → du; Verbstamm → komm; Endung → st

G2 Das Verb

Konjugation Präsens

Infinitiv		kommen		arbeiten
Singular (Sg)	ich	komme	ich	arbeite
	du	kommst	du	arbeitest
	er / es / sie	kommt	er / es / sie	arbeitet
Plural (Pl)	wir	kommen	wir	arbeiten
	ihr	kommt	ihr	arbeitet
	sie	kommen	sie	arbeiten
formell (Sg + Pl)	Sie	kommen	Sie	arbeiten

Wie «kommen»:
beginnen, fragen, hören, lernen, machen, notieren, sagen, schreiben, spielen, suchen, üben, verstehen, wiederholen, wohnen, ...

Wie «arbeiten»:
antworten, finden, ordnen, öffnen, reden, schneiden, warten, zeichnen, ...

Infinitiv		sprechen		fahren
Singular (Sg)	ich	spreche	ich	fahre
	du	sprichst	du	fährst
	er / es / sie	spricht	er / es / sie	fährt
Plural (Pl)	wir	sprechen	wir	fahren
	ihr	sprecht	ihr	fahrt
	sie	sprechen	sie	fahren
formell (Sg + Pl)	Sie	sprechen	Sie	fahren

Infinitiv		haben		sein
Singular (Sg)	ich	habe	ich	bin
	du	hast	du	bist
	er / es / sie	hat	er / es / sie	ist
Plural (Pl)	wir	haben	wir	sind
	ihr	habt	ihr	seid
	sie	haben	sie	sind
formell (Sg + Pl)	Sie	haben	Sie	sind

Wie «sprechen»:
geben (ich gebe, du gibst, ...)
treffen (ich treffe, du triffst, ...)
lesen (ich lese, du liest, ...)
helfen (ich helfe, du hilfst, ...)

Wie «fahren»:
schlafen, ...

G3 Referenz

Wer ist das?
Das ist Carina. Sie ist 22 Jahre alt. Sie kommt aus Guatemala und wohnt jetzt in Zürich.

Freizeit

Freizeit

17 Freizeit und Unterhaltung

1 Was machen Sie? Wie oft?

Welche Bilder passen? Notieren Sie. Machen Sie dann Kreuze.

A

B

C

D

E

Das mache ich in der Schweiz …	oft	manchmal	selten	nie
A spazieren gehen	☐	☐	☐	☐
___ tanzen gehen	☐	☐	☐	☐
___ essen gehen	☐	☐	☐	☐
___ in ein Café gehen	☐	☐	☐	☐
___ picknicken	☐	☐	☐	☐
___ Fussball spielen	☐	☐	☐	☐
___ in den Zoo gehen	☐	☐	☐	☐
___ Freunde und Bekannte treffen	☐	☐	☐	☐
___ in ein Konzert gehen	☐	☐	☐	☐
___ ________________	☐	☐	☐	☐

2 Unterhaltung: Was? Wo? Wann?

Lesen Sie die Inserate und picken Sie Informationen. Notieren Sie die Informationen in einer Tabelle.

1

2

3

4

1	*Was?*	*in ein Konzert gehen*
	Wo?	*in Zürich*
	Wann?	*ab ... Uhr*
2	*Was?*	*...*
	...	

Ü1–Ü7 Arbeitsbuch, **Seite 24–26**

18 Eine Verabredung

1 Kommst du mit ins Kino?

Hören Sie den Dialog. Welches Inserat passt?

A

B

Zum Dialog passt Inserat ____ .

2 Wann treffen wir uns?

Hören Sie den Dialog in Übung 1 noch einmal. Wann treffen sich Regina und Helen? Kreuzen Sie an.

- ☐ am Mittwoch um sechs Uhr.
- ☐ am Montag um halb neun.
- ☐ am Mittwoch um acht Uhr.
- ☐ am Montag um halb sieben.
- ☐ am Mittwoch um Viertel nach fünf.

Wann beginnt der Film?

Um ...

Wann?

am + Tag

um + Uhrzeit

Wann treffen wir uns?

Am Sonntag um drei Uhr.

3 Verabredungen

Hören, mitlesen, nachsprechen und Dialoge spielen.

Fragen und ...	Antworten
Was machst du heute Abend? Was machst du am Wochenende? Hast du … Zeit?	Ich weiss noch nicht. Warum? Ja, kein Problem. Ich habe Zeit. ...
Ich gehe am Mittwoch in den Zoo. Kommst du mit? Wir gehen ... picknicken. Kommt ihr auch mit?	Ich weiss nicht. Vielleicht. Am Mittwoch geht es nicht. Aber ... Ja, wir kommen gern.
Kommst du mit ins Kino ... Gehen wir einen Kaffee trinken?	Tut mir leid. Heute geht es nicht. Ich habe viel Arbeit. Gute Idee! Ich komme gern.
Wann treffen wir uns? Um sieben Uhr? Geht das? Am nächsten Samstag um ...	 Ja, das geht gut. Das ist zu früh. Geht es auch um ...

Kommt jemand mit ins Kino?

Gute Idee. Ich komme gern.

4 Projekt: Kino

Kino Cinema Movie Cine

- → Bringen Sie eine lokale Zeitung in den Deutschkurs.
- → Suchen Sie zu zweit die Kino-Inserate.
- → Was gibt es im Kino? Machen Sie eine Tabelle: Was? Wo? Wann?
- → Vielleicht gehen Sie mit Kolleginnen und Kollegen zusammen ins Kino: Viel Vergnügen!

Was? Wann? Wo?

Arbeitsbuch, **Seite 26 – 27** Ü8 – Ü12

19 Zu Hause

1 Eine Statistik

Lesen Sie Text und Statistik. Eine Information im Text ist falsch. Unterstreichen Sie die falsche Information und schreiben Sie den Satz richtig.

Was machen die Leute?

Viele Leute lesen zu Hause Zeitung. Sie sehen fern, hören Musik oder machen auch mal nichts in ihrer Freizeit. Etwa gleich viele Frauen und Männer lesen Zeitung. Auch etwa gleich viele Frauen und Männer hören Musik. Aber mehr Männer als Frauen lesen Bücher: 47% der Frauen lesen Bücher, bei den Männern sind es 72%. Und wie ist es mit Kochen? Die Statistik zeigt: mehr Frauen als Männer kochen, bei den Frauen sind es 65%, bei den Männern sind es nur 36%.

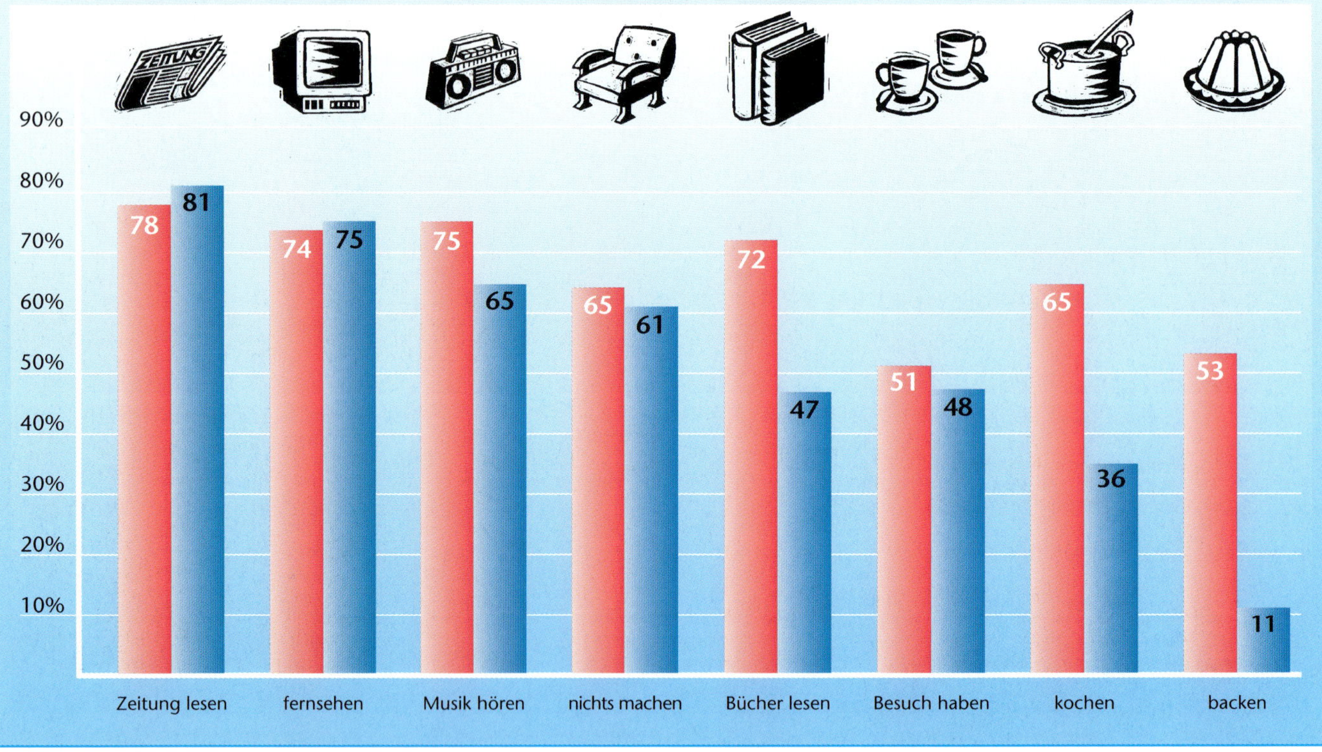

2 Ein Interview mit Frau Künzli, Kioskverkäuferin in Zürich

Was macht Frau Künzli in ihrer Freizeit? Hören Sie das Interview und machen Sie Kreuze.

Das macht Frau Künzli in ihrer Freizeit:	**Ja**	**Nein**
1 Sie hat ein- bis zweimal pro Woche Besuch.	☐	☐
2 Sie geht manchmal ins Kino.	☐	☐
3 Sie geht oft auswärts essen.	☐	☐
4 Sie hütet die Kinder von ihrer Schwester.	☐	☐
5 Sie backt Kuchen.	☐	☐
6 Sie bleibt am Dienstagabend selten zu Hause.	☐	☐
7 Sie sieht jeden Abend fern.	☐	☐
8 Sie hört nur am Wochenende Musik.	☐	☐

Ü13 – Ü14 Arbeitsbuch, **Seite 28**

20 Exkursionen

1 Ein Tag in Luzern

Lena (35), Nora (4), Basil (2) und Irma (55) machen einen Ausflug nach Luzern. Sie dokumentieren die Reise: Sie machen Fotos, sie sammeln Prospekte und Postkarten und notieren ihre Impressionen. Lesen Sie. Was passt zusammen? Notieren Sie.

___ **Der erste Eindruck**: Die Atmosphäre in Luzern ist international. Hier gibt es Touristinnen und Touristen aus der ganzen Welt.

_B_ **Am See**: Nora und Basil werfen Brot für die Schwäne ins Wasser. Auch die Enten und Möwen bekommen Brot.

___ **Auf dem Schiff**: Wir machen eine Rundfahrt auf dem Vierwaldstättersee. Das Panorama ist fantastisch.

___ **Die Kapellbrücke**: Wir gehen zur Kapellbrücke. Die Brücke und der Wasserturm sind international bekannt. Sie sind ein Symbol für Luzern.

___ **Pause**: Wir gehen in ein Café und essen Glace. Das finden die Kinder super.

___ **Das Verkehrsmuseum**: In Luzern gibt es ein Museum für Transport und Kommunikation, das «Verkehrshaus der Schweiz».

___ **Das Kulturzentrum**: In Luzern gibt es auch ein modernes Kultur- und Kongresszentrum. Die Architektur ist faszinierend.

___ **Abschied**: Auf Wiedersehen Luzern. Ein Tag ist zu kurz. Wir kommen gerne wieder!

2 Ausflugsziele in der Deutschschweiz

Was möchten Sie einmal machen? Kreuzen Sie an.

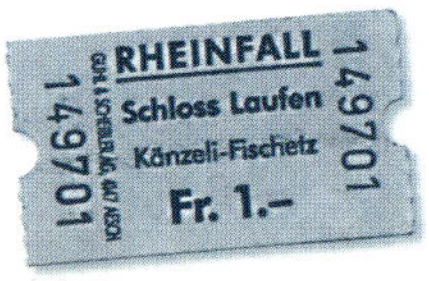

Das möchte ich einmal machen:	Ja	Nein
den Rheinfall bei Schaffhausen besuchen	☐	☐
den Zoo in Basel, Bern oder Zürich besuchen	☐	☐
das Verkehrshaus in Luzern besuchen	☐	☐
das Kloster Einsiedeln im Kanton Schwyz besuchen	☐	☐
auf das Jungfraujoch im Berner Oberland fahren	☐	☐
eine Schaukäserei besuchen	☐	☐
______________________________	☐	☐

Unterwegs zum Jungfraujoch

Kloster Einsiedeln

Schaukäserei in Stein, Kanton Appenzell

3 Ausflugsziele international

Machen Sie eine Liste im Deutschkurs.

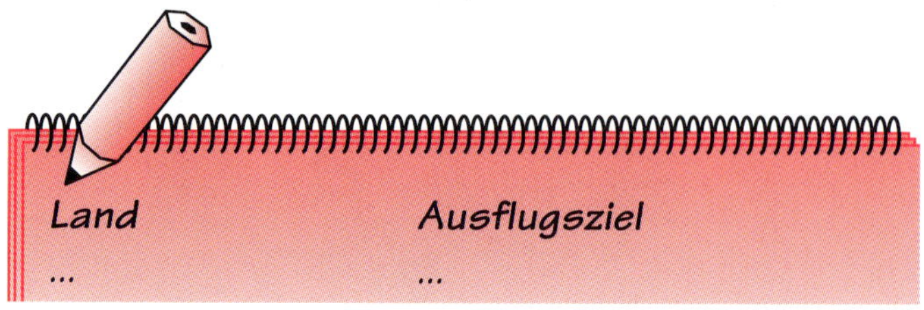

4 Familienausflug: Was kommt mit?

Notieren Sie.

5 der Rucksack und ___ die Handtasche
___ die Sonnenbrille und ___ die Mütze
___ der Bär und ___ die Puppe
___ der Tee und ___ die Bananen
___ das Brot für die Schwäne
___ die Zugbillette
___ das Portemonnaie
___ der Fotoapparat

5 Wörter hören und auf Bilder zeigen

Hören Sie die Wörter und zeigen Sie auf die richtigen Sachen in Übung 4. Üben Sie dann zu zweit: Ihr Kollege sagt die Wörter, Sie zeigen auf die Sachen. Dann sagen Sie die Wörter und der Kollege zeigt auf die Sachen.

6 Grammatik aktiv

Ergänzen Sie. Arbeiten Sie zu zweit. Die Übung 4 hilft.

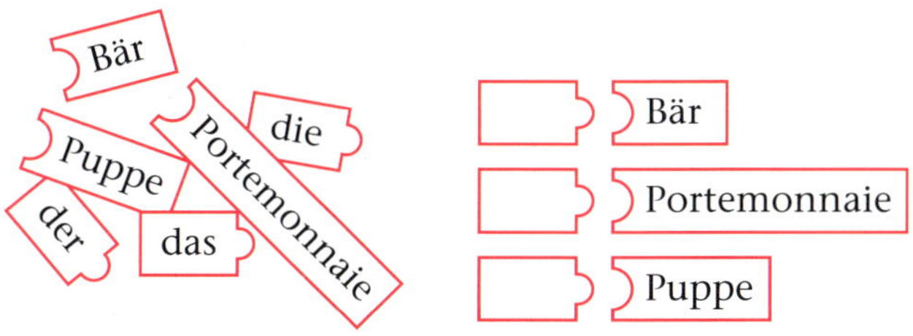

Definite Artikel und Nomen

	Singular	Plural
maskulin	der Schwan	_____ Schwäne
neutrum	das Zugbillett	_____ Zugbillette
feminin	die Banane	_____ Bananen

Lernen Sie Nomen und Artikel immer zusammen.

Im Plural heisst der definite Artikel immer _____.

➔ Grammatik, G 1

7 Nomen: Welcher Artikel passt?

Was passt: «der», «das» oder «die»? Das Wörterbuch hilft. Die Übungen auf Seite 45 zeigen Ihnen wie.

der das die

8 Ist das ein Schiff?

Hören Sie und ergänzen Sie die Sätze und dann die Tabelle.

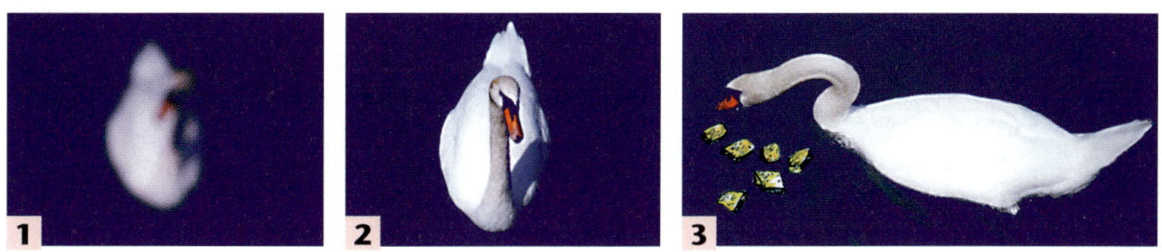

1 ► Was ist das?
Ist das ein _____________?
○ Nein, das ist kein _____________.
► Vielleicht ein _____________!

2 ○ Stimmt, das ist ein _____________.

3 ○ Der _____________ hat Hunger.
Er bekommt Brot.

Nomen, indefinite Artikel und Negation mit «kein»

	Singular		Plural	
maskulin	*ein*	Schwan	Ø	Schwäne
	kein	Schwan	keine	Schwäne
neutrum	_____	Schiff	Ø	Schiffe
	_____	Schiff	keine	Schiffe
feminin	eine	Puppe	Ø	Puppen
	keine	Puppe	keine	Puppen

➔ Grammatik, G 1 – G 2

9 Was ist das?

Hören Sie. Raten Sie dann zu zweit.

Raten Sie.

Ist das vielleicht ...	Sind das vielleicht ...
Ich glaube, das ist ...	Ich glaube, das sind ...
Nein, das ist ...	Nein, das sind sicher ...
Doch, das ist ganz sicher ...	Doch, doch. Das sind ...
Ich weiss nicht.	...

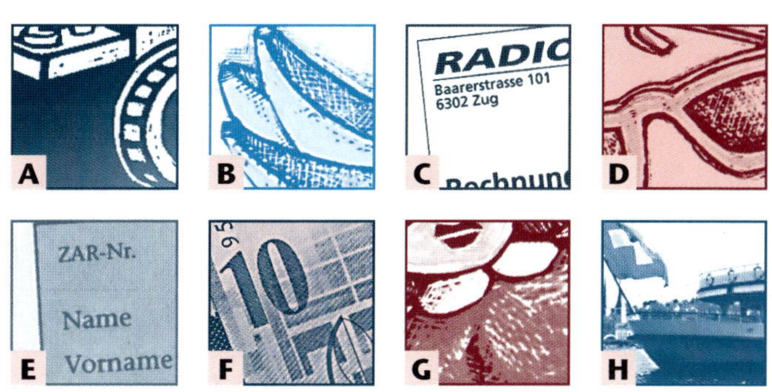

Arbeitsbuch, **Seite 28 – 30** Ü15 – Ü22

21 Unterwegs essen

1 Frühlingsrolle, Bratwurst oder Dönerkebab?

Was essen Sie gern? Wählen Sie. Hören Sie dann die Dialoge 1, 2 und 3. Wo sind die Leute? Machen Sie Kreuze.

Frühlingsrollen

Bratwurst

Dönerkebab

	Am China-Take-away	Am Bratwurst-Stand	Am Kebab-Stand
Dialog 1	☐	☐	☐
Dialog 2	☐	☐	☐
Dialog 3	☐	☐	☐

2 Was bestellen die Leute?

Hören Sie die drei Dialoge noch einmal. Was bestellen die Leute? Machen Sie Kreuze.

Was nehmen Sie?

Ich möchte ...

Wir nehmen ...

Die Leute möchten ...

Dialog 1	Dialog 2	Dialog 3
☐ einen Hamburger	☐ einen Salat	☐ einen Falafel
☐ einen Cervelat	☐ zwei Frühlingsrollen	☐ eine Suppe
☐ eine Bratwurst	☐ ein Sandwich	☐ einen Dönerkebab
☐ ein Poulet	☐ eine Frühlingsrolle	☐ ein Joghurt
☐ einen Hot Dog	☐ Wontons	☐ zwei Dönerkebab
☐ Pommes frites	☐ ein Chopsuey	☐ eine Currywurst

3 Grammatik aktiv

Ergänzen Sie. Arbeiten Sie zu zweit. Die Übung 2 hilft.

	Verb	+ Akkusativ
Ich	nehme	____ Bratwurst.
Der Kollege	bestellt	keine Suppe.
Er	möchte	Wontons.

Das ist ...

Ich möchte ...

	Nominativ		Akkusativ	
maskulin	ein	Salat	______	Salat
	kein	Salat	keinen	Salat
neutrum	ein	Poulet	______	Poulet
	kein	Poulet	kein	Poulet
feminin	eine	Suppe	______	Suppe
	keine	Suppe	______	Suppe
Plural	Ø	Wontons	Ø	Wontons
(m/n/f)	keine	Wontons	keine	Wontons

Das sind ...

→ Grammatik, G 3

4 Am Stand

Hören, mitlesen, nachsprechen und die Szene am Stand spielen.

Mit Kolleginnen und Kollegen (informell)

Was nimmst du?
Und du? ...
Was möchtest du?
Was nehmen wir?

Möchtest du auch ...
Nimmst du auch ...
Möchtest du ...
Ja, gern.
Nein, danke. ...

bestellen
essen

Am Stand bestellen (formell)

Grüezi. Was möchten Sie?
Und Sie? ...
Ein Poulet ...
Tut mir Leid. Wir haben ...
Eine Frühlingsrolle, bitte.
Gern. ...
Mit Sauce?
... Und scharf, bitte.
Möchten Sie Ketchup?
Nein, danke. ...

schnell, gut und günstig

5 Bezahlen, bitte!

Wer bezahlt was? Machen Sie Kreuze.

	Lena (35) bezahlt:	**Irma** (55) bezahlt:
den Kaffee	☐	☐
den Tee	☐	☐
den Eistee	☐	☐
das Mineralwasser	☐	☐
das Coca Cola	☐	☐
das Bier	☐	☐
die Ovomaltine	☐	☐
die vier Glacen	☐	☐

6 Im Café

Ergänzen Sie zu zweit die Tabelle. Die Übung 5 hilft.

Hier ist ... / Ich bezahle ...

	Nominativ		Akkusativ	
maskulin	der	Kaffee	______	Kaffee
neutrum	das	Bier	______	Bier
feminin	die	Milch	die	Milch
Plural	die	Glacen	______	Glacen

Hier sind ...

→ Grammatik, G 3

7 Wer bezahlt was?

Hören Sie und ergänzen Sie die Sätze.

Was bezahlen Sie?
Ich bezahle _den_ Cervelat und ______ Bier.
Und Sie? Was bezahlen Sie?
Ich bezahle ______ Bratwurst und ______ Mineralwasser. Und Sie?
Ich bezahle ______ Poulet, ______ Pommes Frites und ______ Coca Cola.

8 Was macht das, bitte?

Hören Sie und notieren Sie die Preise.

A
____

B
____

C
____

D
____

Arbeitsbuch, **Seite 31–32** Ü23 – Ü30

22 Wochenende

1 So war das Wochenende

Hören Sie das Gespräch von Zymer, Patricia, Hui-Zhu und Pamela. Wer sagt was? Machen Sie Kreuze.

Wer sagt das?	Zymer	Patricia	Hui-Zhu	Pamela
1 Ich war zu Hause.	☐	☐	☐	☐
2 Ich hatte Besuch.	☐	☐	☐	☐
3 Ich war bei Freunden.	☐	☐	☐	☐
4 Ich hatte viele Telefongespräche.	☐	☐	☐	☐
5 Das Fernsehprogramm war gut.	☐	☐	☐	☐
6 Ich war in Luzern.	☐	☐	☐	☐
7 Wir hatten es schön zusammen.	☐	☐	☐	☐
8 Am Sonntag war ich müde.	☐	☐	☐	☐
9 Wir waren in einem Konzert.	☐	☐	☐	☐

2 Wie war das Wochenende?

Hören, lesen und nachsprechen.

Fragen	Antworten		
Wie war das Wochenende? ... Wo warst du? Warst du ... ? Hattest du frei? ...	Das Wochenende war sehr schön. Es war ... Mein Wochenende war ...	Ich war zu Hause. Ich war bei Freunden. Wir waren im Kino. ...	Ich hatte Besuch. Ich hatte frei. Ich hatte viel Arbeit ... Wir ...

3 Mein Wochenende

Schreiben Sie.

Mein Wochenende
Ich war ...
Ich hatte ...
Das Wochenende ...

4 Das Wochenende der Kolleginnen und Kollegen

Fragen Sie.

Hattest du ...

Wie war das Wochenende?

5 Grammatik und Poesie

Ergänzen Sie die Grammatik-Poesie.

Zu Hause

Ich *war* zu Hause.
Er ________ zu Hause.
Anna ________ auch zu Hause.
Wir ________ alle zu Hause.
Nur du ________ weg.
Wo ________ du denn?

Ein Wochenende mit Stress

Du *hattest* Zeit.
Er ________ Zeit.
Sie ________ auch Zeit.
Ihr *hattet* alle viel Zeit.
Nur ich ________ keine Zeit.
Ich ________ Stress, viel Stress.

→ Grammatik, G 5

Ü31 – Ü32 Arbeitsbuch, Seite 33

1 Nomen und Artikel

So finden Sie die Artikel im Wörterbuch.

der das die

Zoo *m* حديقة الحيوان [ħadiːqat alħajawaːn].

Kino *nt* ⟨-s, -s⟩ кинó *nt*; **ins ~ gehen** идтú в кинó

Musik *f* -en ① 音乐 yīnyuè ② 乐曲 yuèqǔ; in

______	Zoo
______	Kino
______	Musik

m (maskulin) → **der**
nt (neutrum) → **das**
f (feminin) → **die**

2 Wie heissen die Artikel?

Markieren Sie die Abkürzungen für «der», «das» und «die» in den Wörterbuchtexten und ergänzen Sie die Liste. Arbeiten Sie zu zweit.

Wie heisst der Artikel von …?

das Inserat
______ Zeitung
______ Text
______ Information
______ Foto
______ Museum
______ Kaffee
______ Telefon

Inserat *nt* anuncio *m*; **Inserent(in)** *m(f)* anunciante *mf*; **inserieren 1.** *vi* poner un anuncio (*in +dat* en); **2.** *vt* publicar; **sie inserierte in mehreren Zeitungen** puso anuncios en varios periódicos.

科学 jìsuànjī kēxué; **Informatiker** *m* 计算机科学工作者 jìsuànjī kēxué gōngzuòzhě; **Information** *f* -en ① 消息 xiāoxi, 报道 bàodào ② 资料

Kaffee (m): கோப்பி
Kaffeehaus (n): கோப்பி அ (சிற்றுண்டி) சாலை

Foto *nt* ⟨-s, -s⟩ photo *f*; **Fotoapparat** *m* appareil *m* photo; **Fotoartikel** *mpl* articles *mpl* photographiques; **Fotograf(in)** *m(f)* ⟨-en, -en⟩ photographe *m/f*; **Fotografie** *f* photographie *f*; **foto-**

Tel. *nt Abk von* **Telefon**
Telearbeit *f* teleiş
Telearbeitsplatz *m* tele işyeri
Telebanking *nt* telebank
Telefax *nt* telefaks
Telefon *nt* telefon
Telefonbuch *nt* telefon rehberi

Zeitung *f* giornale *m*.

Museum *nnt* <-s, Museen> museu *m*.

Text (-ǿs; -e) *m* tekst;

Varianten:
nm (Nomen maskulin) → **der**
nnt (Nomen neutrum → **das**
nf (Nomen feminin) → **die**

3 Artikel suchen und finden

Wie heissen die Abkürzungen für «der», «das» und «die» in Ihrem Wörterbuch? Ergänzen Sie. Vergleichen Sie mit Kolleginnen und Kollegen.

Artikel		Abkürzungen in meinem Wörterbuch
der	→	______
das	→	______
die	→	______

______	Film
______	Konzert
______	Verabredung

24 Minibar

1 Im Zug

Lesen Sie und machen Sie Kreuze.

Wer arbeitet an der Minibar?

Die Arbeit an der Minibar ist nicht leicht: Der volle Wagen ist rund 300 Kilogramm schwer. Aber für **Nelson Simão** (19) aus Portugal ist das kein Problem. Er sagt: «Ich bin gern im Zug unterwegs. Ich lache oft. So sind die Leute freundlich und die Arbeit macht Spass.»
«Ich mache die Arbeit an der Minibar schon 30 Jahre», sagt **Margrit Senti** (54) aus Graubünden. «Die Arbeit ist interessant für mich. Ich habe jeden Tag mit vielen Leuten Kontakt.»
Mohammed Ahsan (34) aus Bangladesch kennt die Passagiere gut. Er meint: «Am Morgen nehmen viele Gäste Kaffee mit Gipfeli. Manchmal auch Orangensaft. Am Nachmittag konsumieren Männer meistens Bier. Frauen bestellen oft Kaffee crème. Ohne Zucker.»

Wer ist das?	Herr Simão	Frau Senti	Herr Ahsan
1 Er kommt aus Portugal.	☐	☐	☐
2 Sie kommt aus dem Kanton Graubünden.	☐	☐	☐
3 Er ist 34 Jahre alt.	☐	☐	☐
4 Sie hat jeden Tag mit vielen Leuten Kontakt.	☐	☐	☐
5 Er ist 19.	☐	☐	☐
6 Er ist gern im Zug unterwegs.	☐	☐	☐
7 Sie arbeitet schon 30 Jahre an der Minibar.	☐	☐	☐
8 Er lacht oft.	☐	☐	☐

2 Kaffee, Tee, Mineral, Sandwich

2+3

Was bestellen die Gäste im Zug? Hören Sie und machen Sie Kreuze.

Dialog	1	2	3
Getränke			
Kaffee crème	☐	☐	☐
Tee crème	☐	☐	☐
Mineralwasser	☐	☐	☐
Orangensaft	☐	☐	☐
Coca Cola	☐	☐	☐
Bier	☐	☐	☐
Snacks			
Gipfeli	☐	☐	☐
Sandwich mit Käse	☐	☐	☐

3 Wie viel macht das?

Hören Sie. Machen Sie Kreuze.

Dialog 1	Dialog 2	Dialog 3
☐ Fr. 4.10	☐ Fr. 22.–	☐ Fr. 5.60
☐ Fr. 5.–	☐ Fr. 20.20	☐ Fr. 6.–
☐ Fr. 5.80	☐ Fr. 42.50	☐ Fr. 2.60

Freizeit

Rückblick

4 Deutsch lernen

Lösen Sie die Übung 33 im Arbeitsbuch auf Seite 33.

Ü33 Arbeitsbuch, **Seite 33**

G1 Artikel und Nomen

Definite Artikel und Nomen

	Singular	Plural
maskulin	der Schwan	die Schwäne
neutrum	das Zugbillett	die Zugbillette
feminin	die Banane	die Bananen

Im Plural heisst der definite Artikel immer «die».

maskulin ➔ m
neutrum ➔ n
feminin ➔ f

Hier ist kein Artikel.

Ø = Nullartikel
= leer

Nomen, indefinite Artikel und Negation mit «kein»

	Singular		Plural	
maskulin	ein	Schwan	Ø	Schwäne
	kein	Schwan	keine	Schwäne
neutrum	ein	Schiff	Ø	Schiffe
	kein	Schiff	keine	Schiffe
feminin	eine	Puppe	Ø	Puppen
	keine	Puppe	keine	Puppen

G2 Definite und indefinite Artikel: Funktion

Was ist das?
Das ist **ein** Schwan.
Der Schwan bekommt Brot.

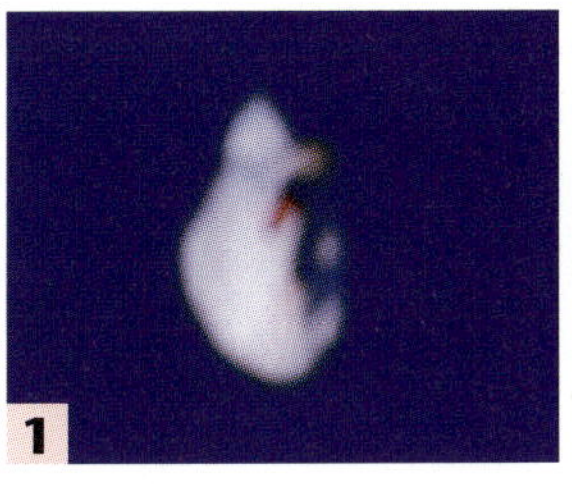
1

2

3

neu im Text, nicht bekannt ➔ indefinite Artikel
nicht neu im Text, bekannt ➔ definite Artikel

G3 Nominativ und Akkusativ

Das Verb und die Ergänzungen

Nominativ	+ Verb	+ Akkusativ
Ich	nehme	eine Bratwurst.
Der Kollege	bestellt	keine Suppe.
Er	möchte	Wontons.
Die Kollegin	bezahlt	den Kaffee.

Viele Verben haben eine Ergänzung im Akkusativ. Zum Beispiel: bekommen, bestellen, bezahlen, essen, finden, fragen, haben, lesen, möchten, nehmen, notieren, sehen, suchen, treffen, trinken ...

Artikel und Negation mit «kein»

Hier ist ...

Ich möchte ...
Ich bezahle ...

	Nominativ		Akkusativ	
maskulin	der	Salat	den	Salat
	ein	Salat	einen	Salat
	kein	Salat	keinen	Salat
neutrum	das	Poulet	das	Poulet
	ein	Poulet	ein	Poulet
	kein	Poulet	kein	Poulet
feminin	die	Suppe	die	Suppe
	eine	Suppe	eine	Suppe
	keine	Suppe	keine	Suppe
Plural (m/n/f)	die	Wontons	die	Wontons
	Ø	Wontons	Ø	Wontons
	keine	Wontons	keine	Wontons

Hier sind ...

G4 Fragewörter

Wer?	Wann?	Wie viel?
Was?	Bis wann?	Wie oft?
Wo?	Wie?	Warum?

Wer ist das? ➔ Personen
Was ist das? ➔ Sachen

G5 Das Verb: Konjugation Präsens

Infinitiv		«möchten»		nehmen		sehen
Singular (Sg)	ich	möchte	ich	nehme	ich	sehe
	du	möchtest	du	nimmst	du	siehst
	er / es / sie	möchte	er / es / sie	nimmt	er / es / sie	sieht
Plural (Pl)	wir	möchten	wir	nehmen	wir	sehen
	ihr	möchtet	ihr	nehmt	ihr	seht
	sie	möchten	sie	nehmen	sie	sehen
formell (Sg + Pl)	Sie	möchten	Sie	nehmen	Sie	sehen

Wie «nehmen»:
essen (ich esse, du isst ...)
Wie «sehen»:
fernsehen (ich sehe fern, du siehst fern ...)

Das Verb: Konjugation von «haben» und «sein» im Präteritum

Infinitiv		haben		sein
Singular (Sg)	ich	hatte	ich	war
	du	hattest	du	warst
	er / es / sie	hatte	er / es / sie	war
Plural (Pl)	wir	hatten	wir	waren
	ihr	hattet	ihr	wart
	sie	hatten	sie	waren
formell (Sg + Pl)	Sie	hatten	Sie	waren

Wo **warst** du **gestern**?

Wo **bist** du **jetzt**?

G6 Ja, nein, doch

- Was ist das? Ist das ein Bär?
- Ja, das ist ein Bär.
- Nein, das stimmt nicht.
  Das ist kein Bär.
- Doch, das ist ein Bär.
  Das ist der Bär von Bern.

Ja, nein, doch:
Ein Bär? Ja, ein Bär.
Nein, kein Bär.
Kein Bär? Doch, ein Bär.

Bern	Bärengraben
Berne	La fosse aux ours
Berne	Bear pit
Berna	Fossa degli orsi

Zusammen wohnen

Zusammen wohnen

25 Die Wohnung

1 Familie Nogueira

Lesen Sie und machen Sie Kreuze.

Steht das im Text?

	Ja	Nein
1 Herr Nogueira arbeitet seit 8 Jahren in der Schweiz.	☐	☐
2 Frau Nogueira lebt seit 7 Jahren in der Schweiz.	☐	☐
3 Herr und Frau Nogueira hatten früher eine 2-Zimmer-Wohnung.	☐	☐
4 Die Kinder von Herrn und Frau Nogueira waren früher in Portugal.	☐	☐
5 Familie Nogueira hat ein Haus mit Garten in der Schweiz.	☐	☐
6 Seit drei Jahren leben auch die Kinder in der Schweiz.	☐	☐
7 Familie Nogueira hat jetzt eine 4-Zimmer-Wohnung.	☐	☐
8 Die Wohnung ist gross und teuer.	☐	☐

So wohnt Familie Nogueira

Herr Nogueira arbeitet seit 12 Jahren in der Schweiz. Er ist Mechaniker und wohnt in Zürich. Seit 7 Jahren lebt auch seine Frau hier. Sie arbeitet in einem Hotel. Früher hatten Herr und Frau Nogueira eine kleine 2-Zimmer-Wohnung. Die Kinder waren in Portugal bei der Schwester von Frau Nogueira. Dort hat die Familie ein schönes Haus mit Garten.
Seit 2 Jahren leben auch die Kinder in der Schweiz. Am Anfang war das ein Problem. Die 2-Zimmer-Wohnung war zu klein für die ganze Familie. Aber Familie Nogueira hatte Glück: In der Zeitung war ein Inserat für eine 4-Zimmer-Wohnung, sie war noch frei und Familie Nogueira hat die Wohnung bekommen. Die Wohnung ist im vierten Stock. Sie ist gross und günstig: Sie kostet Fr. 1250.– im Monat. Familie Nogueira wohnt gern hier.

2 Die Wohnung von Familie Nogueira

Was passt zusammen? Nummerieren Sie die Wörter.

_1_ der Korridor
___ das Wohnzimmer
___ die Küche
___ das Schlafzimmer (Eltern)
___ das Kinderzimmer (1 Tochter)
___ das Kinderzimmer (2 Söhne)
___ das Bad
___ die Toilette

Grundriss:

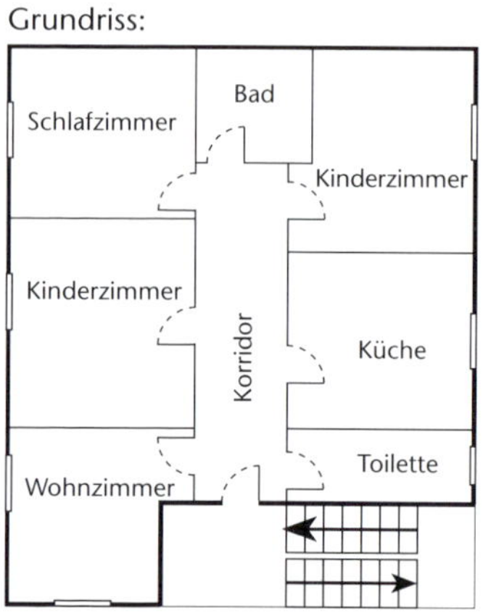

3

8

4

1

6

2

5

7

3 Das Wohnhaus

Hören Sie und ergänzen Sie. Lernen Sie dann die Wörter zu zweit.

1 der Keller
2 ______ Waschküche
3 ______ Wohnung im Parterre
4 ______ ____________ im ersten Stock
5 ______ ____________ im zweiten ____________
6 ______ Treppenhaus
7 ______ Lift
8 ______ Estrich
9 ______ Balkon
10 ______ Garten
11 ______ Garage

4 Heute und früher

Hören, mitlesen und nachsprechen.

Heute

Ich wohne in einer 1-Zimmer-Wohnung.
Wir haben eine ...

Das Wohnzimmer ist ...
Die Küche ...

Es gibt einen Balkon.
Es gibt auch ...
Aber es gibt keinen ...

Die Miete ist hoch.

Ich wohne im Parterre.
Wir wohnen ...
...

Das Schlafzimmer ...
Die Kinderzimmer sind ...

Die Wohnung ist günstig.
Sie kostet ...
...

Früher

Früher hatten wir eine ...
Früher hatte ich ...

Die Wohnung war ...
...

Das Wohnzimmer war hell.
Die Küche war ...

Die Kinderzimmer waren ...
...

5 Meine Wohnung

Erzählen Sie.

Ich wohne in einer ...

Früher hatte ich ...

Ich möchte ...

➔ Wo wohnen Sie?
➔ Wie ist Ihre Wohnung?
➔ Was für eine Wohnung hatten Sie früher?
➔ Was für eine Wohnung möchten Sie?

6 Grammatik aktiv

Ergänzen Sie.
Kombinieren Sie die Wörter.

Verb	+	**Nomen**		
wohnen	+	das Zimmer	➔	das Wohnzimmer
schlafen	+	das Zimmer	➔	das ____________
wohnen	+	das Haus	➔	das ____________
waschen	+	die Maschine	➔	die ____________
Nomen	+	**Nomen**		
die Kinder	+	das Zimmer	➔	das ____________
die Gäste	+	das Zimmer	➔	das ____________
der Keller	+	das Abteil	➔	das ____________

➔ Grammatik, G 1

Arbeitsbuch, **Seite 34–36** Ü1 – Ü7

26 Eine Wohnung suchen

1 Herr Pifferini sucht eine Wohnung

Ilario Pifferini sucht eine 1-Zimmer-Wohnung in der Stadt Zürich. Er liest Wohnungsinserate und telefoniert. Hören Sie. Welches Inserat passt?

Kr.12. kl., möbl. 1-Zr.-Whg.
Im 1. OG, m. Balkon, ruh. Lage, ab sof.
MZ Fr. 810.– exkl. NK. Tel. (079) 400 59 58.
FK025
1

Zürich-Höngg, möblierte
1-Zimmer-Wohnung
zu vermieten. Im 2.Stock, hell, ruhig.
Spannteppich, TV/Kabelanschluss,
Schrankküche, Bad/WC.
Fr. 890.– inkl. NK.
Tel. (01) 201 15 88
LJ836
2

Zürich-Albisrieden, Nähe Tram 3,
Bus 67 u. 80
Grosses, möbl. Zimmer
m. Kochgelegenheit und Duschbenützung
Fr. 450.– p. Mt. inkl. Reinigung.
Auskunft erteilt von Mo–Fr, 8–12 Uhr
Frau Lehmann, Tel. (01) 492 79 57.
FKO55
3

Zum Gespräch passt:

Inserat **1** ☐
Inserat **2** ☐
Inserat **3** ☐

Zürich: Stadtkreise 1–12 und Quartiere

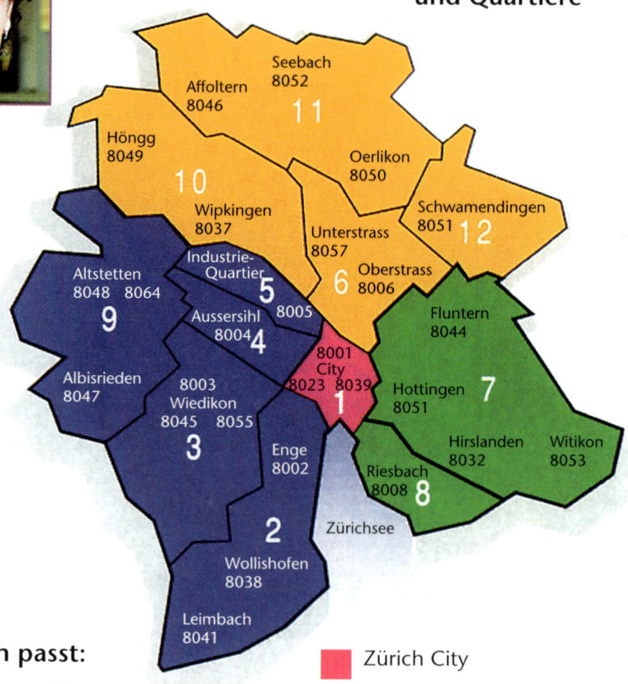

2 Inserate lesen und telefonieren

Hören, mitlesen und nachsprechen.

Ich interessiere mich für die Wohnung

Guten Tag, mein Name ist ...
Sie haben ein Inserat in der Zeitung.
Ich interessiere mich für ...
Ist die Wohnung noch frei?

Ich habe noch eine Frage.
Wo liegt die Wohnung genau?
Wie hoch sind die Nebenkosten?

Kann ich die Wohnung besichtigen?
Gibt es einen Besichtigungstermin?

Also am Dienstag, ...
Auf Wiedersehen.

Vielen Dank für die Auskunft.
Auf Wiederhören.

3 Rollenspiel

Lesen Sie die Inserate. Für welche Wohnung interessieren Sie sich? Spielen Sie ein Telefongespräch zu zweit.

8050 Zürich, ab März,
schöne, sonnige, ruhige
4-Zimmer-Wohnung
im 2. OG, mit Parkettboden
und Balkon, gr. Küche.
MZ Fr. 1900.– exkl. NK
Mobiletto Immobilien,
Tel. (01) 370 19 85,
Herr Hediger
LN222
1

Zürich, **Kreis 3**, per sof., neu renov.
2-Zr.-Wohnung, im 1. Stock,
Nähe Bus u. Tram, MZ Fr. 1150.– + NK
Auskunft: **Immo AG**, Tel. (01) 456 52 37, Frau Rey
SR925
2

4 Möbliertes Zimmer zu vermieten

Herr Pifferini telefoniert noch einmal. Er interessiert sich für ein anderes möbliertes Zimmer. Hören Sie das Gespräch. Was heisst «möbliert»? Welche Möbel gibt es im Zimmer? Machen Sie Kreuze.

Was ist im Zimmer?

- ein Bett ☐
- ein Kleiderschrank ☐
- ein Bücherregal ☐
- ein Tisch ☐
- zwei Stühle ☐
- ein Sofa ☐
- ein Sessel ☐
- ein Teppich ☐
- drei Lampen ☐
- drei Bilder ☐
- ein Spiegel ☐

5 Grammatik aktiv

Ergänzen Sie die Tabelle. Arbeiten Sie zu zweit. Die Übung 4 hilft.

Nomen im Plural

Singular	Plural	Pluralsignal
der ____________	die Tische	〈-e〉
der Stuhl	die ____________	〈¨-e〉
die Lampe	die ____________	〈-n〉
das ____________	die Betten	〈-en〉
das Bild	die ____________	〈-er〉
das Buch	die ____________	〈¨-er〉
das ____________	die Sofas	〈-s〉
der ____________	die Sessel	〈-〉

Die Pluralformen von Nomen sind komplex. Lernen Sie die Singularform und die Pluralform immer zusammen:
der Stuhl → die Stühle
die Lampe → die Lampen
...

→ Grammatik, G 2

6 Meine Wohnung

Was ist im Wohnzimmer? Was ist im Kinderzimmer? Was ist im Schlafzimmer? Wählen Sie ein Zimmer und schreiben Sie eine Möbel-Liste für das Zimmer.

Im ...
Da ist ...
Da sind auch ...

Arbeitsbuch, **Seite 37–39** Ü8 – Ü14

27 Den Haushalt machen

1 Hausarbeiten

Was passt? Notieren Sie.

___ das Bett machen
___ abwaschen
___ Abfallsäcke wegtragen
___ den Tisch abräumen
___ einkaufen
___ staubsaugen
4 abtrocknen
___ Wäsche waschen
___ kochen
___ das Bad putzen
___ bügeln

6

3

4

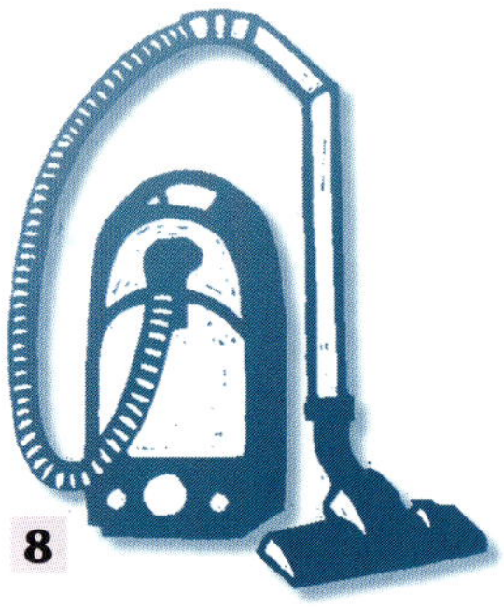
8

5

10

11

7

9

1

2

2 Es gibt immer viel zu tun

Hören Sie. Was sagt Frau Nogueira? Wer macht was im Haushalt? Ergänzen Sie die Sätze.

Wer macht was?

Die Söhne Ricardo ~~Marçia~~ Alexandre

einkaufen — Marçia **kauft** am Dienstag, Mittwoch und Donnerstag **ein**.

abräumen — ______________ **räumen** nach dem Essen den Tisch **ab**.

abwaschen — ______________ **wäscht** dann fast immer **ab**.

abtrocknen — ______________ **trocknet ab**.

Viele deutsche Verben haben zwei Teile.

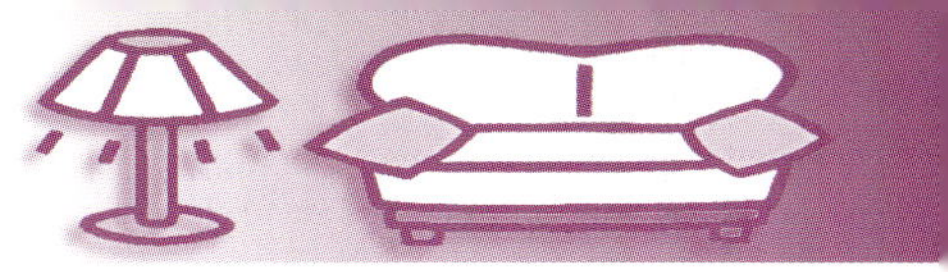

3 Ein Tag im Leben von Marçia Nogueira

Lesen Sie den Text. Was macht Marçia wann? Notieren Sie die Wörter am richtigen Ort im Tagesbogen.

Marçia Nogueira (16)

Zum Beispiel: Mittwoch

Am Morgen: Am Mittwoch stehe ich wie jeden Tag um 20 nach 6 auf. Um 7 Uhr gehe ich aus dem Haus. Die Schule fängt um 20 nach 7 an. Am Mittwoch hört der Unterricht um Viertel vor 12 auf.

Am Mittag: Nach der Schule gehe ich nach Hause. Unterwegs kaufe ich das Mittagessen ein. Zu Hause esse ich mit Alexandre zusammen zu Mittag.

Am Nachmittag: Am Nachmittag mache ich Hausaufgaben und ich lerne Deutsch. Etwa um 3 Uhr rufe ich meine Freundin Pamela an. Wir telefonieren lange.

Am Abend: Gegen Abend kommen alle nach Hause. Ich helfe beim Kochen mit. Beim Abendessen sieht die ganze Familie fern und wir sprechen miteinander. Nach dem Essen gehe ich in mein Zimmer. Ich lese und höre Musik. So um 10 Uhr bin ich müde und ich gehe schlafen. Ich schlafe sofort ein und träume von Portugal.

lesen — Deutsch lernen — einkaufen — ~~aufstehen~~ — nach Hause gehen — telefonieren — fernsehen — zu Mittag essen — Musik hören — Schule

Am Morgen
aufstehen
____

Am Mittag
____
____
____

Am Nachmittag
____
____

Am Abend
____
____
____

4 Grammatik aktiv

Was macht Marçia am Mittwoch? Ergänzen Sie die Satz-Tabelle.

aufstehen	Marçia	steht	am Mittwoch um 20 nach 6	auf.
einkaufen	Am Mittag	______	sie das Mittagessen	_____.
anrufen	Am Nachmittag	______	sie Pamela	_____.
fernsehen	Beim Abendessen	______	Familie Nogueira	_____.

→ Grammatik, G 3

5 Projekt: Ein Tag im Leben von ...

Morgen
Mittag

- → Wählen Sie einen Wochentag und zeichnen Sie einen Tagesbogen.
- → Notieren Sie im Tagesbogen Wörter und Aktivitäten für jede Tageszeit.
- → Schreiben Sie dann einen Text über sich: «Ein Tag im Leben von ...»
- → Zeigen Sie den Text Ihren Kolleginnen und Kollegen im Kurs. Lesen Sie vor.

Nachmittag
Abend

Arbeitsbuch, **Seite 40 – 41** Ü15 – Ü18

28 Viel gemacht!

1 Im neuen Zimmer

Schauen Sie das Bild an. Das ist das neue Zimmer von Ilario. Was hat er heute Morgen zu Hause gemacht? Kreuzen Sie an.

Hat das Ilario gemacht?

					Ja	Nein	Vielleicht
1	Ilario	hat	Brot mit Käse	gegessen.	☐	☐	☐
2	Er	hat	Zeitung	gelesen.	☐	☐	☐
3	Er	hat	Wäsche	gewaschen.	☐	☐	☐
4	Er	hat	den Tisch	abgeräumt.	☐	☐	☐
5	Er	hat	das Bett	gemacht.	☐	☐	☐
6	Er	hat		eingekauft.	☐	☐	☐
7	Er	hat	Kaffee	getrunken.	☐	☐	☐
8	Er	hat		geduscht.	☐	☐	☐

2 Adressänderung

Ilario hat jetzt eine neue Adresse. Lesen Sie die Adressänderung und beantworten Sie die Fragen zu zweit.

a In welcher Stadt wohnt Ilario jetzt?
b Wie heisst die Strasse?
c Wie heisst die Hausnummer?
d Wie heisst die Postleitzahl?
e Welche Telefonnummer hat Ilario jetzt?

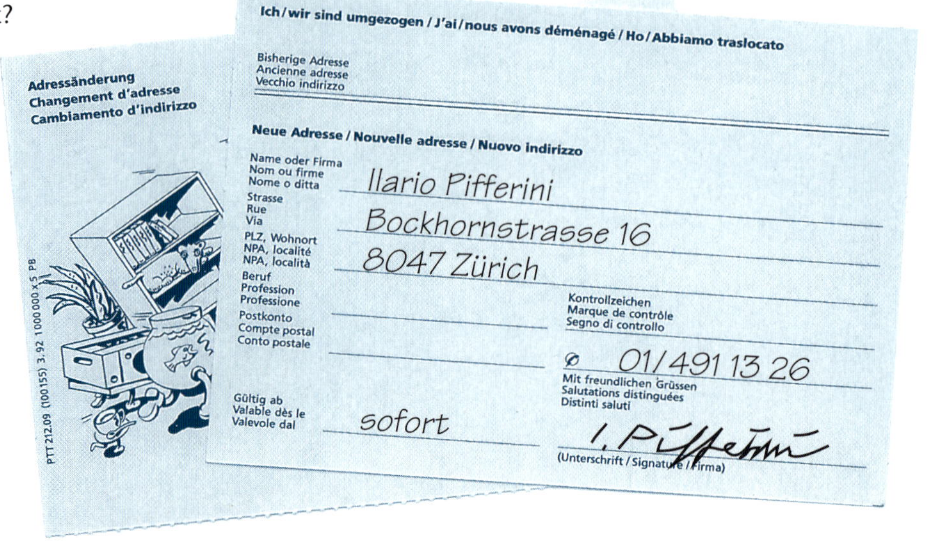

Adressänderung
Changement d'adresse
Cambiamento d'indirizzo

PTT 212.09 (100155) 3.92 1000000 x 5 PB

Ich/wir sind umgezogen / J'ai/nous avons déménagé / Ho/Abbiamo traslocato

Bisherige Adresse / Ancienne adresse / Vecchio indirizzo

Neue Adresse / Nouvelle adresse / Nuovo indirizzo

Name oder Firma / Nom ou firme / Nome o ditta: Ilario Pifferini

Strasse / Rue / Via: Bockhornstrasse 16

PLZ, Wohnort / NPA, localité / NPA, località: 8047 Zürich

Beruf / Profession / Professione

Postkonto / Compte postal / Conto postale

Kontrollzeichen / Marque de contrôle / Segno di controllo

✆ 01/491 13 26

Mit freundlichen Grüssen / Salutations distinguées / Distinti saluti

Gültig ab / Valable dès le / Valevole dal: sofort

I. Pifferini

(Unterschrift / Signature / Firma)

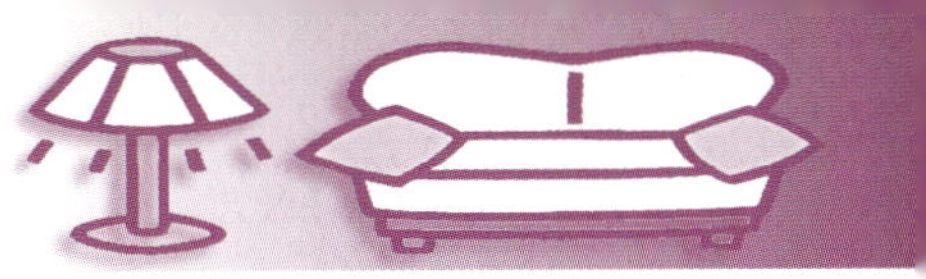

3 Grammatik aktiv

Und dann? Was hat Ilario am Samstag noch gemacht? Ergänzen Sie die Sätze.

gekauft · ein Radio · ~~hat~~

angerufen · Eine Kollegin · hat

in der Stadt · Ilario · hat · getroffen

Spaghetti · gegessen · haben

1	Ilario	hat	am Mittag ________	________.
2	________	____	am Nachmittag	________.
3	________	____	die Kollegin ________	________.
4	Am Abend	____	sie zusammen ________	________.

➔ Grammatik, G 4

4 Erzählen

Hören Sie, lesen Sie mit und sprechen Sie nach.

mit «haben»

... einen Brief geschrieben.
... das Bad geputzt.
... die Küche aufgeräumt.
... gekocht und gut gegessen.
... viel gemacht zu Hause.
... einen Brief bekommen.
... die Zeitung gelesen.
... Radio DRS gehört.
... viel verstanden.
... wenig gearbeitet.

mit «sein»

... nach Hause gegangen.
... in die Stadt gefahren.
... ins Kino gegangen.
... nach Hause gekommen.
... spät eingeschlafen.

5 Und Sie?

Was haben Sie am letzten Samstag gemacht? Erzählen Sie.

abgewaschen
die Wohnung geputzt
eingekauft
ins Kino gegangen
Fussball gespielt
...

Arbeitsbuch, **Seite 41 – 42** Ü19 – Ü24

29 Nachbarn

1 Kennen Sie Ihre Nachbarinnen und Nachbarn?

Ergänzen Sie und kreuzen Sie an. Vergleichen Sie dann mit Kolleginnen und Kollegen im Kurs.

Wie viele?

Stimmt das für Sie?	Ja	Zum Teil	Nein
Ich kenne die Namen von meinen Nachbarn.	☐	☐	☐
Meine Nachbarn grüssen mich.	☐	☐	☐
Ich spreche mit meinen Nachbarn.	☐	☐	☐
Meine Nachbarn sind freundlich.	☐	☐	☐
Ich hatte schon Probleme mit den Nachbarn.	☐	☐	☐

Meine Nachbarn

In meinem Wohnhaus gibt es ______ Wohnungen. Im Haus wohnen ______ Familien. Es wohnen ______ Personen da.

2 Kontakte und Konflikte

Hören Sie die Dialoge und schauen Sie die Bilder an. Was passt zusammen?

A

B

C

A Dialog _____ **B** Dialog _____ **C** Dialog _____

3 Reklamationen und Entschuldigung

Hören Sie, lesen Sie mit und sprechen Sie nach.

Reklamationen	Antworten
Da ist ein Problem. ... Ja, aber! Was ist denn ... Das ist nicht in Ordnung. So geht das aber nicht! Das sage ich dem Hauswart!	Oh, entschuldigen Sie ... Ich weiss nicht. Aber ich ... Ich glaube, das ist ... Das ist doch nicht ... Aber das ist doch kein Problem. ...

Entschuldigungen	Antworten
Entschuldigung, das tut mir leid. Bitte, entschuldigen Sie. ... Oh, das tut mir ...	Schon gut. Das kann ja mal passieren. Das macht doch nichts. Kein Problem. Vergessen wir das.

4 Rollenspiel

Spielen Sie eine Szene zu zweit. Mit oder ohne Konflikt? Wählen Sie. Spielen Sie die Szene wie im Theater.

Guten Morgen, Frau ...

→ Sie treffen am Morgen um 8 Uhr eine Nachbarin im Treppenhaus.
→ Sie treffen am Nachmittag einen Nachbarn am Briefkasten.
→ Sie treffen am Abend eine Nachbarin in der Waschküche.
→ ...

Grüezi, haben Sie heute schon ...

1 Drei Ideen

Hören Sie. Was erzählt Marçia? Kreuzen Sie an.

A

Hörtext A

Marçia sagt:

	Ja	Nein
1 Ich bekomme oft Hausaufgaben in der Schule.	☐	☐
2 Früher habe ich in der Küche Hausaufgaben gemacht.	☐	☐
3 Da hatte ich meine Ruhe.	☐	☐
4 Jetzt habe ich in meinem Zimmer eine Lernecke.	☐	☐
5 Da ist es aber nicht sehr hell.	☐	☐
6 Ich kann mich in der Lernecke gut konzentrieren.	☐	☐

Hörtext B

Marçia sagt:

	Ja	Nein
1 Meine Mutter hat ein Schild geschrieben.	☐	☐
2 Auf dem Schild steht: «Ruhe bitte».	☐	☐
3 Auf dem Schild steht: «Nur Deutsch!».	☐	☐
4 Meine Mutter sagt, sie versteht kein Deutsch.	☐	☐
5 Das Schild ist eine gute Idee.	☐	☐
6 Nach einer Viertelstunde räumt die Mutter das Schild weg.	☐	☐

B

C

Hörtext C

Marçia sagt:

	Ja	Nein
1 Ich möchte besser Deutsch schreiben lernen.	☐	☐
2 Ich mache manchmal ganz allein ein Diktat.	☐	☐
3 Ich lese im Wohnzimmer und ich schreibe in der Küche.	☐	☐
4 Ich lese in der Küche und ich schreibe in meinem Zimmer.	☐	☐
5 Am Abend korrigiert meine Mutter das Diktat.	☐	☐
6 So ein Diktat braucht viel Konzentration und Geduld.	☐	☐

Machen Sie auch im Deutschkurs von Zeit zu Zeit ein Wanderdiktat.

2 Projekt: Lernecke, Deutsch-Schild, Wanderdiktat

Lernecke
Deutsch-Schild
Wanderdiktat

→ Welche Ideen möchten Sie ausprobieren? Bilden Sie Interessengruppen im Kurs.
→ Probieren Sie die Idee zu Hause aus.
→ Was geht gut? Was ist schwierig? Sprechen Sie in Ihrer Interessengruppe darüber.
→ Wie ist es gegangen? Erzählen Sie zwei Wochen später den Kolleginnen und Kollegen im Deutschkurs, wie es war.

Arbeitsbuch, **Seite 43** Ü25

31 Ein Haus und viele Sprachen

1 Wer wohnt hier?

Was meinen Sie? Sprechen Sie in Gruppen.

→ Wer wohnt hier?
→ Sind das Frauen oder Männer?
→ Sind das Familien?
→ Woher kommen die Leute?
→ Welche Sprachen sprechen sie?
→ Wer arbeitet hier?
→ Was verkauft die Firma Radio-Steiger?
→ Was importiert die Firma Gonzalez & Co.?

Hier wohnt ...

Hier wohnt eine Familie.

2 Kommunikation unter Nachbarn

Hören Sie die Dialoge. Was stimmt? Kreuzen Sie an.

Dialog 1

Herr Rüegg und Frau Nadarajah

A
- ☐ Frau Nadarajah ist freundlich.
- ☐ Sie ist unfreundlich.

B
- ☐ Herr Rüegg ist freundlich.
- ☐ Er ist unfreundlich.

C
- ☐ Es ist Morgen.
- ☐ Es ist Nachmittag.
- ☐ Es ist Abend.

D
- ☐ Herr Rüegg kocht Spaghetti.
- ☐ Herr Rüegg kocht Fisch.
- ☐ Herr Rüegg macht eine Pizza.

E
- ☐ Herr Rüegg hat kein Salz.
- ☐ Er hat kein Mineralwasser.
- ☐ Er hat keine Zitrone.

Ich glaube, er ...

Dialog 2

Herr Meier und Herr Elshani

A
- ☐ Herr Elshani ist freundlich.
- ☐ Herr Elshani ist unfreundlich.

B
- ☐ Herr Meier ist freundlich.
- ☐ Herr Meier ist unfreundlich.

C
- ☐ Vor der Türe steht ein Velo.
- ☐ Vor der Türe steht ein Abfallsack.
- ☐ Vor der Türe liegt Altpapier.

D

Herr Meier sagt:
- ☐ Das sage ich meiner Frau.
- ☐ Das sage ich dem Hauswart.

E

→ Was meinen Sie? Was macht Herr Elshani jetzt?
→ Hören Sie dann den Schluss von Dialog 2. Wie finden Sie die Reaktion von Herrn Elshani?

Dialog 3

Frau Brun und Frau Aybek

A
- ☐ Frau Aybek ist freundlich.
- ☐ Frau Aybek ist unfreundlich.

B
- ☐ Frau Brun ist freundlich.
- ☐ Frau Brun ist unfreundlich.

C
- ☐ Frau Aybek hatte gestern Waschtag.
- ☐ Sie hat heute Waschtag.
- ☐ Sie hat morgen Waschtag.

D
- ☐ Frau Brun sucht den Wohnungsschlüssel.
- ☐ Sie sucht den Briefkastenschlüssel.
- ☐ Sie sucht den Waschküchenschlüssel.

E

Wer hat den Schlüssel?
- ☐ Der Hauswart
- ☐ Herr Coban
- ☐ Frau Aybek

3 Nachbarn und Sprachen

Welche Sprachen sprechen Ihre Nachbarinnen und Nachbarn? Sprechen Sie mit Ihren Nachbarn? In welcher Sprache? Vergleichen Sie mit Kolleginnen und Kollegen im Deutschkurs.

Mein Nachbar spricht ...

Meine Nachbarinnen sprechen mit mir ...

Ich spreche ... mit meinen Nachbarn.

Rückblick

4 Deutsch lernen

Lösen Sie die Übung 28 im Arbeitsbuch auf Seite 43.

Ü26 – Ü28 Arbeitsbuch, **Seite 43**

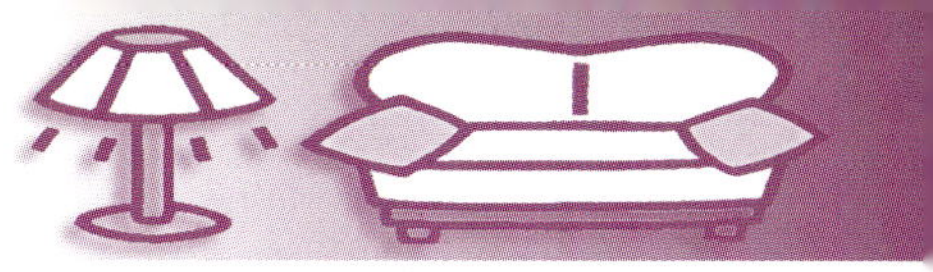

G1 Komposita

Verb	+	**Nomen**			
wohnen	+	das Zimmer	→	das	Wohnzimmer
schlafen	+	das Zimmer	→	das	Schlafzimmer
wohnen	+	das Haus	→	das	Wohnhaus
waschen	+	die Maschine	→	die	Waschmaschine
Nomen	+	**Nomen**			
die Kinder	+	das Zimmer	→	das	Kinderzimmer
die Gäste	+	das Zimmer	→	das	Gästezimmer
der Keller	+	das Abteil	→	das	Kellerabteil

Auf Deutsch kann man viele Wörter kombinieren.

Artikel von Komposita
die Stadt + **das Zentrum**
→ **das** Stadtzentrum

G2 Nomen im Plural

Singular	**Plural**	**Pluralsignal**
der Tisch	die Tische	⟨-e⟩
der Stuhl	die Stühle	⟨¨-e⟩
die Lampe	die Lampen	⟨-n⟩
das Bett	die Betten	⟨-en⟩
das Bild	die Bilder	⟨-er⟩
das Buch	die Bücher	⟨¨-er⟩
das Sofa	die Sofas	⟨-s⟩
der Sessel	die Sessel	⟨-⟩
die Tochter	die Töchter	⟨¨⟩
die Kollegin	die Kolleginnen	⟨-nen⟩

der Tisch
die Tische

der Stuhl
die Stühle

Die Pluralformen von Nomen sind komplex. Lernen Sie die Singularform und die Pluralform immer zusammen.

G3 Trennbare Verben

an fangen

Viele deutsche Verben haben zwei Teile: anfangen, anrufen, aufhören, aufräumen, aufstehen, ausfüllen, einkaufen, einladen, einschlafen, fernsehen, mitbringen, mithelfen, nachsprechen, vorlesen, wegtragen, ...

aufstehen	Marçia	steht	am Mittwoch um 20 nach 6	auf.
einkaufen	Am Mittag	kauft	sie das Mittagessen	ein.
anrufen	Am Nachmittag	ruft	sie Pamela	an.
fernsehen	Beim Abendessen	sieht	Familie Nogueira	fern.

Viele deutsche Verben haben zwei Teile. Teil 2 steht im Satz auf Position 2. Teil 1 steht im Satz am Ende.

G 4 Das Perfekt

Das Perfekt im Satz

> Das Perfekt im Satz: Das konjugierte Hilfsverb «haben» oder «sein» steht auf Position 2. Das Partizip Perfekt ist am Satzende.

Was hast du am letzten Samstag gemacht?

Ilario	hat	am Mittag ein Radio	gekauft.
Eine Kollegin	hat	am Nachmittag	angerufen.
Ilario	hat	die Kollegin in der Stadt	getroffen.
Am Abend	haben	sie zusammen Spaghetti	gegessen.

G 5 Perfektformen

lernen
hat ... gelernt

gehen
ist ... gegangen

anrufen
hat ... angerufen

> Die Perfektformen haben zwei Teile: das konjugierte Hilfsverb «haben» oder «sein» und das Partizip Perfekt. Lernen Sie immer den Infinitiv und die Perfektform zusammen. So lernen Sie die Perfektformen leicht. So lernen Sie schnell.

Infinitiv	Perfektform	Infinitiv	Perfektform
	ge … -t		ge … -en
machen	hat ... gemacht	essen	hat ... gegessen
hören	hat ... gehört	lesen	hat ... gelesen
lernen	hat ... gelernt	...	...
fragen	hat ... gefragt	trinken	hat ... getrunken
		sprechen	hat ... gesprochen
	ge … -et	schreiben	hat ... geschrieben
antworten	hat ... geantwortet	...	...
arbeiten	hat ... gearbeitet	fahren	ist ... gefahren
...		kommen	ist ... gekommen
	… -t		… -en
telefonieren	hat ... telefoniert	bekommen	hat ... bekommen
besuchen	hat ... besucht	vergessen	hat ... vergessen
erzählen	hat ... erzählt	verstehen	hat ... verstanden
...	...	...	...
	… ge … -t		… ge … -en
einkaufen	hat ... eingekauft	fernsehen	hat ... ferngesehen
aufhören	hat ... aufgehört	anfangen	hat ... angefangen
aufräumen	hat ... aufgeräumt	...	...
...	...	aufstehen	ist ... aufgestanden

Gesund und krank

Gesund und krank

32 Essen und trinken

1 Die Nahrungsmittelpyramide

Schauen Sie die Pyramide an.
Wie heissen die Nahrungsmittel auf Deutsch?
Notieren Sie die Wörter in Gruppen.
Arbeiten Sie zu zweit oder zu dritt.

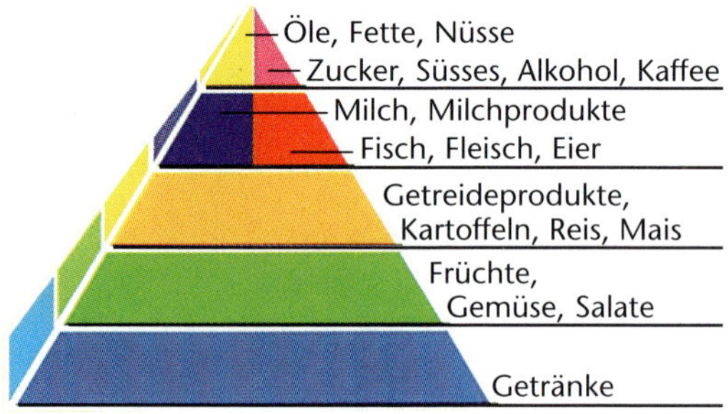

Schokolade Öl Zucker Butter Gummibärchen

Käse Joghurt Milch Eier Poulet Forelle Rindfleisch

Süsses	Öle, Fette
...	...

Milch, Milchprodukte	Fleisch, Fisch, Ei
...	...

Tomaten Brot Lauch Birnen Teigwaren Orangen Orangensaft Bananen Artischocken Zitronen Knäckebrot Bier Pilze Äpfel Mineralwasser Kopfsalat Karotten Beeren Eistee

Früchte, Gemüse, Salate	Getreideprodukte	Getränke
...	...	...

2 Gesund essen: Was heisst das?

Richtig oder falsch: Was meinen Sie? Stimmen die Sätze 1 – 7? Diskutieren Sie in Gruppen.
Hören Sie dann die Radiosendung und kreuzen Sie an.

Was sagt die Spezialistin für Ernährungsfragen?

	richtig	falsch
1 Trinken ist sehr wichtig für die Gesundheit.	☐	☐
2 Der Körper braucht jeden Tag mindestens 1,5 Liter Flüssigkeit.	☐	☐
3 Früchte und Gemüse sind gesund. Sie haben viele Vitamine.	☐	☐
4 Reis, Mais, Teigwaren und Brot machen dick.	☐	☐
5 Auch Getreideprodukte haben Vitamine.	☐	☐
6 Der Mensch braucht jeden Tag eine Portion Fleisch oder Fisch.	☐	☐
7 Milch und Milchprodukte sind nur für Kinder wichtig.	☐	☐

3 Eine Spezialität aus der Deutschschweiz

Kennen Sie diese Spezialität? Wie heisst sie?

Zutaten für 4 Personen
1 kg Kartoffeln
100 g Butter
etwas Salz und Pfeffer

Diese Spezialität heisst ____________. Man isst sie mit Salat, mit Käse oder mit Ei und auch mit Fleisch und Sauce.

4 Projekt: Kochbuch und Koch-Club

Koch-Club
Kochbuch
international

- → Wählen Sie eine Spezialität aus Ihrem Herkunftsland.
- → Schreiben Sie den Namen und die Zutaten auf ein Blatt Papier.
- → Wie kocht man diese Spezialität? Schreiben Sie das Rezept.
- → Sammeln Sie Rezepte im Deutschkurs und machen Sie mit Ihren Kolleginnen und Kollegen zusammen ein internationales Kochbuch.
- → Vielleicht kochen Sie auch einmal alle zusammen: Machen Sie einmal aus dem Deutschkurs einen Koch-Club. Viel Vergnügen und guten Appetit!

Kürbis-Suppe

Paella

Nioam

Arbeitsbuch, **Seite 44 – 47** Ü1 – Ü11

33 Bewegung hält fit

1 Fitness und Sport

Was passt zusammen? Nummerieren Sie.

___ Velo fahren
___ joggen
___ wandern
___ Ski fahren
___ Snowboard fahren
_C_ schlitteln
___ Volleyball spielen
___ schwimmen
___ Krafttraining machen
___ Gymnastik machen

A

B

H

K

C

E

D

G

F

I

2 Gesundheit aktuell

Was machen Sie für Ihre Fitness? Treiben Sie Sport? Zwei Personen antworten. Hören Sie zu und ergänzen Sie die Sätze.

Person 1: «Ich mache viel für meine _Fitness_. Ich mache jeden Morgen ________. Zwei Mal pro Woche mache ich auch Aerobic oder ________. Früher habe ich am Wochenende oft ________ gespielt. Hier in der Schweiz gehe ich jeden Sonntag mit meinem Mann ________.»

Person 2: «Ich _treibe_ ________ ________. Im Sommer gehen meine Frau und ich aber oft ________ und im Winter gehen wir am Wochenende manchmal ________. Früher bin ich auch ________ ________.» Er sagt auch: « ________ ________, das ist etwas für junge Leute.»

3 Und Sie? Sport persönlich

Hören Sie und lesen Sie mit. Schreiben Sie mindestens fünf Beispiele von sich. Erzählen Sie in Gruppen.

Früher	Heute
Als Kind habe ich ... gespielt. Früher habe ich oft ... Früher bin ich ... gefahren. Im Sommer bin ich ... gegangen. Im Winter habe ich ... gemacht.	Heute fahre ich ... Manchmal ... Ich mache zwei Mal pro Woche ... Ich treibe wenig Sport. Aber ... Im Winter gehen wir manchmal ...

Sport persönlich
Als Kind ...
Früher ...
Heute ...

GESUND UND KRANK
gesund und krank

4 Das Gymnastik-Programm

Hören Sie und lesen Sie mit. Wo passen die Bilder? Notieren Sie.

A

B

Herr Immermüde wird aktiv

So war das Leben von Herrn Immermüde bis gestern: zehn Jahre hat er nichts gemacht. Er hat keinen Sport getrieben und er hatte wenig Bewegung. Er ist nie Velo gefahren und er ist nie schwimmen gegangen, er ist auch nie joggen gegangen. Er hat kein Krafttraining gemacht, er hat nie Volleyball gespielt und er hat auch nie Fussball gespielt. So war das Leben von Herrn Immermüde die letzten zehn Jahre.
Gestern aber, da war plötzlich alles anders:
Herr Immermüde hat gesagt: «Ab heute heisse ich Herr Nichtmehrmüde!», und er hat zwei Stunden lang Gymnastik gemacht. Das war hart! Auch das Resultat ist hart:

_D_ Die Beine tun heute weh,
___ die Arme tun weh,
___ der Rücken tut weh,
___ der Bauch tut weh,
alles tut weh. Oh weh!

Aber das stört Herrn Nichtmehrmüde nicht. Er sagt: «Morgen mache ich weiter! Und übermorgen und überübermorgen auch. Ich mache mit dem Gymnastik-Programm weiter und weiter und weiter.»
Viel Erfolg, Herr Nichtmehrmüde!

C

D

5 Der Körper, die Körperteile

Hören Sie und ergänzen Sie die definiten Artikel.
Lernen Sie dann die Wörter zu zweit.

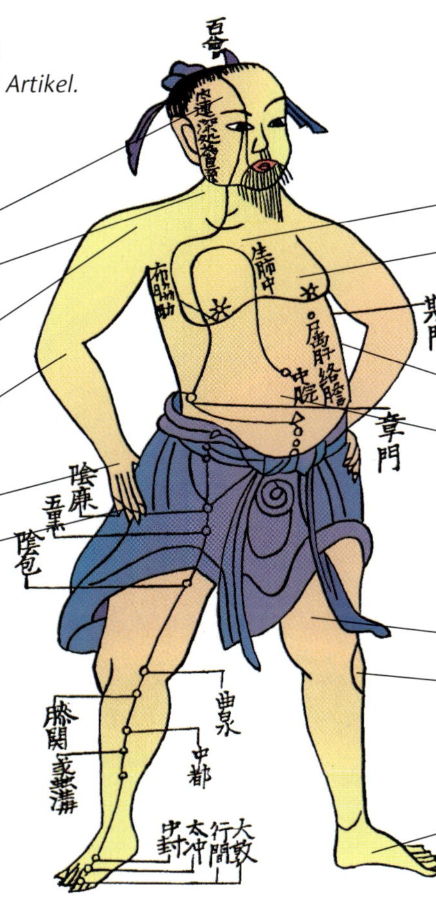

1 ___ Kopf (¨-e)
2 ___ Hals (¨-e)
3 ___ Schulter (-n)
4 ___ Brust (¨-e)
5 ___ Herz (-en)
6 ___ Rücken (-)
7 ___ Bauch (¨-e)
8 ___ Arm (-e)
9 ___ Hand (¨-e)
10 ___ Finger (-)
11 ___ Bein (-e)
12 ___ Knie (-)
13 ___ Fuss (¨-e)
14 ___ Zehe (-n)

Arbeitsbuch, **Seite 47 – 49** Ü12 – Ü17

34 Grippe-Wetter

1 Am Morgen

Schauen Sie das Bild an. Was sagt die Frau? Was sagt der Mann? Was vermuten Sie? Sprechen Sie in Gruppen.

2 Krank im Bett

Hören Sie das Gespräch. Wer sagt was?

Wer sagt das? Die Frau oder der Mann?

	Frau	Mann
1 Was ist los mit dir?	☐	☐
2 Willst du nicht aufstehen?	☐	☐
3 Ich kann nicht aufstehen.	☐	☐
4 Du musst im Bett bleiben.	☐	☐
5 Ich muss zur Arbeit gehen.	☐	☐
6 Die Kollegen können nicht weiterarbeiten.	☐	☐
7 Du darfst heute nicht aus dem Haus gehen.	☐	☐
8 Ich muss den Chef anrufen.	☐	☐
9 Das kann ich für dich tun.	☐	☐

3 Was passt wo?

Ergänzen Sie die Sätze. Arbeiten Sie zu zweit.

im Bett bleiben
aus dem Haus gehen
den Chef anrufen
für dich tun
~~aufstehen~~
mich krankmelden
viel Tee trinken
Fieber

Krank
Herr Tobler kann nicht …
Er will, aber er kann nicht.
Er hat …
Es ist sehr kalt draussen.
Er darf nicht …
Er muss heute …
Er muss schlafen und …
Er will aber zuerst …
Er sagt: «Ich muss … »
Seine Frau antwortet:
«Das kann ich … »

Krank
Herr Tobler kann nicht aufstehen.
Er ...
...

4 Grammatik aktiv

Ergänzen Sie die Tabelle. Die Übungen 2 und 3 helfen. Arbeiten Sie zu zweit.

Modalverben

	können		müssen		wollen		dürfen (Negation)
ich	kann	ich	______	ich	will	ich	darf nicht
du	kannst	du	______	du	______	du	______
er / es / sie	______	er / es / sie	______	er / es / sie	______	er / es / sie	______
wir	können	wir	müssen	wir	wollen	wir	dürfen nicht
ihr	könnt	ihr	müsst	ihr	wollt	ihr	dürft nicht
sie	______	sie	müssen	sie	wollen	sie	dürfen nicht
Sie	können	Sie	müssen	Sie	wollen	Sie	dürfen nicht

→ Grammatik, G 1

5 Modalverben im Satz

Ergänzen Sie die Satztabelle. Ergänzen Sie auch den Lerntipp.

1 zur Arbeit / will / ~~Herr Tobler~~

2 Er / aufstehen / kann

3 vor 8 Uhr / muss / anrufen

4 nicht / gehen / darf / Herr Tobler

1	Herr Tobler	______	heute wie immer ______	gehen.
2	______	______	aber nicht	______.
3	Frau Tobler	______	den Chef ______	______.
4	______	______	______ nach draussen	______.

Das konjugierte Modalverb steht im Satz auf Position __. Das Hauptverb steht im Infinitiv am ______.

→ Grammatik, G 2

6 Gute Besserung

Hören Sie und lesen Sie mit. Spielen Sie dann das Telefongespräch. Spielen Sie auch Varianten vom Gespräch.

- ► Architekturbüro Lehmann und Leumann, Imhof.
- ○ Guten Morgen Frau Imhof, hier spricht Frau Tobler. Kann ich mit Herrn Lehmann sprechen?
- ► Tut mir Leid, der Chef ist noch nicht im Büro. Kann ich etwas ausrichten?
- ○ Ja, gern. Mein Mann ist krank. Er kann heute nicht zur Arbeit kommen. Er hat Grippe und über 39 Grad Fieber.
- ► Oh, das tut mir aber Leid! Ich notiere das gleich für den Chef. Und ich wünsche gute Besserung.
- ○ Danke. Auf Wiederhören, Frau Imhof.
- ► Auf Wiederhören, Frau Tobler.

Varianten:

→ Meine Frau ist krank. Sie kann nicht …
→ Mein Bruder ist krank. Er kann nicht …
→ Ich bin krank. Ich kann heute leider nicht …

Arbeitsbuch, **Seite 49 – 50** Ü18 – Ü23

35 Was fehlt dir denn?

1 Oh, mein Kopf!

Was haben diese Leute? Notieren Sie. Hören Sie dann die Dialoge 1 – 4.
Welche Bilder passen zu den Dialogen?

~~Schnupfen~~
Bauchweh
Zahnweh
Ohrenschmerzen
Halsweh
Rückenschmerzen
Husten
Kopfweh

Sie hat Schnupfen

Sie hat ______________

Er hat ______________

Welches Bild passt?

	Bild
Dialog 1	____
Dialog 2	____
Dialog 3	____
Dialog 4	____

Er hat ______________

Sie hat ______________

Sie hat ______________

2 Was hast du?

Hören Sie, lesen Sie mit und sprechen Sie nach.

Was hast du?

Was hast du denn?
Was fehlt dir?
Du siehst schlecht aus.
Hast du Kopfschmerzen?
Hast du ...

Was fehlt dir denn?

Es geht mir nicht gut!

Es geht mir gar nicht gut.
Ich fühle mich nicht wohl.
Ich kann einfach ...
Ich habe schon den ganzen Tag ...
Ich bin immer so ...
Mir ist so kalt.
Mir ist ...
Ich bin erkältet.
Ich glaube, ich habe Grippe.
Ich glaube, ich habe ...

Kann ich helfen?

Du musst zum Arzt ...
Warst du schon beim ...?
Kann ich etwas für dich tun?
Möchtest du ein Glas Wasser?
Du darfst nicht ...
Du musst mehr ...

Das Wort «denn» macht eine Frage freundlich. Eine Frage mit «denn» ist nicht so direkt.

3 Rollenspiel

Spielen Sie wie im Theater.

Situation A Sie treffen in der Stadt eine Kollegin. Sie sehen, es geht ihr nicht gut. Was sagen Sie in dieser Situation? Was antwortet die Kollegin? Notieren Sie zu zweit Ideen für einen Dialog und üben Sie diesen Dialog.

Situation B Sie treffen in einem Café einen Kollegen. Er sieht sehr, sehr müde aus. Was sagen Sie? Was antwortet der Kollege? Notieren Sie zu zweit ein paar Ideen und spielen Sie die Szene im Kurs.

Situation C Haben Sie eine neue Idee? Dann spielen Sie die Szene doch im Kurs.

4 Probleme und Fragen, Tipps und Ratschläge

Lesen Sie: Was passt zusammen? Ordnen Sie zu. Hören Sie dann die Dialoge und kontrollieren Sie Ihre Lösung.

1 Mir ist heiss. Schau mal! Auch meine Stirn ist ganz heiss.

2 Es ist kühl hier. Findest du nicht? Mir ist kalt.

3 Warum bin ich immer so müde? Was kann ich nur dagegen tun?

4 Wir haben Hunger, einen Riesenhunger!

5 Was ist nur los mit mir? Ich habe oft keinen Appetit.

A Ja, du hast Recht, es ist ein bisschen kühl hier. Nimm doch meinen Pullover. Der gibt schön warm.

B Habt ihr so lange Fussball gespielt? Ja, dann geht schnell in die Küche! Da gibt es Sandwiches und etwas zu trinken. Fangt schon mal an. Ich komme gleich.

C Wahrscheinlich fehlen Ihnen frische Luft und Bewegung. Mein Ratschlag: Gehen Sie einmal am Tag eine halbe Stunde spazieren oder machen Sie am Morgen Gymnastik. Das hilft. Warten Sie nicht zu lange. Fangen Sie schon bald damit an. Mit etwas mehr Bewegung im Alltag kommt auch der Appetit wieder.

D Zeig mal! Stimmt. Du hast sicher Fieber. Miss doch mal die Temperatur.

E Wahrscheinlich gehst du viel zu spät schlafen. Bleib doch am Abend nicht immer so lange vor dem Fernseher sitzen. Geh früher ins Bett, lies auch mal ein Buch oder hör Musik.

Was passt zusammen? 1 ___ 2 ___ 3 ___ 4 ___ 5 ___

5 Grammatik aktiv

Ergänzen Sie die Tabellen. Arbeiten Sie zu zweit. Die Übung 4 hilft Ihnen.

Anrede mit «du»

gehen	~~du~~ geh~~st~~	→	Geh!
warten	du warte~~st~~	→	______
nehmen	du nimmst	→	______
lesen	du liest	→	______
anfangen	du fängst an	→	Fang an!

Anrede mit «ihr»

gehen	~~ihr~~ geht	→	Geht!
warten	ihr wartet	→	Wartet!
nehmen	ihr nehmt	→	Nehmt!
lesen	ihr lest	→	Lest!
anfangen	ihr fangt an	→	______

Anrede mit «Sie»

gehen	Sie gehen	→	Gehen Sie!
warten	Sie warten	→	______
nehmen	Sie nehmen	→	Nehmen Sie!
lesen	Sie lesen	→	Lesen Sie!
anfangen	Sie fangen an	→	______

Wie «gehen»: fragen, hören, kommen, lachen, machen, sagen, zeigen, bleiben …
Wie «warten»: antworten, öffnen, reden, zeichnen …
Wie «sehen»: essen, geben, helfen, treffen, lesen, messen, sprechen …
Wie «anfangen»: einladen, einschlafen, wegtragen …

→ Grammatik, G 3

6 Der Ton macht die Musik

Freundlich oder nicht? Was meinen Sie? Kreuzen Sie an und diskutieren Sie im Kurs.

Das klingt …	1	2	3	4	5	6
freundlich	☐	☐	☐	☐	☐	☐
unfreundlich	☐	☐	☐	☐	☐	☐

Die Wörter «bitte», «doch» und «mal» machen eine Bitte oder einen Ratschlag freundlich und höflich. Wichtig ist auch der Ton. Der Ton kann einen Satz freundlich (oder unfreundlich) machen.

7 Projekt: Internationale Medizin

Welche Ratschläge können Sie geben? Bilden Sie Gruppen und machen Sie Plakate mit Tipps und Ratschlägen.

Was raten Sie?
Was hilft?

- → gegen Schnupfen
- → gegen Husten
- → gegen Halsschmerzen
- → gegen Kopfschmerzen
- → gegen Zahnschmerzen
- → gegen schlechten Schlaf

Medizin international

Arbeitsbuch, **Seite 51** Ü24 – Ü28

36 Der Arzttermin

1 Der Telefonbeantworter

Lesen Sie. Lösen Sie die Übung in Gruppen.

Praxis Doktor Kunz ...

Frau Fanconi hat seit zwei Wochen Husten. Der Husten wird einfach nicht besser. Seit gestern hat sie auch Probleme mit dem Atmen. Frau Fanconi ruft jetzt eine Ärztin an. Sie möchte einen Termin. Aber die Praxis ist geschlossen. Frau Fanconi hört nur den Telefonbeantworter.

Was meinen Sie? Was sagt die Ärztin auf dem Telefonbeantworter? Notieren Sie Ihre Ideen in Gruppen. Hören Sie danach den Hörtext. Was ist gleich? Was ist verschieden?

2 Praxis Doktor Kunz

2+3

Hören Sie den Telefonbeantworter noch einmal und beantworten Sie die Fragen.

1 An welchen Wochentagen ist die Praxis geöffnet?
2 Von wann bis wann hat Frau Doktor Kunz Sprechstunde?
3 Welche Telefonnummer hat Herr Doktor Müller?
4 Wie ist die Telefonnummer vom ärztlichen Notfalldienst?

3 Der Termin

Wann bekommt Frau Fanconi einen Termin?

Der Termin ist ...

- ☐ am 5. Dezember
- ☐ am 9. Dezember
- ☐ am 5. November
- ☐ am 9. November

4 Daten und Termine

Hören Sie, lesen Sie mit und sprechen Sie nach.

Heute ist der 6. November.

1. der **erste**	am ersten	6. der sechs**te**	am sechsten	11. der elf**te**	am elften
2. der zwei**te**	am zweiten	7. der **siebte**	am siebten	...	
3. der **dritte**	am dritten	8. der **achte**	am achten	16. der **sechzehnte**	am sechzehnten
4. der vier**te**	am vierten	9. der neun**te**	am neunten	17. der **siebzehnte**	am siebzehnten
5. der fünf**te**	am fünften	10. der zehn**te**	am zehnten	...	

Wann kann ich kommen?

Am 17. November.

20. der zwanzig**ste**	am zwanzigsten
21. der einundzwanzig**ste**	am einundzwanzigsten
...	
30. der dreissig**ste**	am dreissigsten
31. der einunddreissig**ste**	am einunddreissigsten

1.–19. Endung: -te

20.– 100. Endung: -ste

5 Einen Termin abmachen

Hören Sie, sprechen Sie nach und spielen Sie dann «Termine abmachen».

Patientin oder Patient

Ich möchte gern einen Termin bei Frau ...
Kann ich einen Termin bei Herrn ... ?

Geht es nicht schon diese Woche? ...
Kann ich nicht etwas früher kommen? ...

Am Mittwochmorgen kann ich leider nicht.
Das geht leider nicht.

Am nächsten Dienstag, um 8 Uhr. ...
Ja, das ist gut.

Praxisassistentin, Ärztin oder Arzt

Wann möchten Sie denn gern kommen?
Wann können Sie denn kommen?

Geht es Ihnen am nächsten Montagvormittag?
Und am Mittwoch, ...?

Sie können auch ...
Sie müssen dann aber wahrscheinlich ...

Am 15. April, um 8 Uhr? Geht das?

6 In der Praxis

Hören Sie die Dialoge 1 und 2. Wer sagt was? Kreuzen Sie an.

Wer sagt was?	**Frau Fanconi** Patientin	**Frau Huber** Praxisassistentin	**Dr. med. Kunz** Ärztin
1 Können Sie bitte dieses Formular ausfüllen.	☐	☐	☐
2 Was muss ich hier bei «Krankenkasse» schreiben?	☐	☐	☐
3 Sie können im Wartezimmer Platz nehmen.	☐	☐	☐
4 Hier bitte links, da ist das Sprechzimmer.	☐	☐	☐
5 Nehmen Sie doch bitte Platz.	☐	☐	☐
6 Was fehlt Ihnen denn?	☐	☐	☐
7 Ich habe seit zwei Wochen Husten.	☐	☐	☐
8 Haben Sie auch Schnupfen?	☐	☐	☐
9 Haben Sie Fieber?	☐	☐	☐
10 Heute Morgen hatte ich etwas Temperatur.	☐	☐	☐
11 Ich möchte Sie nachher untersuchen.	☐	☐	☐
12 Zuerst habe ich aber noch ein paar allgemeine Fragen.	☐	☐	☐

7 Allgemeine Fragen

Zu welchen Themen stellt die Ärztin Fragen?
Kreuzen Sie an. Hören Sie dann und vergleichen Sie:
Was fragt Frau Dr. med. Kunz wirklich?

Die Ärztin stellt wahrscheinlich Fragen zum Thema ...

- ☐ Arbeit und Beruf
- ☐ Krankenkasse
- ☐ Rauchen
- ☐ Freizeit
- ☐ Asthma
- ☐ Ernährung
- ☐ Allergien
- ☐ Alkohol
- ☐ Schlaf
- ☐ Familienkrankheiten
- ☐ Gewicht
- ☐ Schmerzen
- ☐ Appetit
- ☐ Verdauung
- ☐ Medikamente
- ☐ Herz

8 Untersuchung und Diagnose

Hören Sie. Was hat Frau Fanconi? Wie ist die Diagnose? Kreuzen Sie an.

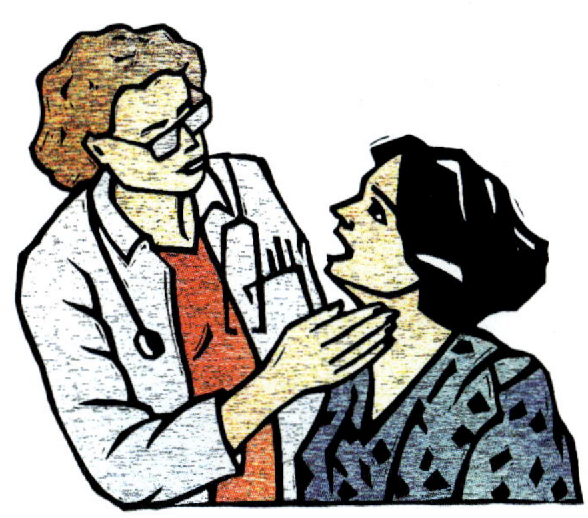

Frau Fanconi hat ...

- ☐ Rheuma
- ☐ Asthma
- ☐ eine Allergie
- ☐ Schnupfen
- ☐ Grippe
- ☐ Tuberkulose
- ☐ Bronchitis
- ☐ eine Lungenentzündung
- ☐ Halsweh
- ☐ Rückenschmerzen

9 Das Rezept

Hören Sie. Was verschreibt Frau Dr. med. Kunz? Welches Rezept bekommt Frau Fanconi?

A

Dr. med. F. Kunz
Allgemeinmedizin FMH
Parkstrasse 12
9000 St. Gallen
Telefon 071/220 66 33

Frau
Livia Fanconi
Zürcher Str. 72
9000 St. Gallen

Wohlin, zum Einreiben
Hussto Hustensirup, 2-mal täglich
Neo Zatrin, Brausetabletten, 3-mal täglich

B

Dr. med. F. Kunz
Allgemeinmedizin FMH
Parkstrasse 12
9000 St. Gallen
Telefon 071/220 66 33

Frau
Livia Fanconi
Zürcher Str. 72
9000 St. Gallen

ContraBronch forte, Salbe am Morgen und am Abend einreiben
Nasibol zum Inhalieren, 2-mal täglich
StopHust, 3-mal täglich 10 Tropfen

Frau Fanconi bekommt das Rezept _____.

Arbeitsbuch, **Seite 52–53** Ü29 – Ü33

37 Wie geht's?

1 Krank, was hilft?

Hören Sie und ergänzen Sie die Sätze.

Kräutertee
~~Zahnarzt~~
Taschentücher
Antibiotika
zu Hause
Hustensaft
Zäpfchen

Was erzählt Brigitte aus Basel?

1 Bei Zahnweh geht sie zum _Zahnarzt_.
2 Bei Husten nimmt sie ________________.
3 Bei Halsweh hilft meistens ein ________________.
4 Bei Schnupfen braucht sie immer viele ________________.
5 Bei Grippe bleibt sie meistens drei, vier Tage ____________.
6 Bei Fieber hilft oft ein ________________.
7 Sie meint auch: Bei einer Lungenentzündung braucht man ________________.

2 Was hast du denn?

Was fehlt den Leuten? Hören Sie und kreuzen Sie an.

Dialog 1

Der Mann hat ...
- ☐ Halsweh
- ☐ Zahnweh
- ☐ Kopfweh

Dialog 2

Die Frau hat ...
- ☐ Schnupfen
- ☐ Husten
- ☐ Grippe

3 Ein Termin

René Gubler hat einen Termin beim Zahnarzt bekommen. Der Zahnarzt hat den Zahn gerade behandelt. Jetzt macht Herr Gubler bei der Praxisassistentin einen Termin für die Nachkontrolle ab. Hören Sie den Dialog. Welches Kärtchen bekommt Herr Gubler?

Herr Gubler bekommt das Kärtchen ____.

Zahnarztpraxis

OSKAR BEERLI

Löwenstr. 2 8001 Zürich Tel. 01-211 80 08

Ihr nächster Besuch:

Tag	Datum	Zeit
Di.	10.11.01	15.20

Im Falle einer Verhinderung bitten wir Sie, uns 24 Stunden vorher zu benachrichtigen, damit die reservierte Zeit nicht berechnet werden muss.

A

Zahnarztpraxis

OSKAR BEERLI

Löwenstr. 2 8001 Zürich Tel. 01-211 80 08

Ihr nächster Besuch:

Tag	Datum	Zeit
DO	19.6.01	10.30

Im Falle einer Verhinderung bitten wir Sie, uns 24 Stunden vorher zu benachrichtigen, damit die reservierte Zeit nicht berechnet werden muss.

B

4 Ich höre immer ...

Hören Sie. Besprechen Sie dann im Deutschkurs: Was hören Sie oft im Dialekt? Was heisst das auf Hochdeutsch?

38 Lernen ohne Stress

1 Ruhe finden

Schauen Sie eine Minute lang das Bild an. Setzen Sie sich dann bequem auf Ihren Stuhl. Schliessen Sie die Augen und hören Sie zu.

2 Mental fit

Schauen Sie die Bilder an und lesen Sie. Welche Übung möchten Sie machen? Wählen Sie im Kurs. Danach liest eine Kollegin diese Übung vor. Die anderen machen die Übung. Machen Sie jeden Tag eine neue Übung. Sie können die Übungen auch wiederholen.

Gymnastik für den Kopf

A Die Acht
B Die Balance
C Die positiven Punkte

Wir beginnen im Deutschkurs mit ___ .

A

Wir zeichnen mit der linken Hand eine Acht in die Luft. Die Acht liegt, wie auf dem Bild. Wir zeichnen die Acht 9-mal mit der linken Hand, dann 9-mal mit der rechten Hand und 9-mal mit beiden Händen. Danach können wir gut denken, gut lesen und verstehen und auch gut schreiben.

B

Wir legen die Finger der linken Hand hinter den Kopf. Dahin, wo Hals und Kopf zusammen kommen. Die rechte Hand legen wir auf den Bauch. Wir machen das 30 Sekunden lang. Dann wechseln wir die Hände. Nachher sind wir frisch und fit.

C

Die positiven Punkte sind auf der Stirn, zwischen Augenbrauen und Haaren. Wir legen die Finger auf diese Punkte. Wir schliessen die Augen 30 Sekunden lang. Wir können nachher ruhig denken und gut lernen.

Rückblick

3 Deutsch lernen

Lösen Sie die Übung 36 im Arbeitsbuch auf Seite 53.

Arbeitsbuch, **Seite 53** Ü34 – Ü36

Grammatik

G1 Modalverben: Konjugation Präsens

Infinitiv		können		müssen		wollen		dürfen (Negation)
Singular (Sg)	ich	kann	ich	muss	ich	will	ich	darf nicht
	du	kannst	du	musst	du	willst	du	darfst nicht
	er / es / sie	kann	er / es / sie	muss	er / es / sie	will	er / es / sie	darf nicht
Plural (Pl)	wir	können	wir	müssen	wir	wollen	wir	dürfen nicht
	ihr	könnt	ihr	müsst	ihr	wollt	ihr	dürft nicht
	sie	können	sie	müssen	sie	wollen	sie	dürfen nicht
formell (Sg+Pl)	Sie	können	Sie	müssen	Sie	wollen	Sie	dürfen nicht

G2 Modalverben im Satz

1	Herr Tobler	will	heute wie immer zur Arbeit	gehen.
2	Er	kann	aber nicht	aufstehen.
3	Frau Tobler	muss	den Chef vor 8 Uhr	anrufen.
4	Herr Tobler	darf	nicht nach draussen	gehen.

Das konjugierte Modalverb steht im Satz auf Position 2. Das Hauptverb steht im Infinitiv am Satzende.

G3 Imperativ

Anrede mit «du»: Imperativ informell

Infinitiv	Präsens		Imperativ
gehen	du gehst	→	Geh!
warten	du wartest	→	Warte!
nehmen	du nimmst	→	Nimm!
lesen	du liest	→	Lies!
anfangen	du fängst an	→	Fang an!

Anrede mit «ihr»: Imperativ Plural, informell

Infinitiv	Präsens		Imperativ
gehen	ihr geht	→	Geht!
warten	ihr wartet	→	Wartet!
nehmen	ihr nehmt	→	Nehmt!
lesen	ihr lest	→	Lest!
anfangen	ihr fangt an	→	Fangt an!

Anrede mit «Sie»: Imperativ Sg + Pl, formell

Infinitiv	Präsens		Imperativ
gehen	Sie gehen	→	Gehen Sie!
warten	Sie warten	→	Warten Sie!
nehmen	Sie nehmen	→	Nehmen Sie!
lesen	Sie lesen	→	Lesen Sie!
anfangen	Sie fangen an	→	Fangen Sie an!

Wie «gehen»: fragen, hören, kommen, lachen, machen, sagen, zeigen, bleiben ...
Wie «warten»: antworten, öffnen, reden, zeichnen ...
Wie «sehen»: essen, geben, helfen, treffen, lesen, messen, sprechen ...
Wie «anfangen»: einladen, einschlafen, wegtragen ...

Stadt und Land

Stadt und Land

39 Kontraste

1 Stadtleben und Landleben

Lesen Sie. Welcher Text passt zu welchem Bild? Ordnen Sie zu.

1 Das Leben in der Stadt ist oft anstrengend. Die Leute haben wenig Zeit und die Anonymität ist gross. Der Verkehr ist manchmal unerträglich.

2 Im Stadtzentrum ist immer etwas los, auch in der Nacht. Es gibt hier viele Unterhaltungsmöglichkeiten. Man kann ins Kino gehen, in die Disco, in ein Restaurant oder in eine Bar und dort Leute treffen.

3 Viele Familien wohnen am Stadtrand oder in der Agglomeration einer grossen Stadt. Hier sind die Wohnungen oft gross und günstig. Wer hier wohnt, ist schnell in der Stadt und auch schnell auf dem Land. Das ist ein Vorteil.

4 Hier ist es ruhig. Im Dorf gibt es nur wenig Verkehr. Die Leute haben Zeit und die Luft ist frisch und sauber. Viele Leute aus der Stadt machen hier Ferien. Im Sommer gehen sie wandern und im Winter fahren sie Ski oder Snowboard.

5 Immer, wenn die Kartoffeln reif waren, haben früher bei Familie Cathomen auch die Kinder bei der Arbeit mitgeholfen. Am Sonntag war Ruhetag. Im Sommer hat ein Spaziergang oder ein Besuch auf der Alp Erholung und neue Energie gebracht.

Text	1	2	3	4	5
Foto	___	___	___	___	___

A Chur

2 Drei Situationen

Hören Sie. Ergänzen Sie die Sätze. Arbeiten Sie zu zweit.

1 Sie lebt jetzt am …
Hier wohnen viele …
Sie hat viel Kontakt mit den …

2 Der Lärm …
Sie kann die Fenster …
Der Verkehr ist viel zu …

3 Er ist … aufgewachsen.
Als Kind hat er beim Arbeiten …
Nach der Arbeit ist er immer mit dem Traktor …

3 Eine Statistik

Lesen Sie den Text und ergänzen Sie die Prozentzahlen.

Die Bevölkerung

In der Stadt: Ein Ort mit mehr als 10 000 Einwohnern zählt in der Schweiz als Stadt. 69% der Leute leben in Städten. 45% der Bevölkerung leben in den zehn grössten Schweizer Städten und ihren Agglomerationen (Zürich, Basel, Bern, Genf, Lausanne, St.Gallen, Winterthur, Luzern, Biel, Chur). In den kleineren Schweizer Städten wohnen 24% der Bevölkerung.

Auf dem Land: Nur 31% der Leute leben heute in der Schweiz auf dem Land. Und nur noch 5% der Arbeitsstellen sind in der Landwirtschaft.

Bevölkerung in %

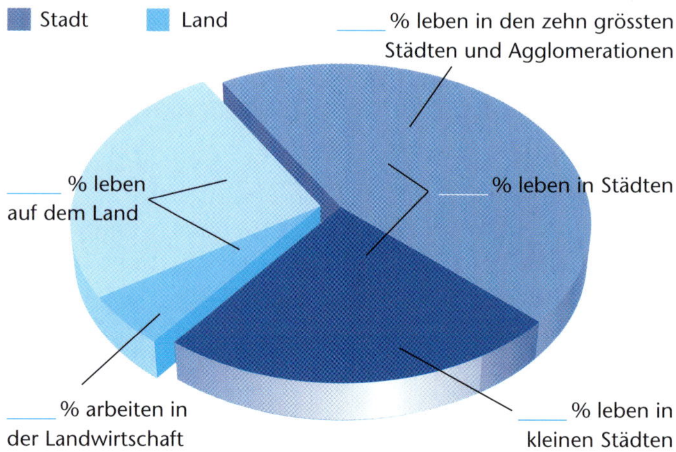

Falera

Rosengartenstrasse in Zürich

Familie Cathomen (1987)

Basel «by night»

4 Projekt: Vorteile und Nachteile

- → «Stadtleben» oder «Landleben»: Wählen Sie ein Thema.
- → Bilden Sie zu viert «Land»-Gruppen und «Stadt»-Gruppen.
- → Diskutieren Sie in der Stadtgruppe: Welche Vorteile bietet das Stadtleben? Welche Nachteile?
- → Diskutieren Sie in der Landgruppe: Welche Vorteile bietet das Landleben? Welche Nachteile?
- → Notieren Sie Ihre Ideen in einem Assoziogramm auf einem Poster.
- → Präsentieren Sie danach Ihr Gruppenposter im Kurs.

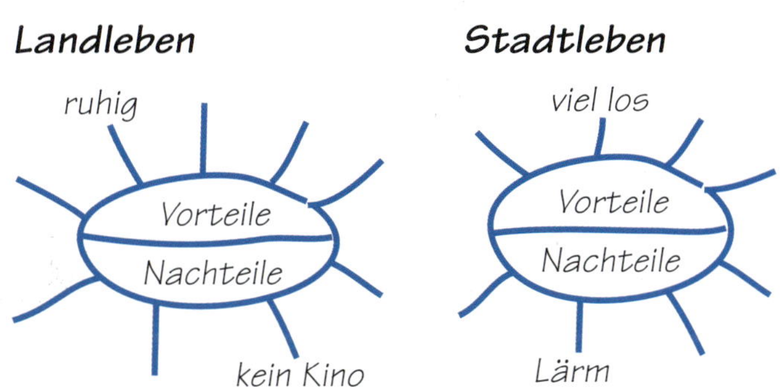

viel los · nichts los · teuer · Luft · Stress · Arbeit · Unterhaltung · Nachbarn · Verkehr · ...

Arbeitsbuch, **Seite 54 – 55** Ü1 – Ü5

40 Die Stadt und die Geschäfte

1 Der Marktplatz in Oerlikon

Lesen Sie. Wo passen die Bilder? Ordnen Sie zu.

A

B

C

D

Der Marktplatz – ein Treffpunkt in Oerlikon

Oerlikon ist ein Stadtteil von Zürich. Mitten in Oerlikon liegt ein Marktplatz. Der Platz ist ca. 150 m lang und 100 m breit. Hier gibt es ein Hotel, vier Restaurants und eine Bar _G_ , einen Supermarkt, eine Bank, ein Sportgeschäft ___ , zwei Apotheken und zwei Reisebüros.
Es gibt hier auch eine Buchhandlung, ein Brillengeschäft ___ und Kleiderläden.
Der Bahnhof ist nicht weit von hier. Auch eine Bibliothek ___ ist in der Nähe und ein Schuhgeschäft ___ .
Auf dem Marktplatz sind Bäume und Sitzbänke.
Im Sommer machen hier viele Schülerinnen und Schüler am Mittag Pause ___ .
Auch einen Kinderspielplatz gibt es hier. Und einen Schachspielplatz ___ ! Viele Männer aus dem Quartier spielen hier Schach.
Jeden Mittwoch- und Samstagvormittag ist auf dem Marktplatz ein grosser Markt ___ . Da kann man Blumen, Früchte, Gemüse und vieles mehr kaufen.

E

F

G

H

2 Drei Interviews

Schauen Sie die drei Fotos an. Was denken Sie: Worüber sprechen die Leute in den Interviews? Diskutieren Sie zu zweit und machen Sie Notizen. Hören Sie danach die Interviews. Stimmen Ihre Vermutungen?

Tanja spricht vielleicht über …
Frau Hofstetter spricht wahrscheinlich über …
Herr Alili spricht sicher über …

das Wetter
die Preise auf dem Markt
den Gemüsemarkt
das Schachspiel
die Schachfiguren
die Mittagspause
die Schule
…

Vermutungen
Tanja spricht …
Frau Hofstetter …
Herr Alili …

Tanja

Frau Hofstetter

Herr Alili

3 Gefällt Ihnen der Marktplatz?

Hören Sie die drei Interviews noch einmal. Wer sagt was? Kreuzen Sie an.

Wer sagt was?	Tanja	Frau Hofstetter	Herr Alili
1 Ich finde es phantastisch, dass man hier Schach spielen kann.	☐	☐	☐
2 Ich finde es super, dass wir hier im Sommer draussen sitzen können.	☐	☐	☐
3 Ich finde es gut, dass es mitten im Quartier einen grossen Platz gibt.	☐	☐	☐
4 Ich finde es sehr gut, dass es hier frisches Gemüse gibt.	☐	☐	☐
5 Es gefällt mir, dass ich hier meine Kolleginnen treffen kann.	☐	☐	☐
6 Es gefällt mir, dass hier immer etwas los ist.	☐	☐	☐

4 Grammatik aktiv

Ergänzen Sie die Tabelle. Die Übung 3 hilft.

Hauptsatz	,	Nebensatz-signal	Nebensatz	
Es gefällt mir	,	dass	hier immer etwas los	*ist* .
Ich finde es sehr gut	,	dass	es hier frisches Gemüse	______ .
Ich finde es fantastisch	,	dass	man hier Schach spielen	______ .
Ich finde es super	,	dass	wir hier draussen sitzen	______ .

Im Nebensatz mit «dass» steht das konjugierte Verb ____________.

→ Grammatik, G 1

5 Projekt: Ein Platz in meinem Wohnort

Plätze
Treffpunkte
im Dorf
in der Stadt
im Quartier

- → Sammeln Sie im Kurs: Welche Plätze oder welche Treffpunkte gibt es an Ihrem Wohnort?
- → Besuchen Sie einen Platz oder einen Treffpunkt: zu zweit, zu dritt oder in einer Gruppe.
- → Machen Sie eine Reportage: Zeichnen Sie einen Plan, machen Sie Fotos. Möchten Sie auch Interviews machen?
- → Schreiben Sie: Gefällt Ihnen der Platz oder der Treffpunkt? Was finden Sie gut? Was finden Sie nicht gut?
- → Präsentieren Sie Ihre Resultate im Kurs.

Arbeitsbuch, **Seite 55 – 56** Ü6 – Ü10

41 Ein Dorf in vielen Farben

1 Davos im Schnee

Schauen Sie das Bild an und hören Sie.

Ernst Ludwig Kirchner, Davos im Schnee, 1923 (Öl auf Leinwand, 121 x 150 cm)

2 Was sehen Sie?

Schreiben Sie. Arbeiten Sie zu zweit.

Ich sehe ...
Da ist auch ...
Da sind ...

Schnee Wolken
Bäume Wälder
Häuser eine Kirche
ein Dorf ...

Der Schnee ist ...
Die Wolken sind ...
Der Himmel: Wie ... er ist!
Die Berge ...
Die Bäume ...
...

hell weiss
blau hellblau grau
schwarz dunkel grün
dunkelgrün gelb rot
violett rosa ...

3 Gefühle malen

Lesen Sie und diskutieren Sie zu zweit.

Das Bild oben zeigt Davos, ein Dorf im Kanton Graubünden. So hat der Maler Ernst Ludwig Kirchner im Jahr 1923 Davos gemalt. So hat er damals diese Gegend gesehen.
Das Bild zeigt das Dorf und die Umgebung – und es zeigt Emotionen: Es zeigt die Gefühle von Ernst Ludwig Kirchner zur Zeit, als er das Bild gemalt hat.

Was meinen Sie: War Ernst Ludwig Kirchner im Jahr 1923 glücklich? War er einsam, als er das Bild gemalt hat? War er damals verliebt? Hatte er Angst? Oder ...

Ich glaube, Ernst Ludwig Kirchner war damals ...

Vielleicht hatte er ...

Er war sicher ...

4 Der Maler

Lesen Sie die Biografie von Ernst Ludwig Kirchner. Schreiben Sie dann mindestens drei Fragen zur Biografie. Geben Sie Ihre Fragen zwei Kolleginnen oder Kollegen im Kurs. Diese suchen die Antworten im Text und notieren sie.

1880 Ernst Ludwig Kirchner wird in Aschaffenburg, in der Nähe von Frankfurt (Deutschland), geboren.

1887 Die Familie kommt in die Schweiz. Der Vater hat eine gute Arbeitsstelle im Kanton Luzern gefunden. Ernst Ludwig besucht hier die Primarschule.

1890 Die Familie zieht wieder nach Deutschland. Ernst Ludwig kommt ins Gymnasium. Zu Hause sitzt er oft am Fenster und malt alles, was er sieht. Der Vater sammelt die Zeichnungen. Er möchte, dass Ernst Ludwig Maler wird.

1901 Kirchner beginnt ein Architekturstudium in Dresden.

1903 Kirchner besucht ein halbes Jahr lang eine Kunstschule in München. Danach geht er zurück nach Dresden und studiert weiter Architektur.

1905 Kirchner macht sein Diplom als Architekt. Danach wird die Malerei das Zentrum in seinem Leben.

1908 Erste Ausstellung.

1914 Der Erste Weltkrieg beginnt. Kirchner geht in die Armee. Er wird schwer krank. Kirchner muss die Armee verlassen. Er kann wieder malen, aber er wird nicht richtig gesund.

1917 Ernst Ludwig Kirchner kommt nach Davos in die Schweiz. Er möchte hier gesund werden. Kirchner gefällt es in Davos. Er bleibt hier, malt sehr viel und macht Skulpturen aus Holz. Er ist sehr produktiv und er hat Ausstellungen.

1937 In Deutschland werden alle Bilder und Skulpturen von Kirchner verboten. Die politische und geistige Situation in Deutschland ist katastrophal.

1938 Kirchner ist verzweifelt. Er geht durch Suizid aus dem Leben.

1992 In Davos wird das Kirchner-Museum eröffnet. Viele Besucherinnen und Besucher kommen und möchten die Bilder und Skulpturen von Ernst Ludwig Kirchner sehen. Sein Werk lebt weiter.

Selbstportrait, Holzschnitt 1906

5 Projekt: Museumsbesuch

- → Möchten Sie mehr Kunstwerke sehen? Bilder? Oder Skulpturen?
- → Gibt es an Ihrem Wohnort ein Museum? Gibt es eine Ausstellung in der Nähe? Sammeln Sie Informationen.
- → Wählen Sie im Kurs ein Museum oder eine Ausstellung aus.
- → Besuchen Sie dann das Museum oder die Ausstellung.
- → Welches Bild oder welches Objekt gefällt Ihnen besonders gut?
- → Wählen Sie und sammeln Sie Informationen zum Kunstwerk und zur Künstlerin oder zum Künstler.
- → Zurück im Kurs ordnen Sie die Informationen. Schreiben Sie dann einen Text zum Kunstwerk. Sie können auch etwas über die Künstlerin oder den Künstler schreiben.
- → Zum Schluss machen Sie mit den Texten eine Ausstellung im Kurs.

Kirchner-Museum, Davos

Arbeitsbuch, **Seite 57 – 58** Ü11 – Ü15

42 Mobilität

1 Pro Monat 1 000 Kilometer unterwegs

Schauen Sie die Bilder an und lesen Sie den Text. Ergänzen Sie dann die Statistik.

A

B

C

D

E

F

G

H

Mobilität in der Schweiz

In der Schweiz ist jede Person pro Monat im Durchschnitt 1 000 km unterwegs. Fast 70 % davon fahren die Leute mit dem Auto, im Durchschnitt 679 km pro Monat.
Viel weniger, nämlich 72 km, sind die Leute mit dem Velo oder zu Fuss unterwegs. Einige fahren Motorrad, im Durchschnitt 18 km pro Monat.
Die öffentlichen Verkehrsmittel sind wichtig in der Schweiz. Durchschnittlich 45 km pro Monat fahren die Leute mit dem Bus, mit dem Tram oder mit dem Postauto. Mit dem Zug sind sie im Durchschnitt sogar 140 km pro Monat unterwegs. Das heisst, für fast 20 % der Distanzen benutzen die Leute in der Schweiz öffentliche Verkehrsmittel.

Kilometer pro Monat und Person (im Durchschnitt)

D	mit dem Motorrad	18 km
___	mit dem Bus mit dem Tram mit dem Postauto	_____ km
___	mit dem Velo zu Fuss	_____ km
___	mit dem Zug	_____ km
___	mit dem Auto	_____ km
	Rest	46 km
	Pro Monat	_____ km

2 Verkehrsmittel im Vergleich

Was meinen Sie? Kreuzen Sie an und vergleichen Sie mit Kolleginnen und Kollegen im Deutschkurs.

	Stimmt!	**Stimmt nicht!**
Autofahren ist billig.	☐	☐
Autofahren ist billiger als Tramfahren.	☐	☐
Mit dem Zug ist man schnell am Ziel.	☐	☐
Mit dem Zug ist man schneller als mit dem Auto.	☐	☐
Velofahren ist gesund.	☐	☐
Velofahren ist gesünder als Motorradfahren.	☐	☐
Motorräder sind laut.	☐	☐
Ein Motorrad ist lauter als ein Velo.	☐	☐
Die meisten Leute fahren gern Bus.	☐	☐
Die meisten Leute fahren lieber Bus als Auto.	☐	☐
Viele Leute finden Tramfahren gut.	☐	☐
Die meisten Leute finden Tramfahren besser als Autofahren.	☐	☐

3 Grammatik aktiv

Ergänzen Sie die Tabelle.
Die Übung 2 hilft.

billig	billiger
schnell	________
laut	________
gesund	________
gross	grösser
lang	länger
gern	________
gut	________
viel	mehr

Adjektive haben im Komparativ die Endung _____.

➔ Grammatik, G 2

4 Vergleichen Sie die Verkehrsmittel

Was passt? Diskutieren Sie zu zweit. Schreiben Sie dann die Sätze.

bequemer schneller
schöner anstrengender
interessanter teurer
lauter erholsamer
gefährlicher günstiger

1 Autofahren ist … als Zugfahren.
2 Zugfahren ist … als Velofahren.
3 Tramfahren ist … als Zu-Fuss-Gehen.
4 Taxifahren ist … als Tramfahren.
5 Ein Motorrad ist … als ein Velo.
6 Mit dem Bus bin ich … als …

Mit dem Bus bin ich **schneller als** zu Fuss.

5 Verkehrsmittel: Meine Wahl

Lesen Sie die Texte. Ergänzen Sie die Titel und kreuzen Sie an.

Meine Wahl: das ________________

Ich komme aus Falera im Kanton Graubünden und besuche in Chur eine Schule für Physiotherapie. Von Falera nach Chur sind es ca. 30 Kilometer. Mit dem Postauto brauche ich für diesen Weg rund 1¼ Stunden. Wenn ich mal mit dem Auto nach Chur fahre, bin ich schneller in der Stadt. Die Parkplätze in der Nähe der Schule sind aber meistens schon besetzt, wenn ich dort ankomme. Wenn ich dann lange einen Parkplatz suchen muss, werde ich nervös. Ich möchte ja nicht zu spät zur Schule kommen. So fahre ich lieber mit dem Postauto. Das ist auch bequemer. **Neina (18)**

Meine Wahl: das ________ und das ____________

Wenn man in der Stadt wohnt, braucht man kein Auto. Ich fahre meistens Velo. Das geht schnell, ist billig und gesund. Wenn es regnet, nehme ich das Tram. Ganz in der Nähe von meinem Haus gibt es eine Tramhaltestelle. Das ist praktisch. **Philipp (25)**

Meine Wahl: das __________ und die ___________

Ich habe ein Motorrad. Ich fahre das ganze Jahr Motorrad. Motorradfahren finde ich einfach super! Im Sommer bin ich auch oft mit den Rollerblades unterwegs. Ich fahre nur Bus, wenn es Schnee hat. **Susanne (21)**

	den Bus	das Velo	das Postauto	das Tram
1 Wenn Neina nach Chur fährt, nimmt sie meistens …	☐	☐	☐	☐
2 Wenn es regnet, nimmt Philipp …	☐	☐	☐	☐
3 Wenn es Schnee hat, nimmt Susanne …	☐	☐	☐	☐

6 Grammatik aktiv

Ergänzen Sie die Tabelle.

regnet ~~wohnt~~
bin muss
nehme ~~braucht~~
werde fahre

Nebensatz-signal	Nebensatz		,		Hauptsatz
Wenn	man in der Stadt	*wohnt*	,	*braucht*	man kein Auto.
Wenn	es	________	,	________	ich das Tram.
Wenn	ich mit dem Auto nach Chur	________	,	________	ich schneller.
Wenn	ich lange einen Parkplatz suchen	________	,	________	ich nervös.

➔ Grammatik, G 3

7 Welche Verkehrsmittel nehmen Sie, wenn …

Diskutieren Sie zu zweit. Schreiben Sie die Sätze auch.

Wenn es regnet, nehme ich … Wenn es schneit, … Wenn ich zur Schule fahre, …
Wenn ich zur Arbeit fahre, … Wenn es schön ist, … Wenn ich viel Zeit habe, …
Wenn ich ins Stadtzentrum fahre, … Wenn ich …

Wenn es regnet, nehme ich …

Wenn es schneit, …

Arbeitsbuch, **Seite 58 – 61** Ü16 – Ü24

43 Basel – Wien retour

1 Eine Zugreise planen

Lesen Sie. Lösen Sie die Aufgaben zu zweit.

Frau Aybek möchte nächste Woche mit dem Zug nach Wien fahren und dort ihre Schwester besuchen. Frau Aybek geht schon heute auf den Bahnhof. Sie braucht Reise-Informationen. Sie möchte auch schon das Zugbillett für ihre Reise nach Wien kaufen. Was meinen Sie:

- Kann sie das Billett schon eine Woche vor der Reise kaufen?
- Wo bekommt Frau Aybek Reise-Informationen?
- Welche Informationen braucht Frau Aybek für ihre Zugreise nach Wien? Was fragt sie vermutlich? Schreiben Sie mindestens drei Fragen.

Wann …? Wie viel …? Wie lange …? Muss ich …?
Kann ich auch …? Gibt es …? Wo …? …

Eine Zugreise planen
Fragen
…

2 Im SBB-Reisebüro

2+3

Hören Sie. Welche Informationen bekommt Frau Aybek? Kreuzen Sie an.

1 Erste Verbindung Basel – Wien

Abfahrt in Basel	Ankunft in Wien
☐ um 5.41 Uhr	☐ um 16.30 Uhr
☐ um 5.45 Uhr	☐ um 16.50 Uhr
☐ um 5.51 Uhr	☐ um 17.30 Uhr
☐ um 5.55 Uhr	☐ um 17.50 Uhr

2 Zweite Verbindung Basel – Wien

Basel ab	Wien an
☐ um 6.20 Uhr	☐ um 16.40 Uhr
☐ um 7.20 Uhr	☐ um 16.50 Uhr
☐ um 8.20 Uhr	☐ um 18.40 Uhr
☐ um 9.20 Uhr	☐ um 18.50 Uhr

3 Frau Aybek reist

☐ mit dem Transalpin	☐ am Tag
☐ mit dem Nachtzug	☐ in der Nacht

3 Ein Zugbillett kaufen

Hören Sie den zweiten Teil vom Gespräch im Reisebüro. Was fragt der Mann? Kreuzen Sie an.

Der Mann im Reisebüro fragt:	Ja	Nein
1 Haben Sie ein Halbtaxabonnement?	☐	☐
2 Einfach oder retour?	☐	☐
3 Reisen Sie alleine?	☐	☐
4 Möchten Sie erste oder zweite Klasse?	☐	☐
5 Im Raucherabteil oder im Nichtraucher?	☐	☐
6 Wie lange bleiben Sie in Wien?	☐	☐
7 Haben Sie schon ein Hotelzimmer reserviert?	☐	☐
8 Bezahlen Sie bar oder mit Kreditkarte?	☐	☐
9 Reisen Sie gern mit dem Zug?	☐	☐

4 Am Schalter

Hören Sie, sprechen Sie nach und spielen Sie eigene Dialoge.

Kundin oder Kunde

Ich möchte am Freitagabend ...
Wann fährt ...?

Muss ich umsteigen?
Muss ich einen Platz ...?
Muss ich einen Zuschlag ...?
Wie lange ist das Billett ...?

Nach Zürich retour, bitte.
Nach Bern ...
Zweimal nach ...
Ein Billett ...

Auskunft

Der Nachtzug fährt um 18.45 Uhr ab.
Er kommt ... an.

Sie müssen nicht umsteigen. Der Zug fährt ...
Die Platzreservation ist ...
Sie bezahlen ... Zuschlag.
Einen Monat. Das Billett ist ...

Erste oder ...?
Einfach oder ...?
Haben Sie ein Halbtaxabonnement?
Das macht ...

5 Abfahrtszeiten

Welche Informationen finden Sie auf dem Foto? Notieren Sie mindestens fünf.

Wir sind auf dem Bahnhof in ...
Der Zug nach Luzern fährt um ...
Er fährt auf Gleis ...
Der Intercity fährt nach ...
Abfahrt um ...
Mit Halt in ...

6 Szenen auf dem Bahnhof

Arbeiten Sie zu zweit: Schauen Sie die Fotos an. Wählen Sie ein Foto und denken Sie sich eine Geschichte dazu aus. Notieren Sie Ihre Ideen und erzählen Sie dann im Kurs.

A

B

Arbeitsbuch, **Seite 61 – 62** Ü25 – Ü28

44 In der Luft und am Boden

1 In der Luft

Hören Sie das Lied. Was meinen Sie: Welches Bild passt besser zum Lied? Wählen Sie und kreuzen Sie an.

Ich finde, Bild _____
passt besser zum Lied.

Es passt gut
- ☐ zur Melodie
- ☐ zum Rhythmus
- ☐ zum Text
- ☐ zur Stimme
- ☐ zu den Geräuschen
- ☐ ____________________

A

B

2 Im Flugzeug

Das Lied ist auf Zürichdeutsch. Was verstehen Sie vom Text? Hören Sie noch einmal und kreuzen Sie an.

1 Was nimmt der Passagier?
- ☐ Ein Coca-Cola
- ☐ Einen Champagner
- ☐ Einen Campari Soda

2 Was summt leise?
- ☐ Die Turbinen
- ☐ Der Ventilator
- ☐ Ein Moskito

3 Wer spricht durch das Mikrofon?
- ☐ Die Stewardess
- ☐ Der Pilot
- ☐ Der Kopilot

4 Welche Sprachen hören Sie?
- ☐ Hochdeutsch
- ☐ Schweizerdeutsch
- ☐ Englisch

3 Am Flughafen

Schauen Sie die Anzeigetafeln an. Hören Sie dann zwei Dialoge am Flughafen Zürich-Kloten. Was passt zusammen?

Ankunft Arrival					
Zeit Time	Erw. Exp.	Ort Origin	Flug Flight	Term	Info Remarks
1830	1930	Las Palmas	LX8761	B	Charter
1835		Manchester	SR5773	A	Gelandet
1840		London LHR	BA718	B	Gelandet
1840		Beijing	SR199	B	
1845		Madrid	SR657	B	
1850	1915	Muenchen	SR557	B	Late Arrival
1855		Tripolis	SR229	A	
1900		Lisbon	TP8326	A	

A Dialog ___

Terminal B Abflug Departure						
Zeit Time	Erw. Exp.	Ort Origin	Flug Flight	Check Line	Info Remarks	Ausgang Gate
1800		Lyon	LX8761	3-5	Boarding	B25
1805		Berlin TXL	SR5773	10	Cancelled	B23
1810	1820	Genève	BA718	9		B7
1810		Istanbul	SR199	1		B18
1815	1855	Roma FCU	SR657	6-8		B29
1825		Amsterdam	SR557	7		B12
1830		Milano MXP	SR229	2		B4
1835		Prague	TP8326	4		B19

B Dialog ___

4 Abflug und Ankunft

Hören Sie die Dialoge noch einmal und kreuzen Sie an.

Dialog 1

1 Wohin fliegen die Passagiere?
☐ Nach Genf ☐ Nach Istanbul ☐ Nach Rom

2 Wie viele Minuten hat das Flugzeug Verspätung:
☐ 20 Minuten ☐ 30 Minuten ☐ 40 Minuten

3 Was machen die Passagiere jetzt?
- ☐ Sie gehen zum Kiosk.
- ☐ Sie gehen in die Bye-Bye-Bar.
- ☐ Sie geben das Gepäck auf.

Dialog 2

1 Das Flugzeug kommt aus
☐ Madrid ☐ London ☐ Paris

2 Was stimmt?
- ☐ Der Flug ist annulliert.
- ☐ Das Flugzeug ist gerade gelandet.
- ☐ Das Flugzeug hat 30 Minuten Verspätung.

3 Wer kommt an?
☐ Die Mutter ☐ Die Tochter ☐ Eine Kollegin

Ü29 Arbeitsbuch, Seite 63

1 Die fünf Sinne

Was passt zu welchem Sinn? Ergänzen Sie die Sätze und vergleichen Sie mit Kolleginnen und Kollegen im Deutschkurs.

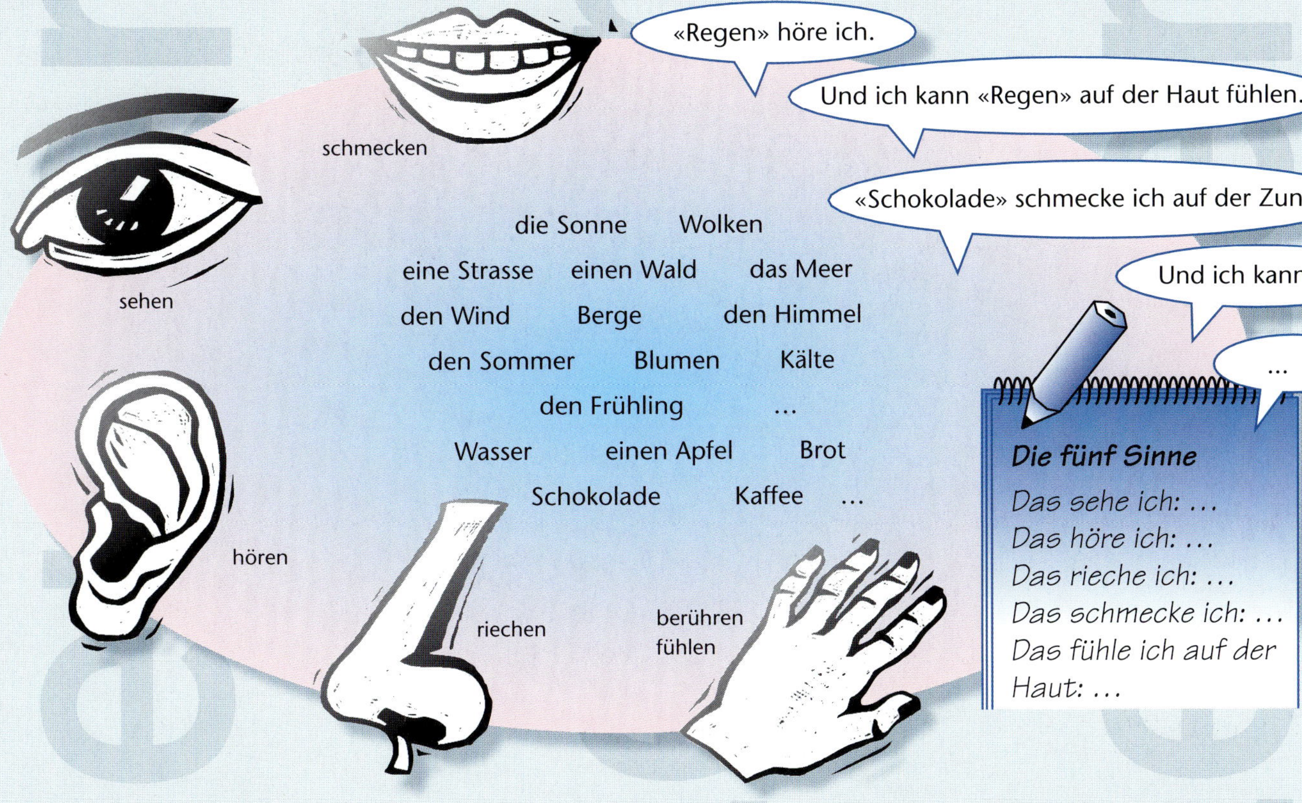

«Regen» höre ich.

Und ich kann «Regen» auf der Haut fühlen.

«Schokolade» schmecke ich auf der Zunge.

Und ich kann ...

...

die Sonne Wolken
eine Strasse einen Wald das Meer
den Wind Berge den Himmel
den Sommer Blumen Kälte
den Frühling ...
Wasser einen Apfel Brot
Schokolade Kaffee ...

Die fünf Sinne

Das sehe ich: ...
Das höre ich: ...
Das rieche ich: ...
Das schmecke ich: ...
Das fühle ich auf der Haut: ...

2 Lernen mit allen Sinnen

Lesen Sie die Texte. Diskutieren Sie dann zu dritt: Welche Erfahrungen haben Sie bis jetzt beim Deutschlernen gemacht?

Meine Erfahrungen beim Deutschlernen

- Wenn ich beim Deutschlernen etwas Neues nur höre, vergesse ich es schnell.
- Wenn ich etwas höre und sehe, behalte ich es besser.
- Wenn ich etwas höre und sehe und danach selber sage, behalte ich es ziemlich gut.
- Wenn ich etwas höre und sehe und danach auch selber mache, kann ich es.

Pamela (21), Deutschlernerin

Wenn ich etwas Neues 3-mal schreibe, ...

Wenn ich etwas nur einmal höre, ...

Wenn ich ...

So lernen Sie leicht

Lernen Sie mit allen Sinnen. Dann vergessen Sie weniger. Brauchen Sie beim Lernen die Augen, die Ohren, die Hände und, wenn es passt, auch die Nase oder die Zunge. Denken Sie zum Beispiel, wenn Sie ein neues Wort lernen: Wie riecht das? Wie schmeckt das?
Sehr wichtig ist auch, dass Sie mit Bewegung lernen. So kann auch der Körper mitlernen. Einfach gesagt: Bleiben Sie beim Lernen nicht immer sitzen! Tun Sie etwas, wenn Sie lernen: Werden Sie mit dem ganzen Körper aktiv. Machen Sie zum Beispiel ein Wanderdiktat oder ein Ballspiel. Machen Sie Collagen, machen Sie eine Pantomime, oder spielen Sie Dialoge mit Gestik und Mimik. Machen Sie auch mal einen Lernausflug oder kochen Sie zusammen. So lernen Sie mit allen Sinnen und mit Bewegung. So lernen Sie leichter, schneller und besser.

Hans Leicht (38), Lernexperte

Rückblick

3 Deutsch lernen

Lösen Sie die Übung 31 im Arbeitsbuch auf Seite 63.

Arbeitsbuch, **Seite 63** Ü30 – Ü31

Grammatik

G1 Satzbau: Der Nebensatz mit «dass»

Hauptsatz	,	Nebensatz-signal	Nebensatz	
Es gefällt mir	,	dass	hier immer etwas los	ist.
Ich finde es sehr gut	,	dass	es hier frisches Gemüse	gibt.
Ich finde es fantastisch	,	dass	man hier Schach spielen	kann.
Ich finde es super	,	dass	wir hier draussen sitzen	können.

Im Nebensatz mit «dass» steht das konjugierte **Verb** am Ende.

G2 Komparativ

Mit dem Tram bin ich **schneller als** zu Fuss.

Mit dem Komparativ können Sie Dinge vergleichen. Nach dem Komparativ steht «als». Zum Beispiel: «grösser als» oder «besser als».

Grundform	Komparativformen
billig	billig**er**
schnell	schnell**er**
laut	laut**er**
	Komparativ mit Umlaut
gesund	gesünd**er**
gross	grösse**r**
lang	läng**er**
	Spezielle Formen
gern	lieber
gut	besser
viel	mehr
teuer	teurer
dunkel	dunkler

Adjektive haben im Komparativ die Endung «-**er**»:
Grundform: schnell
Komparativ: schnell**er**

Viele einsilbige Adjektive haben im Komparativ einen Umlaut (ü/ö/ä).

G3 Satzbau: Der Nebensatz mit «wenn»

Nebensatz vor Hauptsatz

Nebensatz-signal	Nebensatz		,	Hauptsatz	
Wenn	man in der Stadt	wohnt	,	braucht	man kein Auto.
Wenn	es	regnet	,	nehme	ich das Tram.
Wenn	ich mit dem Auto nach Chur	fahre	,	bin	ich schneller.
Wenn	ich lange einen Parkplatz suchen	muss	,	werde	ich nervös.

Im Nebensatz mit «wenn» steht das konjugierte **Verb** am Ende.

Hauptsatz vor Nebensatz

Hauptsatz			,	Nebensatz-signal	Nebensatz	
Susanne	fährt	nur Bus	,	wenn	es Schnee	hat.
Man	braucht	kein Auto	,	wenn	man in der Stadt	wohnt.
Neina	ist	1¼ Stunden unterwegs	,	wenn	sie das Postauto	nimmt.
Sie	ist	schneller	,	wenn	sie mit dem Auto	fährt.

Feste feiern

Liebe Claudia, liebe Monika, lieber Franz

Bald beginnt das neue Jahr. Ich möchte es zusammen mit meinen Freunden begrüssen und organisiere für uns alle ein Fest mit Musik, Tanz – und mit einer Überraschung. Hoffentlich habt ihr am 31. Dezember noch nichts abgemacht!
Gerne erwarte ich euch ab 19 Uhr bei mir zu Hause.

Mit herzlichem Gruss Max

Feste feiern

Feste feiern

46 Neujahr

1 Jahresende und Jahresanfang international

Wählen Sie zu zweit einen Text aus. Welches Bild passt? Was steht genau im Text? W-Fragen helfen: Wo? Wann? Was? Machen Sie Notizen und erzählen Sie danach im Kurs.

1 ___ In **Kolumbien** feiern die Leute den Jahreswechsel in vielen Regionen so: Gegen Ende Dezember macht man aus Papier, Lumpen und alten Kleidern eine grosse Puppe. Diese Puppe sitzt dann ein paar Tage lang auf einem Stuhl draussen vor dem Haus. Neben die Puppe hängt man kleine Papierzettel, die «testamentos». Auf diese Zettel schreibt man das Negative vom alten Jahr und die Wünsche für das neue Jahr. Am 31. Dezember gibt es überall Feste. Die Leute tanzen miteinander – und sie tanzen auch mit der Puppe. Kurz vor Mitternacht zündet man die Puppe an. Das knallt und gibt ein schönes Feuer, denn in der Puppe hat es immer auch Feuerwerk.
L. Ponce (28)

2 ___ In **Sri Lanka** heisst das Neujahrsfest «Nava-Varsha». Es findet nach dem westlichen Kalender im Frühling statt. Wir feiern an diesem Tag in der Familie und essen eine Spezialität aus Reis, Zucker, Kokosmilch und Nüssen. Dieses Essen ist süss wie das Leben. Nach dem Essen gehen die Leute in einen Tempel und beten. Sie bitten um ein gutes neues Jahr. Am Neujahrstag tragen wir neue Kleider. So zeigen wir, dass wir für alles Neue bereit sind.
V. Nadarasa (24)

3 ___ In **Spanien** gibt es an Silvester eine Tradition: Wenn die Glocken um Mitternacht 12-mal schlagen, stecken sich viele Leute bei jedem Glockenschlag eine Traube in den Mund. Mit jeder Traube dürfen sie etwas für das neue Jahr wünschen. Bald haben sie den Mund voll Trauben und können nicht mehr sprechen. Das gibt immer viel zu lachen.
J. Martinez (21)

4 ___ Für uns Muslime beginnt in **Marokko** das neue Jahr am 1. Muharram. Das ist der erste Tag im islamischen Mondkalender. Ein Mondjahr ist ca. 11 Tage kürzer als ein Sonnenjahr. So wandert das islamische Neujahr durch den christlichen Kalender. Im Jahr 1999 n. Chr. haben wir zum Beispiel am 17. April Neujahr gefeiert und im Jahr 2000 n. Chr. elf Tage früher, am 6. April. An diesem Datum hat für uns das Jahr 1421 n. H. begonnen. Neujahr ist für uns kein grosser Feiertag, wir machen kein grosses Fest zum Jahreswechsel. Die Kinder bekommen am 1. Muharram etwas Süssigkeiten und man kann an diesem Tag Geschichten über die Hedschra, die Flucht Mohammeds von Mekka nach Medina, hören.
A. El Arja (39)

2 Was heisst Neujahr für Sie?

Wählen Sie: Welche Frage möchten Sie beantworten? Schreiben Sie dann.

Neujahr

1 Wie feiert man Neujahr in Ihrem Herkunftsland oder an Ihrem Herkunftsort?
2 Wo und wie haben Sie dieses Jahr Silvester und Neujahr gefeiert?
3 Wo waren Sie am 31. Dezember 1999? Was haben Sie um 24 Uhr gemacht?
4 Was haben Sie am 1. Januar 2000 gemacht? Wie war dieser Tag für Sie?

Bei uns in … feiern wir am … Neujahr.
Der Neujahrstag heisst bei uns … Man macht …
Es gibt … Man isst … Viele Leute …
Um Mitternacht … Nachher …

Letztes Jahr war ich am 31. Dezember …
Da hatte es … Ich war mit … zusammen.
Am 1. Januar 2000 war ich in … Wir …

E

F

G

H

5 ___ Ich trage am 31. Dezember immer rote Unterwäsche. Das ist in **Italien** in vielen Regionen eine Tradition. Wir sind nämlich überzeugt, dass rote Unterwäsche im neuen Jahr Glück bringt – und gut für die Liebe ist! Neujahr feiern wir mit Freunden. Ein Sprichwort sagt: «Natale con i tuoi, capo d'anno con chi vuoi.» So bin ich an Silvester meistens mit meinen Freundinnen und Freunden zusammen. Wir essen zusammen und sehen fern. Um Mitternacht stossen wir mit Spumante an und wünschen einander alles Gute für das neue Jahr. Meistens telefonieren wir danach mit den Eltern und wünschen auch ihnen viel Glück im neuen Jahr.
L. Crivelli (21)

6 ___ Dieses Jahr war ich an Silvester nicht in **Kosovo**. Ich habe Neujahr in der **Schweiz** gefeiert. Mein Vater hat speziell für dieses Fest Raketen und drei Videokassetten gekauft. Die Kassetten waren auf Albanisch. Da waren Lieder und Tänze drauf. Am 31. Dezember sind der Grossonkel und viele Verwandte zu uns nach Hause gekommen. Wir haben schon vor dem Essen zusammen die Videos angeschaut. Dann haben wir gut gegessen. Es hat Käse, Teigwaren und Fleisch gegeben. Um Mitternacht sind wir alle nach draussen gegangen, haben die Raketen gezündet und uns ein gutes neues Jahr gewünscht.
M. Elshani (19)

7 ___ Neujahr ist in **Japan** sehr wichtig. Es ist ein Familienfest und wir haben da drei Tage Ferien. Am letzten Tag im Jahr reinigen wir alle Zimmer. Nur wenn alles sauber ist, sind wir offen und bereit für die Lebensenergie vom neuen Jahr. Die Frauen kochen am 31. Dezember meistens «Toshi koshi soba», das sind lange Nudeln. Sie bedeuten ein langes Leben. Um Mitternacht schlagen die grossen Tempelglocken 108-mal: 8-mal im alten Jahr und 100-mal im neuen Jahr.
Am 1. Januar bekommen wir immer viele Glückwunschkarten. Wir lesen die Neujahrswünsche und sprechen über unsere Verwandten. Am 2. und 3. Januar haben wir auch Zeit für Besuche. Neujahr in Japan ist sehr schön.
S. Nakano (36)

8 ___ Bei uns in **Kuba** reinigen wir am 31. Dezember die Wohnung gründlich. Danach bereiten wir das Essen vor: Reis und Bohnen mit gebratenem Schweinefleisch, dazu gibt es Yuccawurzeln und Tomatensalat. Wir essen ziemlich spät, ca. um 23 Uhr. Das ist spät, aber wir wollen das neue Jahr nicht hungrig beginnen.
Um Mitternacht, das heisst genau um 00.01 Uhr, schütten viele Leute einen Kübel Wasser auf die Strasse. Das bringt Glück. Alles Schlechte vom alten Jahr ist so definitiv weg.
D. Castro (45)

3 Projekt: Neujahr in der Schweiz

Buon anno!
Bonne année!
Un an bun!
Happy New Year!
Ein gutes neues Jahr!

- → Wie feiern Schweizerinnen und Schweizer Silvester und Neujahr? Sammeln Sie Informationen.
- → Fragen Sie Ihre Lehrerin oder Ihren Lehrer.
- → Fragen Sie Bekannte und Freunde.
- → Machen Sie Notizen.
- → Was haben Sie erfahren? Erzählen Sie im Kurs.
- → Oder schreiben Sie einen kurzen Text «Neujahr in der Schweiz» und lesen Sie den Text im Kurs vor.

Arbeitsbuch, **Seite 64–65** Ü1 – Ü4

47 Hochzeit, Familie und Freunde

1 Drei Brautpaare

Lesen Sie die Texte. Wo passen die Fotos?

A

2

Das ist ein Foto von unserer Hochzeit. Wir haben an diesem Tag viele Fotos gemacht. Dieses zeigt uns auf dem Standesamt. Hier haben wir uns das Ja-Wort gegeben.
Die Zeremonie war kurz und einfach. Unser Trauzeuge hat seine Kinder mitgebracht. Sie waren beeindruckt und haben ganz still zugehört.

Regula (33) und Carlo (32)

B

C

1

Das ist unser Hochzeitsfoto. Wir sind am Hochzeitstag in ein Fotostudio gegangen. Der Fotograf hat uns vor einem grossen Wasserfall fotografiert. Mein Mann trägt einen dunkelblauen Anzug. Sein Gesicht ist ganz ernst. Mein Brautkleid ist weiss und im Haar trage ich einen weissen Schleier. Sieht man, dass wir nervös waren? Wir waren wirklich etwas nervös – und sehr glücklich!

Zeynep (23) und Hasan (25)

3

Das Foto ist eine schöne Erinnerung an unsere Hochzeit. Das war beim Mittagessen, nach der Feier in der Kirche. Mein Mann umarmt mich und wir halten uns fest. Im Hintergrund sieht man meinen Bruder. Da sind auch mein Vater, meine Mutter und meine Schwiegermutter. Alle waren glücklich und zufrieden, dass wir geheiratet haben.

Verena (26) und Romeo (28)

Text	1	2	3
Foto	___	___	___

2 Diskussion: Heiraten

Wie finden Sie die Behauptungen? Was ist Ihre Meinung dazu? Diskutieren Sie in Gruppen.

Ich finde, das stimmt nicht.

Ich glaube, man kann ...

Das finde ich auch.

Man heiratet nur einmal im Leben.
Man muss jung heiraten.
Wer heiratet, kann nicht allein sein.
Mit 30 ist ein Mann zu alt zum Heiraten.
Man muss erst heiraten, wenn ein Kind da ist.
Nur auf dem Standesamt heiraten, das ist nicht gut.
Eine richtige Hochzeit findet in der Kirche statt.
Die Hochzeit ist das schönste Fest im Leben.

Ich finde es gut, wenn ...

Damit bin ich nicht einverstanden.

Das stimmt.

Ich finde es besser, wenn ...

3 Das Gruppenbild

Wer ist auf dem Bild? Hören Sie, was Regula und ihre Freundin zum Foto sagen, und kreuzen Sie an.

3+4

Wer ist auf dem Foto?

Regula und
- ☐ ihr Mann
- ☐ ihr Kind
- ☐ ihre Schwester
- ☐ ihre Eltern

Carlo und
- ☐ sein Bruder
- ☐ sein Kind
- ☐ seine Frau
- ☐ seine Eltern

4 Ein Foto erklären

Hören Sie noch einmal, was Regula und ihre Freundin sagen. Ordnen Sie zu: Welche Satzteile passen zusammen?

1 Dieses Foto ist …
2 René, mein Bruder, war …
3 Mein Neffe Mario …
4 Ganz links stehen …
5 Rechts neben Carlo stehen …
6 Ganz rechts steht …

A steht ganz vorne.
B Nazareth und ihr Mann.
C unser Trauzeuge.
D unser Lieblingsfoto.
E unsere Freunde aus Mexiko.
F unsere Nachbarin, Eva.

Wer ist Mario?
Sie haben drei Möglichkeiten für die gleiche Erklärung: Mario ist … → der Sohn von René
→ Renés Sohn
→ sein Sohn

Was passt zusammen?

1 ___ 2 ___ 3 ___ 4 ___ 5 ___ 6 ___

5 Grammatik aktiv

Ergänzen Sie die Tabelle. Die Übungen 3 und 4 helfen.

ich	mein	Mann	mein	Kind	meine	Frau	meine	Eltern
du	dein	Mann	dein	Kind	deine	Frau	deine	Eltern
er	______	Bruder	______	Kind	______	Frau	______	Eltern
es	sein	Vater	sein	Foto	seine	Tante	seine	Eltern
sie	______	Mann	______	Kind	______	Schwester	______	Eltern
wir	______	Trauzeuge	______	Foto	______	Nachbarin	______	Freunde
ihr	euer	Onkel	euer	Foto	eure	Nachbarin	eure	Kinder
sie	ihr	Vater	ihr	Foto	ihre	Nachbarin	ihre	Kinder
Sie	Ihr	Bruder	Ihr	Foto	Ihre	Schwester	Ihre	Kinder

→ Grammatik, G 1

6 Projekt: Fotos, Fotos, Fotos

Auf dem Foto …
In der Mitte …
Links vorne ist …
Hinten rechts …
Ganz hinten steht …

→ Haben Sie ein Familienfoto? Oder ein Gruppenbild mit Freunden?
→ Bringen Sie das Foto in den Deutschkurs mit. Wenn Sie möchten, können Sie auch viele Fotos mitbringen.
→ Nehmen Sie ein Foto: Wer ist auf dem Foto? Erklären Sie es einer Kollegin oder einem Kollegen im Kurs.
→ Schreiben Sie danach einen Text zum Foto.
→ Zum Schluss können Sie eine Foto-Ausstellung im Kurs organisieren.

Arbeitsbuch, **Seite 66 – 68** Ü5 – Ü11

48 Einladungen

1 Viele Gründe zum Feiern

Lesen Sie: Welche Einladung ist für welchen Anlass? Ordnen Sie zu.

Anlass	Einladung
Geburtstagsparty	___
Hausfest	___
Begrüssungsapéro	___
Silvesterparty	___
Personalfest	___

A

Sehr geehrte Frau Hofer

Wir sind die neuen Mieter vom 2.Stock.
Wir möchten alle Mitbewohner begrüssen und machen am Samstag, den 5. März, um 17 Uhr einen Apéro.
Wir möchten Sie dazu herzlich einladen.

Mit freundlichen Grüssen

Fam. M. Antunes

B

Liebe Kaila
Ich lade dich herzlich zu meiner Geburtstagsfeier ein!
Wann? Am Samstag, 8. Juli, ab 14 Uhr
Wo? Im Quartierzentrum, bei schönem Wetter draussen, da gibt es viel Platz zum Spielen!
Mama und Papa sind natürlich auch eingeladen.

Bis bald!
Sergio

C

Liebe Claudia, liebe Monika, lieber Franz

Bald beginnt das neue Jahr. Ich möchte es zusammen mit meinen Freunden begrüssen und organisiere für uns alle ein Fest mit Musik, Tanz – und mit einer Überraschung.
Hoffentlich habt ihr am 31. Dezember noch nichts abgemacht!
Gerne erwarte ich euch ab 19 Uhr bei mir zu Hause.

Mit herzlichem Gruss Max

D

Liebe Mitarbeiterinnen und Mitarbeiter

Ich möchte Sie herzlich zu unserem diesjährigen Personalfest einladen.

Datum: Freitag, den 16. Dezember
Ort: Personalrestaurant, 5. Stock
Zeit: ab 19.15 Uhr

Ich freue mich auf Ihr Erscheinen.

P. Meier
Personalchef

E

Liebe Mitbewohnerinnen und Mitbewohner

Der Sommer ist schön,
für uns ein Grund zum Feiern!
Wir organisieren am 7. August ein Hausfest.
Ihr seid alle herzlich dazu eingeladen!

Ort: Dachterrasse
Zeit: ab 19 Uhr

Wir spendieren die Getränke und stellen einen Grill auf.
Ihr bringt die Würste, Salat und gute Laune mit!

Für das Festkomitee der Neugasse 5

Anton Nauer

Wir bitten um Anmeldung (Bitte Talon ausfüllen)

☐ Ja, ich komme gern.
☐ Ich kann leider nicht kommen.

2 Feste und Partys

Beantworten Sie die Fragen. Machen Sie Notizen und vergleichen Sie Ihre Antworten mit Kolleginnen und Kollegen im Kurs.

Fest Party Feier Apéro

Ich möchte gerne an ...

Fragen

1 Lesen Sie die Einladungen in Übung 1 noch einmal. An welches Fest möchten Sie gerne gehen?
2 Zu welchen Partys bringen Sie etwas mit? Zu welchen gehen Sie ohne Geschenk?
3 Bei welchen Einladungen kann man spontan noch andere Personen mitbringen? Bei welchen nicht?
4 Was meinen Sie. Bei welchen Partys kommen die Leute wahrscheinlich pünktlich? Bei welchen kann man auch etwas später kommen?

3 Pamela macht eine Party

Hören Sie und kreuzen Sie an: Was ist richtig, was ist falsch?

	richtig	falsch
1 Pamela ruft Sandra an und lädt sie zu einer Party ein.	☐	☐
2 Ramón ist der Vater von Sandra. Sie nimmt ihn zur Party mit.	☐	☐
3 Pamela hat viele Freundinnen und Freunde eingeladen. Sandra kennt sie alle gut.	☐	☐
4 Sandra macht ein Dessert und nimmt es mit zur Party.	☐	☐

4 Wir machen eine Party, kommen Sie auch?

Hören Sie, lesen Sie mit und sprechen Sie nach. Spielen Sie dann zu zweit Einladungsdialoge.

Einladen	Annehmen	Ablehnen
Wir machen am ... ein Fest. Kommen Sie auch? Wir beginnen um ...	Oh ja, gerne. Wann beginnt ... Was kann ich mitbringen?	Am ... Das geht mir leider ... Ich habe schon etwas vor.
Ich mache nächsten ... Hast du Lust? Kommst du auch? Wir beginnen so gegen ...	Ja, sicher. Ich komme gerne. Um wie viel Uhr ... Kann ich etwas mitbringen?	Ich kann leider nicht. Ich habe schon etwas ... Ich muss am ... Schade. Es geht ...

5 Grammatik aktiv

Lesen Sie die Sätze und ergänzen Sie die Tabelle. Auch Übung 3 hilft.

	Nominativ	+ Verb	+ Akkusativ	
Max an seine Freundinnen und Freunde:	Ich	erwarte	euch	.
Sergio an Kaila:	Ich	lade	dich	ein .
Familie Antunes an Frau Hofer:	Wir	möchten	Sie	einladen .

		Präposition	+ Akkusativ	
Max an seine Freundinnen und Freunde:	Ich organisiere	für	uns	ein Fest.

Viele Verben haben eine Ergänzung im Akkusativ.
Auch Präpositionen können den Akkusativ verlangen.

Personalpronomen

Nominativ	Akkusativ
ich	mich
du	______
er	ihn
es	es
sie	sie
wir	______
ihr	______
sie	sie
Sie	______

➔ Grammatik, G3 – G4

6 Grammatik-Training: Referenz und Pronomen

Lesen Sie die Sätze und ergänzen Sie die Pronomen.

Sie es sie ihn Sie

1 Familie Antunes schreibt: «Liebe Frau Hofer, wir möchten ____ herzlich zum Apéro einladen.»
2 Herr Meier, der Personalchef, schreibt: «Liebe Mitarbeiterinnen und Mitarbeiter, ich möchte ____ herzlich zu unserem Firmenessen einladen.»
3 Max schreibt: «Bald beginnt das neue Jahr. Ich möchte ____ zusammen mit meinen Freunden begrüssen.»
4 Pamela sagt: «Sandra, alle meine Freundinnen und Freunde kommen an die Grillparty. Kommst du auch? So lernst du ____ mal kennen.»
5 Sandra sagt: «Pamela, mein Bruder ist hier. Kann er zur Party mitkommen? So kannst du ____ auch kennen lernen.»

Arbeitsbuch, **Seite 68 – 70** Ü12 – Ü18

49 Wünschen und schenken

1 Geschenke zum Geburtstag

Was meinen Sie: Was kann man einem vierjährigen Kind zum Geburtstag schenken? Welche Geschenke sind besser für Erwachsene? Was für ein Geschenk möchten Sie selber gern zum Geburtstag? Diskutieren Sie in Gruppen.

eine Gitarre
ein Computerspiel
ein Spielzeugauto
ein Fotoapparat
ein Gutschein
eine CD
Blumen
Schwimmflossen
ein Hund
Rollerblades
ein Fussball
ein Bilderbuch
Geld
...

Ein Gutschein ist gut für Erwachsene, wenn ...

Eine CD ist ein gutes Geschenk für ...

...

2 Sergio wird vier. Was schenken wir ihm?

Hören Sie das Gespräch von Kaila und ihren Eltern. Wer sagt was? Kreuzen Sie an.

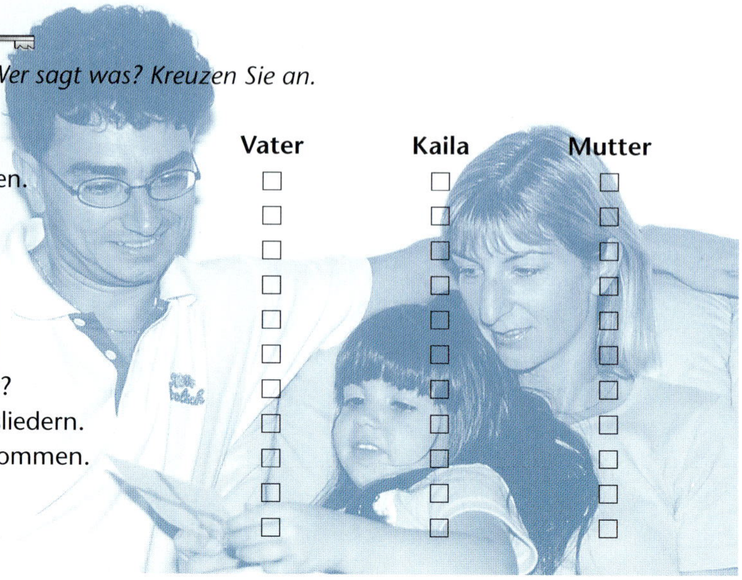

	Wer sagt das?	Vater	Kaila	Mutter
1	Wir sind zum Geburtstagsfest von Sergio eingeladen.	☐	☐	☐
2	Wie alt wird er denn?	☐	☐	☐
3	Lies vor! Bitte, lies vor!	☐	☐	☐
4	Was möchtest du Sergio schenken?	☐	☐	☐
5	Er darf meinen Delfin haben.	☐	☐	☐
6	Gut, du darfst ihm deinen Delfin schenken.	☐	☐	☐
7	Können wir ihm auch eine Videokassette schenken?	☐	☐	☐
8	Wir schenken ihm besser die CD mit den Frühlingsliedern.	☐	☐	☐
9	Ich rufe Sergios Mutter an und sage ihr, dass wir kommen.	☐	☐	☐
10	Bringen wir den Eltern auch etwas mit?	☐	☐	☐
11	Ja, wir bringen ihnen eine gute Flasche Wein mit.	☐	☐	☐

3 Was kann man wann schenken?

Arbeiten Sie in Gruppen. Diskutieren Sie die Aussagen: Was stimmt in der Schweiz? Was stimmt für Ihr Herkunftsland oder für Ihren Herkunftsort? Wie machen Sie das?

Ich glaube, in der Schweiz ...

Bei uns in ... darf man ...

Ich schenke meistens ...

Wenn ich ...

Das gilt für die Gäste:

1 Bei einer Einladung schenkt man den Gastgebern oft Blumen oder eine Flasche Wein.

2 Man lässt den Preis am Geschenk oder man sagt den Preis.

3 Parfüm oder Seife darf man nicht schenken. Das ist zu persönlich und zu intim.

4 Man schenkt Erwachsenen kein Geld zum Geburtstag. Das ist unhöflich.

5 Man darf auf keinen Fall Scheren oder Messer zur Hochzeit schenken.

Das gilt für die Gastgeberin oder für den Gastgeber:

6 Man darf ein Geschenk nicht sofort auspacken. Man wartet, bis die Gäste gegangen sind.

7 Man fragt nie nach dem Preis von einem Geschenk.

8 Wenn man Süssigkeiten bekommt, muss man diese mit den Gästen gemeinsam probieren.

9 Wenn einem das Geschenk nicht gefällt, gibt man es zurück.

4 Glück wünschen

Hören Sie den Dialog. Welche Karte passt?

Herzlichen Glückwunsch!
Wir wünschen euch und dem Baby alles Gute.
Gebt ihm einen grossen Kuss
von Gaby und Ernesto

PS: Wir haben noch viele Baby-Sachen.
Ruft uns an! Wir bringen euch die Sachen beim nächsten Besuch.

A

Ciao Sergio!
Ich gratuliere dir zu deinem 4. Geburtstag.
Du machst mir viel Freude.
Deine Nonna

PS: Beim nächsten Besuch machen wir zusammen Gnocchi.
Du hilfst mir dabei, vero?

B

5 Grammatik aktiv

Lesen Sie die Sätze und ergänzen Sie die Tabelle.

Nominativ ⊕ Verb ⊕ Dativ

Nominativ	Verb	Dativ	
Ich	gratuliere	dir	zum Geburtstag.
Du	hilfst	mir	.

Nominativ ⊕ Verb ⊕ Dativ ⊕ Akkusativ

Nominativ	Verb	Dativ	Akkusativ
Wir	schenken	ihm	eine CD.
Wir	wünschen	euch	alles Gute.

Präposition ⊕ Dativ

Präposition	Dativ	
Bei	mir	zu Hause.

Personalpronomen

Nominativ	Dativ
ich	______
du	______
er	______
es	ihm
sie	ihr
wir	uns
ihr	______
sie	ihnen
Sie	Ihnen

→ Grammatik, G4–G5

Arbeitsbuch, **Seite 70–71** Ü19 – Ü23

50 Das Geburtstagsfest

1 Spiele, Geschenke und Schokoladekuchen

Hören Sie. Was erzählt Sergios Mutter? Ergänzen Sie dann die Sätze.

Sergios Mutter erzählt:

«Am schönsten hat Sergio an seinem vierten Geburtstag gefunden, dass fast alle seine ______ gekommen sind.

Wir haben im Quartierzentrum ______ . Die Kinder waren den ganzen Nachmittag ______ . Sie haben immer wieder ______ .

Am beliebtesten war das Seilziehen. Wir ______ haben geschaut, welche ______ am stärksten ist.

Später haben ______ ein Hindernisrennen gemacht. Kaila war schnell, Sergio war schneller, aber Leroy war am schnellsten.

Und dann hat Sergio ______ ausgepackt. Am meisten Freude haben ihm ______ gemacht.

Etwas später ______ sind alle Kinder an den Tisch gekommen und haben den ______ gegessen. Ein Schokoladekuchen natürlich. Den haben die Kinder einfach am liebsten.

Zum Schluss ______ «Zum Geburtstag viel Glück» ______ . Zuerst auf Deutsch, dann auf ______ und dann noch auf ______ .

Am lautesten hat Sergio selber gesungen.

Ja, es war ein schönes ______ . Auch Sergio hat es gefallen. Am meisten ______ hat ihm am Schluss Kailas Kompliment gemacht.»

2 Grammatik aktiv

Ergänzen Sie die Tabelle.

schön	schöner	am schönsten
schnell	______	am ______
laut	lauter	______
stark	stärker	______
gross	grösser	am grössten
lang	länger	am längsten
gern	lieber	______
gut	besser	am besten
viel	mehr	______

Sie kann das am besten.

Du kannst das besser.

Ich kann das gut.

Mit dem Superlativ bezeichnet man ein Maximum.
Vor der Superlativform steht «am».
Zum Beispiel: «Sie kann das am besten» oder «Das ist am schönsten»

➔ Grammatik, G 6

3 Und Sie?

Beantworten Sie die Fragen zuerst allein. Machen Sie dabei Notizen. Vergleichen Sie dann mit Ihren Kolleginnen und Kollegen im Kurs.

Fragen

1 Haben Sie als Kind Geburtstag gefeiert? Oder haben Sie Ihren Namenstag gefeiert?
2 Wie haben Sie gefeiert: Wer war am Fest? Was haben Sie gemacht?
Wer hat das Fest organisiert?
3 Was haben Sie als Kind am liebsten gespielt?
4 Was haben Sie am liebsten gegessen?

Ü24 – Ü26 Arbeitsbuch, Seite 72

1 Eine Woche planen

Lesen Sie den Text und vergleichen Sie mit dem Notiz-Zettel. Was ist im Text falsch? Unterstreichen Sie die falschen Stellen.

Laura Locatelli hat diese Woche ein volles Programm:
Am Montag hat sie um halb drei Uhr einen Termin beim Arzt. Am Mittwochvormittag muss sie zur Krankenkasse und dort ein Formular abgeben. Sie will das Formular am Dienstagabend ausfüllen. Am Donnerstagmittag kommt ihr Schwager Silvio zu Besuch. Am Freitag hat sie Waschtag und am Samstag ist das Geburtstagsfest ihrer Tochter Alessandra. Das muss sie auch noch vorbereiten.
Frau Locatelli darf nichts vergessen!

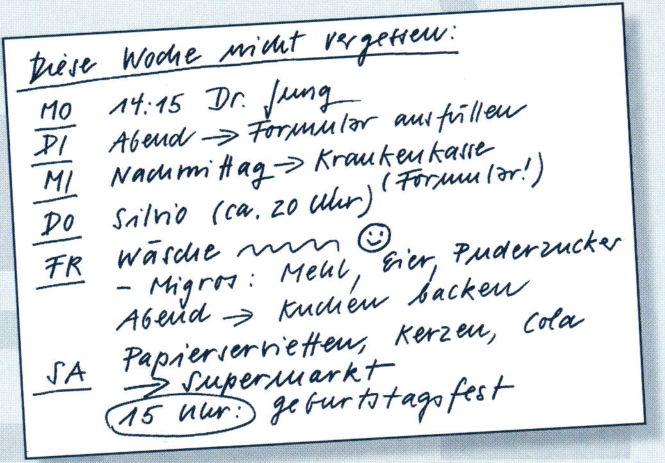
Diese Woche nicht vergessen:
MO 14:15 Dr. Jung
DI Abend → Formular ausfüllen
MI Nachmittag → Krankenkasse (Formular!)
DO Silvio (ca. 20 Uhr)
FR Wäsche ☺
– Migros: Mehl, Eier, Puderzucker
Abend → Kuchen backen
SA Papierservietten, Kerzen, Cola
→ Supermarkt
15 Uhr: Geburtstagsfest

2 Notizen wie eine Zeichnung

Schauen Sie die gezeichneten Notizen an, lesen Sie die Fragen und diskutieren Sie in Gruppen.

Georges plant eine Party. Er hat Ideen notiert.
➔ Wann ist die Party?
➔ Was hat Georges schon geplant?
➔ Wo hat er noch offene Fragen?

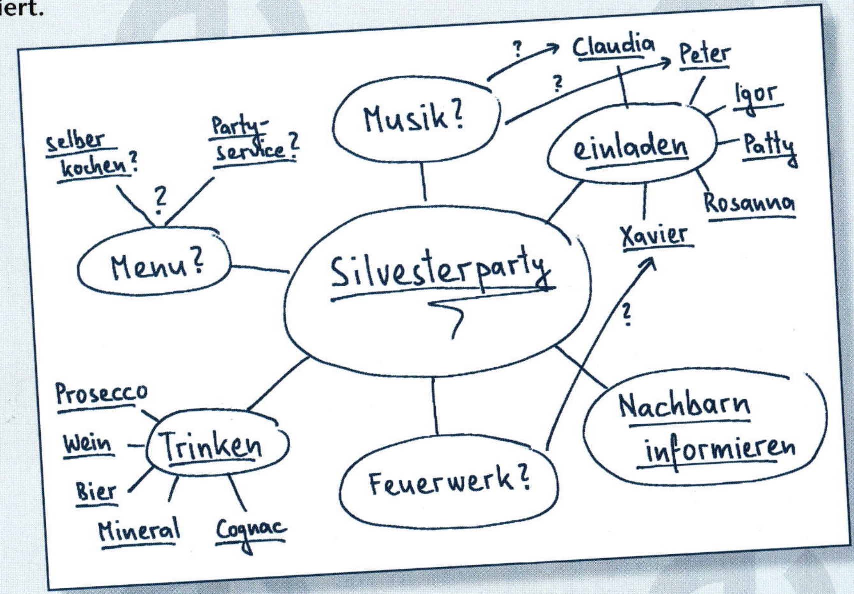

Wofür sind gezeichnete Notizen gut?
☐ ein Fest planen
☐ Ideen notieren
☐ den Chef informieren
☐ ein Formular ausfüllen
☐ ein Telefongespräch vorbereiten
☐ eine Einkaufsliste schreiben
☐ einen Liebesbrief schreiben

3 Machen Sie Notizen?

Lesen Sie und kreuzen Sie an.

Ich mache Notizen …	**oft**	**selten**	**nie**
… vor dem Einkaufen	☐	☐	☐
… beim Planen eines Tages, einer Woche	☐	☐	☐
… vor einem Telefongespräch	☐	☐	☐
… beim Telefonieren	☐	☐	☐
… bevor ich einen wichtigen Brief schreibe	☐	☐	☐
… ______________________	☐	☐	☐

Im Deutschkurs mache ich Notizen …			
… wenn ich einen Text höre.	☐	☐	☐
… wenn ich einen Text lese.	☐	☐	☐
… vor Diskussionen	☐	☐	☐
… vor dem Schreiben	☐	☐	☐
… nach der Lektion	☐	☐	☐
… beim Lernen zu Hause	☐	☐	☐

Vergleichen Sie in Gruppen und diskutieren Sie:
➔ Wann sind Notizen wichtig?
➔ Wann helfen Notizen?
➔ In welcher Sprache machen Sie Notizen?

Ich mache oft Notizen …

Das mache ich selten.

Notizen sind wichtig, wenn man …

Mir helfen Notizen …

Diese Notizen mache ich auf …

52 Herbstfest im Weinland

1 Informationen zum Fest

Lesen Sie die Fragen und suchen Sie die Antworten im Text.

Liebe Gäste

Herzlich willkommen am Weinländer Herbstfest in Flaach. Wir haben unser Dorf festlich dekoriert und für Sie zwei Tage voller Attraktionen vorbereitet. Konzerte, Ausstellungen, Wettbewerbe und vieles mehr machen unser Fest zu einem Erlebnis für Alt und Jung.

Im Zentrum steht der lokale Wein: An rund zwanzig Ständen können Sie alle Weine aus unserer Region degustieren. Dazu servieren wir Ihnen regionale Spezialitäten in den Restaurants und in den Festzelten.

Wir wünschen Ihnen fröhliche Stunden in Flaach.

Das Organisationskomitee

1 Wann ist das Fest?
2 Wo findet das Fest statt?
3 Welche Attraktionen bietet das Fest?
4 Was steht im Zentrum?
5 Was kann man essen?

Herbstfest im Weinland
1 Am 16. und 17. ...
2 in ...
3 ...

2 Live aus Flaach

Hören Sie. Welches Foto passt zu welchem Interview?

Das Lokalradio berichtet live vom Herbstfest in Flaach. Ein Reporter macht Interviews. Er fragt, woher die Gäste kommen und was ihnen besonders gefällt an diesem Fest.

A
Volksmusik geniessen: **Interview** ___

B
Mit Freunden Wein trinken: **Interview** ___

C
Dekorationen anschauen: **Interview** ___

Rückblick

3 Deutsch lernen

Lösen Sie die Übung 28 im Arbeitsbuch auf Seite 73.

Ü27 – Ü28 Arbeitsbuch, **Seite 73**

Grammatik

G1 Possessiva

Personalpronomen	Possessivartikel im Nominativ: maskulin		neutrum		feminin		Plural	
ich	mein	Mann	mein	Kind	meine	Frau	meine	Eltern
du	dein	Mann	dein	Kind	deine	Frau	deine	Eltern
er	sein	Bruder	sein	Kind	seine	Frau	seine	Eltern
es	sein	Vater	sein	Foto	seine	Tante	seine	Eltern
sie	ihr	Mann	ihr	Kind	ihre	Schwester	ihre	Eltern
wir	unser	Trauzeuge	unser	Foto	unsere	Nachbarin	unsere	Freunde
ihr	euer	Onkel	euer	Foto	eure	Nachbarin	eure	Kinder
sie	ihr	Vater	ihr	Foto	ihre	Nachbarin	ihre	Kinder
Sie	Ihr	Bruder	Ihr	Foto	Ihre	Schwester	Ihre	Kinder

G2 Artikelwörter: Nominativ, Akkusativ, Dativ

	maskulin		neutrum		feminin		Plural (m, n, f)		
Nominativ	der	Mann	das	Kind	die	Frau	die	Eltern	Wer?
	ein	Mann	ein	Kind	eine	Frau	Ø	Eltern	
	mein	Mann	mein	Kind	meine	Frau	meine	Eltern	
Akkusativ	den	Mann	das	Kind	die	Frau	die	Eltern	Wen?
	einen	Mann	ein	Kind	eine	Frau	Ø	Eltern	
	meinen	Mann	mein	Kind	meine	Frau	meine	Eltern	
Dativ	dem	Mann	dem	Kind	der	Frau	den	Eltern	Wem?
	einem	Mann	einem	Kind	einer	Frau	Ø	Eltern	
	meinem	Mann	meinem	Kind	meiner	Frau	meinen	Eltern	

G3 Nominativ und Akkusativ

Verben mit Akkusativ-Ergänzungen

Nominativ ⊕ **Verb** ⊕ **Akkusativ**

Ich — erwarte — euch.

Ich — lade — dich — ein.

Wir — möchten — Sie — einladen.

Viele Verben haben eine Ergänzung im Akkusativ. Zum Beispiel: abholen, begleiten, besuchen, brauchen, einladen, erwarten, kennen lernen, kennen, mitbringen, sehen, treffen, verstehen ...

Präpositionen mit Akkusativ

Präposition ⊕ **Akkusativ**

Ich organisiere für uns ein Fest.

Auch Präpositionen können den Akkusativ verlangen. Zum Beispiel verlangen «für», «ohne», «gegen», «durch» immer den Akkusativ.

G4 Nominativ, Akkusativ und Dativ

Verben mit Dativ-Ergänzungen

Nominativ ⊕ **Verb** ⊕ **Dativ**

Ich — gratuliere — dir zum Geburtstag.

Du — hilfst — mir .

Einige wenige Verben haben nur eine Ergänzung im Dativ. Zum Beispiel: antworten, danken, gefallen, gratulieren, helfen, passen, zuhören ...

Verben mit Dativ- und Akkusativ-Ergänzungen

Nominativ ⊕ **Verb** ⊕ **Dativ** ⊕ **Akkusativ**

Wir — schenken — ihm — eine CD .

Wir — wünschen — euch — alles Gute .

Einige Verben haben eine Ergänzung im Dativ und eine im Akkusativ. Zum Beispiel: bringen, erzählen, geben, schenken, schicken, schreiben, vorlesen, zeigen ...

Bei zwei Ergänzungen gilt:

Dativergänzung ➔ **Person**
Akkusativergänzung ➔ **Sache**

Präpositionen mit Dativ

Präposition ⊕ **Dativ**

Bei — mir zu Hause.

Auch Präpositionen können den Dativ verlangen. Zum Beispiel verlangen «bei», «mit», «von», «aus», «nach» immer den Dativ.

G5 Personalpronomen

	Nominativ	**Akkusativ**
Singular (Sg)	ich du er es sie	mich dich ihn es sie
Plural (Pl)	wir ihr sie	uns euch sie
formell (Sg+Pl)	Sie	Sie

	Nominativ	**Dativ**
Singular (Sg)	ich du er es sie	mir dir ihm ihm ihr
Plural (Pl)	wir ihr sie	uns euch ihnen
formell (Sg+Pl)	Sie	Ihnen

G6 Superlativ

Grundform	**Komparativformen**	**Superlativformen**
schön	schön**er**	am schön**sten**
schnell	schnell**er**	am schnell**sten**
laut	laut**er**	am laut**esten**
		Superlativ mit Umlaut
stark	stärk**er**	am stärk**sten**
gross	gröss**er**	am gröss**ten**
lang	läng**er**	am läng**sten**
		Spezielle Formen
gern	lieber	am liebsten
gut	besser	am besten
viel	mehr	am meisten

Sie kann das am besten.

Du kannst das besser.

Ich kann das gut.

Mit dem Superlativ bezeichnet man ein Maximum.

Schule und Ausbildung

Schule und Ausbildung

Schule und Ausbildung

53 Die Schule im Kanton Basel-Stadt

1 Ein Land und 26 Schulsysteme

Lesen Sie den Text und schauen Sie die Grafik an. Wo finden Sie die Informationen a – g? Im Text oder in der Grafik? Kreuzen Sie an.

Wo stehen diese Informationen?	in der Grafik	im Text
a In der Schweiz hat jeder Kanton ein eigenes Schulsystem.	☐	☐
b Alle Kinder müssen in die Schule gehen.	☐	☐
c Die obligatorische Schulzeit beträgt 9 Jahre.	☐	☐
d Der Schulbesuch kostet in der Schweiz nichts.	☐	☐
e Im Kanton Basel-Stadt gibt es die Schultypen «Primarschule», «Orientierungsschule» (OS) und «Weiterbildungsschule» (WBS).	☐	☐
f Für fremdsprachige Kinder und Jugendliche gibt es in Basel-Stadt die Fremdsprachenklassen und die Integrationsgruppen.	☐	☐
g Im Kanton Basel-Stadt gibt es auf der Sekundarstufe 1 die OS und die WBS.	☐	☐

26 Kantone – 26 Schulsysteme:
In der Schweiz hat jeder Kanton sein eigenes Schulsystem.

Was ist gleich?
Der Schulbesuch ist in der ganzen Schweiz obligatorisch. Die Schule beginnt für die Kinder in allen Kantonen im 7. Lebensjahr. Die obligatorische Schulzeit – die Schulpflicht – beträgt 9 Jahre. Die Schule ist kostenlos, d.h., die Eltern bezahlen kein Schulgeld für ihre Kinder.

Was ist verschieden?
Der Kindergarten ist in den meisten Kantonen freiwillig, aber nicht in allen. Die Primarschule dauert in einigen Kantonen 4 Jahre, in anderen 5 Jahre, und wieder in anderen Kantonen dauert sie 6 Jahre. Nach der Primarschule folgt die Sekundarstufe 1. Sie ist in den einzelnen Kantonen unterschiedlich organisiert. Weitere Unterschiede sind: Jeder Kanton hat eine eigene Ferienregelung, nicht alle Kantone haben die gleichen Schulbücher.

Ein Beispiel: Das Schulsystem in Basel-Stadt
Der Kanton Basel-Stadt hat seit 1994 ein neues, modernes Schulsystem. Die **Primarschule** dauert hier vier Jahre. Nach der Primarschule besuchen alle Schülerinnen und Schüler die **Orientierungsschule (OS)**. Hier bleiben die Kinder drei Jahre. Nach der Orientierungsschule gibt es zwei Möglichkeiten: die Weiterbildungsschule oder das Gymnasium. Die meisten Jugendlichen besuchen die zweijährige **Weiterbildungsschule (WBS)** und lernen danach einen Beruf.

Die Schulen im Kanton Basel-Stadt

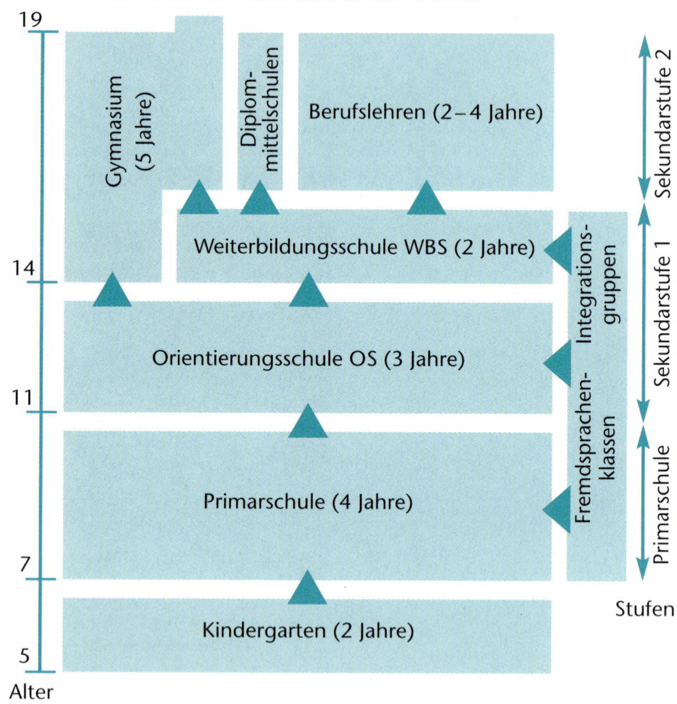

Fremdsprachige Kinder und Jugendliche besuchen während der obligatorischen Schulzeit eine **Fremdsprachenklasse** oder eine **Integrationsgruppe**. Sie lernen Deutsch und haben Unterricht in Mathematik und anderen Fächern. Wenn es ihre Deutschkenntnisse erlauben, können sie in die Primarschule, in die OS oder in die WBS eintreten.

2 Projekt: Das Schulsystem in Ihrem Wohnkanton

→ Sammeln Sie Informationen zum Schulsystem in Ihrem Wohnkanton.
→ Schreiben Sie Fragen auf zu diesem Thema.
→ Führen Sie Interviews durch.
→ Vergleichen Sie im Kurs Ihre Resultate.
→ Zeichnen Sie dann gemeinsam eine Grafik zum Schulsystem in Ihrem Wohnkanton. Sie können auch einen Text zur Grafik schreiben.

3 Das Schulsystem in meinem Herkunftsland

Zeichnen Sie eine Grafik vom Schulsystem in Ihrem Herkunftsland und schreiben Sie einen Kommentar dazu. Erklären Sie dann Ihren Kolleginnen und Kollegen die Grafik.

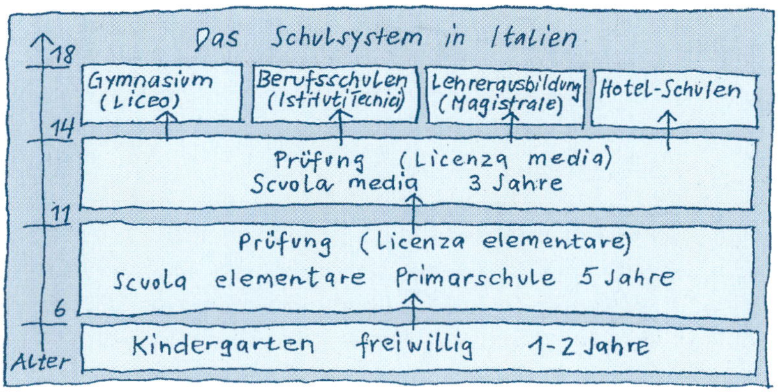

Ein Beispiel: Das Schulsystem in Italien

In ... dauert die obligatorische Schulzeit ...
Die Kinder gehen mit ... in die 1. Klasse.
Die Primarschule dauert ...
Nach der Primarschule besuchen die Kinder ...
Dort bleiben sie ... Jahre.
Dann gibt es ...
Man kann ...
Man kann auch ...
Das dauert ...

Das Schulsystem in ...
...

4 29 Lektionen pro Woche

Lesen Sie den Stundenplan, beschriften Sie die Fotos und beantworten Sie die Fragen zu zweit.

Orientierungsschule Basel
Schulhaus Dreirosen
Klasse 2a

S T U N D E N P L A N

	Montag	Dienstag	Mittwoch	Donnerstag	Freitag	Samstag
7.40 – 8.25		Deutsch	Manuelle Gestaltung	Französisch		
8.30 – 9.15	Französisch	Deutsch	Manuelle Gestaltung	Deutsch	Klassenstunde	Deutsch
9.20 – 10.05	Musik	Mathematik	Mathematik	Geschichte	Sport	Deutsch
10.30 – 11.15	Geografie/ Naturlehre	Zeichnen	Französisch	Geschichte	Mathematik	Französisch
11.20 – 12.05	Geografie/ Naturlehre	Zeichnen		Musik	Mathematik	
13.30 – 14.15						
14.20 – 15.05	Sport	Sprache und Kultur		Kochen	Geografie/ Naturlehre	
15.15 – 16.00	Sport	Sprache und Kultur		Kochen	Geografie/ Naturlehre	
16.10 – 16.55						
17.00 – 17.45						

A

Fach: *Französisch*

B

Fach: ____________

C

Fach: ____________

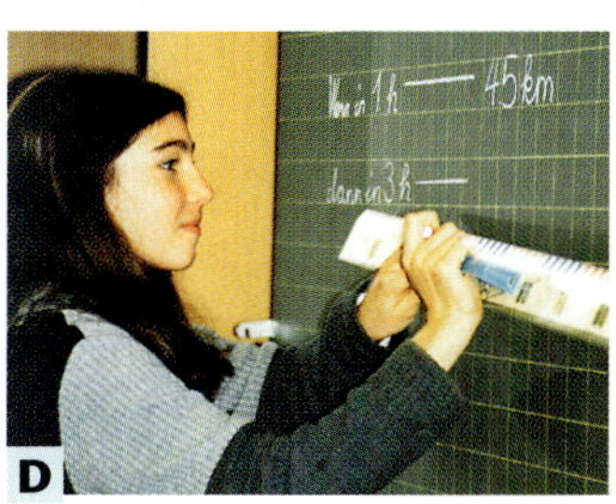

D

Fach: ____________

E

Fach: ____________

F

Fach: ____________

Fragen

1 Welche Fächer im Stundenplan kennen Sie? Welche nicht?
2 Was meinen Sie: Welche drei Fächer sind am wichtigsten?
3 Von wann bis wann ist am Montag Unterricht?
4 Was meinen Sie: Was machen die Schülerinnen und Schüler am Montag über Mittag?
5 Wann haben die Schülerinnen und Schüler frei?
6 Was meinen Sie: Was machen die Schülerinnen und Schüler an den freien Nachmittagen?

Der Stundenplan: Antworten
1 ...

5 Lernberichte, Zeugnisse, Noten

Lesen Sie den Text. Diskutieren Sie dann in Gruppen: Zeugnisse oder Lernberichte? Was finden Sie besser? Warum?

Das Schulsystem im Kanton Basel-Stadt: Beurteilungsformen

Beurteilungen in der Primarschule
In Basel-Stadt bekommen die Kinder in der Primarschule keine Zeugnisse mit Noten. Sie bekommen **Lernberichte.** In einem Lernbericht kreuzt die Lehrerin oder der Lehrer an, wie gut ein Kind die Lernziele zum Beispiel im Fach «Lesen» oder «Mathematik» erreicht hat.

Beurteilungen in der Orientierungsschule
Auch in der Orientierungsschule (OS) schreiben die Lehrerinnen und Lehrer **Lernberichte**. Sie besprechen ihre Eindrücke einmal im Jahr bei einem **Beurteilungsgespräch** mit den Eltern.

In der 2. und 3. Klasse gibt es an der Orientierungsschule in den Fächern «Deutsch», «Mathematik» und «Französisch» zwei **Niveaugruppen**. Die Schülerinnen und Schüler bekommen nun für diese Fächer zusätzlich zum Lernbericht auch Noten.

Weiterbildungsschule oder Gymnasium?
Wer in der Orientierungsschule in der 3. Klasse in zwei Fächern die Note 1 bekommt, kann sicher ins Gymnasium eintreten. Mit den Noten 2, 3 und 4 kann man ohne Prüfung in die Weiterbildungsschule (WBS) eintreten und dort in den Niveaugruppen weiterlernen.

Zeugnis

Primarschule — 6. Klasse — Kanton Zürich

Leistungen

Deutsch	5	Zeichnen	4-5
Französisch	5-6	Musik	5-6
Mathematik	4-5	Sport	5

Ich finde ...

Lernbericht

Lernbericht — Primarschulen des Kantons Basel-Stadt

Name des Kindes

Klasse — Schuljahr

Lernziele in	erreicht	teilweise erreicht	noch nicht erreicht	Bemerkung
Sprache	☐	☒	☐	Muss die Rechts
Lesen	☒	☐	☐	und die Konze
Schreiben	☐	☐	☒	kann aber
Mathematik	☒	☐	☐	

...

6 Die erste Wahl für die berufliche Zukunft

Sandra, Dragan, Julia und Michael sind 13 Jahre alt. Sie besuchen die 3. Klasse an der Orientierungsschule in Basel-Stadt. Was für Pläne haben sie? Hören Sie und kreuzen Sie an.

Wer sagt das?	Sandra	Dragan	Julia	Michael
1 Ich will in die WBS, weil ich für meinen Traumberuf kein Studium brauche.	☐	☐	☐	☐
2 Ich will ins Gymnasium, weil ich gern zur Schule gehe.	☐	☐	☐	☐
3 Ich gehe in die WBS, weil ich lieber gut in der WBS als schlecht im Gymnasium bin.	☐	☐	☐	☐
4 Ich möchte in die WBS, weil ich da Hilfe bei der Berufswahl bekomme.	☐	☐	☐	☐
5 Mein Ziel ist das Gymnasium, weil ich später Architektur studieren will.	☐	☐	☐	☐

7 Grammatik aktiv

Ergänzen Sie die Tabelle und den Lerntipp. Übung 6 hilft.

Hauptsatz	Nebensatz-signal	Nebensatz	
Mein Ziel ist die WBS,	______	ich für meinen Traumberuf kein Studium	________.
Ich möchte in die WBS,	______	ich da Hilfe bei der Berufswahl	________.
Mein Ziel ist das Gymnasium,	______	ich später Architektur studieren	________.
Ich will ins Gymnasium,	______	ich gerne in die Schule	________.

Warum? Weil ...

Im Nebensatz mit _______ steht das konjugierte Verb ______________.

→ Grammatik, G 1

Ü1 – Ü8 Arbeitsbuch, **Seite 74 – 76**

54 Wie weiter nach der Schule?

1 Eine schwierige Entscheidung

Lesen Sie und ergänzen Sie die Prozentzahlen in der Grafik. Sprechen Sie dann in Gruppen: Welchen Weg finden Sie für junge Leute am besten? Warum?

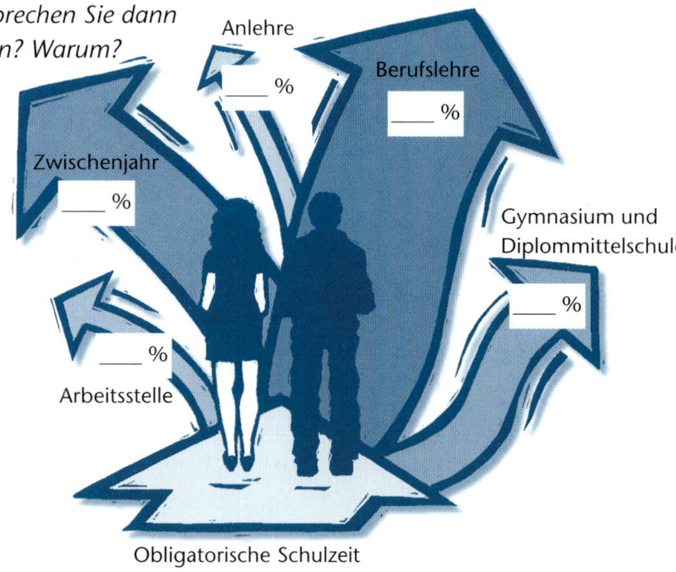

Ausbildungswege
Im 9. obligatorischen Schuljahr müssen die Jugendlichen eine schwierige Frage beantworten: «Was mache ich nach der Schule?»
Die jungen Leute stehen vor der Wahl:
Will ich weiter in die Schule gehen?
Will ich eine Berufslehre machen, zum Beispiel als Coiffeuse?
Will ich eine Anlehre machen, zum Beispiel als Radio-TV-Monteur?
Will ich ein Zwischenjahr machen?
Will ich nach der obligatorischen Schulzeit gleich eine Arbeitsstelle suchen?

Die Mehrheit, nämlich durchschnittlich 57% der jungen Leute, will eine Berufslehre machen: Die Jugendlichen können unter mehr als 300 Betriebslehren auswählen, zum Beispiel «Verkäufer» oder «Medizinische Praxis-Assistentin». Eine Lehre dauert meistens drei oder vier Jahre. Nur 2% der Jugendlichen wählen direkt nach dem 9. Schuljahr die kürzere, praktische Anlehre, zum Beispiel als Radio-TV-Monteur. Anlehren dauern ein bis zwei Jahre.
Etwa 11% der Jugendlichen besuchen nach der obligatorischen Schulzeit ein Gymnasium oder eine Diplommittelschule. 23% der jungen Leute brauchen noch etwas Zeit: Sie können sich mit 15 oder 16 Jahren noch nicht für einen Beruf entscheiden oder sie haben in ihrem Wunschberuf noch keine Lehrstelle gefunden. Sie machen ein Zwischenjahr und besuchen zum Beispiel noch ein 10. Schuljahr. Etwa 5% der jungen Leute gehen gleich nach der Schule arbeiten. Sie suchen als Ungelernte eine Arbeitsstelle.

2 Was sagt die Berufsberaterin?

Was sagt Frau Thoma, Berufsberaterin im Kanton Zürich? Hören Sie und kreuzen Sie an.

	Sagt das Frau Thoma?	Ja	Nein
1	Viele Jugendliche entscheiden sich für eine Berufslehre. Das ist in der Schweiz seit vielen Jahre so.	☐	☐
2	Die jungen Leute interessieren sich nur für das Gymnasium.	☐	☐
3	In der Schweiz kann man nur an der Universität einen Beruf lernen.	☐	☐
4	Eine Lehre machen, das heisst praktisch und theoretisch lernen.	☐	☐
5	Die Jugendlichen lernen drei bis vier Tage pro Woche in einem Betrieb.	☐	☐
6	Ein bis zwei Tage pro Woche gehen sie in die Berufsschule.	☐	☐
7	In der Berufsschule spricht man vor allem Italienisch.	☐	☐
8	Mit einer Lehre hat man gute Berufs-Chancen.	☐	☐
9	Alle jungen Leute von heute träumen von einer schnellen Karriere und vom grossen Geld.		
10	Eine Lehrstelle finden, das ist nicht immer einfach.	☐	☐
11	Auch im 10. Schuljahr kann man sich auf die Berufswahl vorbereiten.	☐	☐
12	Wenn junge Leute keine Lehrstelle finden, müssen sie auf ein Wunder warten.	☐	☐

3 Grammatik aktiv

Suchen Sie in Übung 2 die fünf Verben und die passenden Präpositionen. In welchen Sätzen finden Sie die Verben mit den Präpositionen? Notieren Sie.

Verb	+	Präposition
warten	+	auf
träumen	+	von
sich entscheiden	+	für
sich interessieren	+	für
sich vorbereiten	+	auf

→ Grammatik, G2

Verb	Satz
warten auf	12
träumen von	____
sich entscheiden für	____
sich interessieren für	____
sich vorbereiten auf	____

Viele Verben sind auf Deutsch mit einer Präposition kombiniert. Sie lernen diese Verben am besten mit der Präposition zusammen.

4 Zwischen Schule und Beruf

Lesen Sie und machen Sie Notizen. Vergleichen Sie Ihre Notizen mit einer Kollegin oder mit einem Kollegen im Kurs.

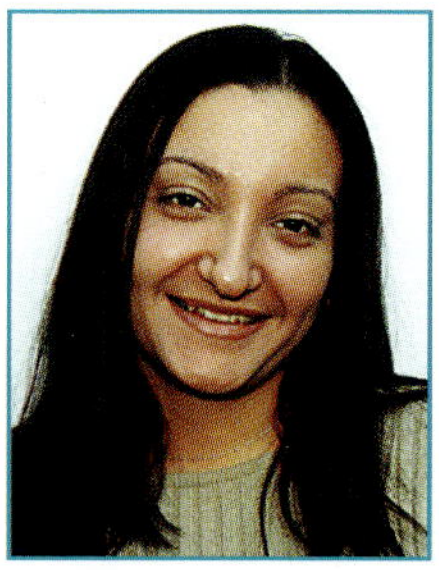

Eine Lehre als Pharma-Assistentin

Mein Name ist Debora DeCarlo. Ich bin 19 Jahre alt und mache eine Lehre als Pharma-Assistentin. Die Lehre dauert drei Jahre. Ich bin jetzt im 2. Lehrjahr. Ich arbeite vier Tage pro Woche in meinem Lehrbetrieb, einer grossen Apotheke in Zürich, und gehe einen Tag in die Berufsschule.
Ich komme aus Italien. Ich bin mit sechs Jahren in die Schweiz gekommen und habe alle Schulen hier besucht: Kindergarten, Primarschule, dann die Realschule und ein freiwilliges 10. Schuljahr. Ich habe meine Lehrstelle während diesem 10. Schuljahr gefunden. Das war nicht einfach. Vor zwei Jahren haben viele Schülerinnen wie ich eine Lehrstelle gesucht und es hat damals nur wenige freie Lehrplätze gegeben. Aber es hat schliesslich geklappt.
In der Lehre geht es eigentlich gut. Die Arbeit gefällt mir. Nur in der Schule habe ich manchmal noch etwas Mühe mit Deutsch, vor allem beim Schreiben. Ich möchte besser auf Deutsch schreiben können. Darum besuche ich jetzt noch einen zusätzlichen Deutschkurs an der Berufsschule.
Nächstes Jahr habe ich die Lehrabschlussprüfung. Wenn alles gut geht, möchte ich nach der Lehre weiter auf meinem Beruf arbeiten. Aber vorher mache ich zwei Monate Ferien in Italien.

Eine Anlehre als Autoreparateur

Mein Name ist Enrique Cabreja. Ich bin 18 Jahre alt. Ich komme aus der Dominikanischen Republik. Ich bin seit vier Jahren in der Schweiz.
In der Dominikanischen Republik habe ich sechs Jahre die Grundschule besucht. In der Schweiz bin ich dann zuerst in eine Klasse für Fremdsprachige gegangen. Das war gut für mich. Ich habe ziemlich schnell Deutsch gelernt. Danach habe ich hier die 2. und die 3. Klasse der Oberstufe besucht. Im letzten Schuljahr haben mir die Lehrer beim Suchen einer Lehr- oder Anlehrstelle geholfen. Im Moment mache ich eine zweijährige Anlehre als Autoreparateur. Die Arbeit in der Garage gefällt mir sehr. Mein Chef und meine Arbeitskollegen sind super: Ich kann viele Arbeiten selbständig machen.
Mein Problem ist der Unterricht an der Berufsschule. Die Lehrer sind auch hier nett. Aber wenn ich nach der Anlehre noch eine Lehre mit Lehrabschluss machen will, muss ich meine Deutschkenntnisse verbessern. Ich will es versuchen und ich glaube, ich schaffe das!

Zwischen Schule und Beruf

Name: ...	*Herkunftsland: ...*
Muttersprache: ...	*Schulen: ...*
Ausbildung: ...	*Pläne: ...*

5 Schule, Ausbildung und Arbeit

Hören Sie, lesen Sie mit und sprechen Sie nach. Sprechen Sie danach zu zweit über Ihre Ausbildungswege.

Schule	Ausbildung	In der Schweiz
Ich bin in ... zur Schule gegangen.	Ich habe nach der Schule keine ...	Ich habe mit 18 eine Lehre als ...
Ich bin ... Dann habe ich ...	Ich habe ... in einer Fabrik ...	Im Moment besuche ich ...
Ich bin in ... gegangen.	Ich möchte eine Ausbildung ...	
Ich habe die Grundschule besucht.		Ich habe hier ... gemacht.
Danach habe ich ... besucht.	Mit 18 habe ich ... begonnen.	Ich habe die ... abgeschlossen.
Ich bin in ... gegangen. Ich habe ...	Ich habe in ... eine Schule für ...	Ich arbeite seit ... im Hotel ...
Nach der ... habe ich ...	Ich habe ... studiert.	Ich arbeite seit zwei Jahren in ...
	Dann habe ich als ... gearbeitet.	Im Moment ...

Ü9 – Ü13 Arbeitsbuch, Seite 76 – 77

55 Brücken in die Zukunft

1 Zum Beispiel die Schlossbergschule in Thun

Lesen Sie und beantworten Sie die Fragen zu zweit.

Fragen

1 Wo liegt die Schlossbergschule?
2 Welche vier Brückenangebote macht diese Schule? Wie heissen sie?
3 Fatima ist erst zwei Monate in der Schweiz. Sie versteht nur wenig Deutsch. Welchen Kurs kann sie in der Schlossbergschule besuchen?
4 Pedro weiss noch nicht, was für einen Beruf er lernen möchte. Im 9. Schuljahr hat er gute Noten bekommen. Er möchte jetzt noch ein 10. Schuljahr machen. Welches Angebot an der Schlossbergschule passt für ihn?
5 Martin möchte Elektromonteur werden. Er hat aber noch keine Lehrstelle gefunden. Welches Zwischenjahr ist für ihn das richtige?

Schlossbergschule in Thun: Das Zwischenjahr mit Berufsvorbereitung

Die Schlossbergschule in Thun bietet vier Möglichkeiten für ein Zwischenjahr mit Berufsvorbereitung:
BSI: Berufsvorbereitung für fremdsprachige Jugendliche mit Schwerpunkt Integration
BSP: Berufsvorbereitung mit Schwerpunkt in der praktischen Ausbildung
BSA: Berufsvorbereitung mit Schwerpunkt Allgemeinbildung
Vorlehre: Schule kombiniert mit praktischer Arbeit in einem Vorlehr-Betrieb

1 BSI
Ein Jahreskurs für junge Leute ohne oder mit geringen Deutschkenntnissen: Im Integrationskurs (BSI) können die Jugendlichen vor allem ihre Deutschkenntnisse verbessern. Sie haben aber auch Unterricht in Mathematik und verschiedenen anderen Fächern, zum Beispiel Sozial- und Lebenskunde oder Turnen und Sport. Die Berufswahl ist ein wichtiges Thema. Die Schülerinnen und Schüler können im BSI-Jahr auch ein Berufspraktikum oder eine Schnupperlehre machen und so verschiedene Berufe genauer kennen lernen. Wenn die Deutschkenntnisse es erlauben, suchen sie einen Ausbildungsplatz. Die Lehrer und Lehrerinnen helfen ihnen dabei.

2 BSP
Im BSP machen die Jugendlichen ein Zwischenjahr mit Schwerpunkt im praktischen Lernen. Die jungen Leute sind ca. 16 Jahre alt und haben die obligatorische Schulzeit abgeschlossen. Im BSP können sie sich auf eine Berufslehre oder Anlehre in einem Handwerksberuf vorbereiten. Themenwochen zu Berufen in den Branchen Bau, Metall, Holz und Gastronomie helfen ihnen bei der Berufswahl. Sie können auch zum Beispiel auf dem Bau oder in einem Hotel eine Schnupperlehre machen. Wenn nötig, können die Jugendlichen im BSP auch ihre Deutschkenntnisse verbessern.

3 BSA
Die Schülerinnen und Schüler der BSA sind noch nicht sicher, welchen Beruf sie lernen wollen. Im Brückenjahr der BSA finden sie Unterstützung und Hilfe für ihre Berufswahl. Sie haben Unterricht in den Fächern Deutsch, Französisch, Mathematik, Informatik, Berufswahlvorbereitung etc. Sie können sich so auf Berufslehren im Handel und Verkehr und auf Ausbildungen für medizinische und soziale Berufe vorbereiten.

4 Vorlehre
Die Vorlehre besuchen junge Leute zwischen 16 und 20 Jahren. Sie können relativ gut Deutsch und sie wissen, welchen Beruf sie lernen wollen. Aber sie haben noch keine Lehrstelle gefunden. Sie besuchen deshalb während einem Jahr zwei Tage lang die Schule und arbeiten drei Tage lang in einem Betrieb im Beruf ihrer Wahl, zum Beispiel in einer Autogarage oder in einem Coiffeur-Geschäft.

2 Interessiert?

Beantworten Sie die Fragen. Arbeiten Sie in Gruppen. Ihre Kursleiterin oder Ihr Kursleiter kann Ihnen helfen.

??? BSI BSA Vorlehre BSP

➔ Welche Angebote für ein Zwischenjahr gibt es für junge Leute an Ihrem Wohnort?
➔ Wo bekommen Sie Informationen darüber? Welche Personen können Sie befragen? Was möchten Sie wissen?

56 Schule früher – hier und anderswo

1 Schulerinnerungen

Schauen Sie die Fotos an und lesen Sie die Texte. Welches Foto passt zu welchem Text?

A Caritas-Dorfschule, Bangladesch, 1981

B Casa d'Italia, Zürich, 1972

C Dorfschule, Bolivien, 1979

1 Ich bin gern zur Schule gegangen

Jeden Morgen mussten wir vor Schulbeginn den Boden sauber machen. Dann durften wir uns auf die Bodenmatten setzen und der Unterricht hat begonnen. Während der Stunde mussten wir sehr diszipliniert sein, weil wir viele Kinder in einer Klasse waren.
Unsere Lehrerin war nett. Wir hatten grossen Respekt vor ihr. Sie hatte eine grosse schwarze Brille und sie konnte sehr schön an die Tafel schreiben. Auch zeichnen konnte sie gut und sie hat uns alles genau erklärt. – Ich habe gerne bei ihr gelernt.

Rashid Khan, heutiger Wohnort: St. Gallen

2 Meine Freundin Maria

Maria war meine beste Freundin in der Schule. Sie war meine Banknachbarin. Ich wollte immer neben ihr sitzen. Wir sind bis heute Freundinnen geblieben.
Ich erinnere mich gut an die Schulbücher. Meine Eltern mussten die Bücher für mich kaufen. Sie waren teuer und ich musste immer gut auf sie aufpassen. Maria und ich haben sehr gern gelesen. Wir konnten beide gut lesen. Aber Maria war im Rechnen besser als ich. Für mich war Rechnen immer ein Problem. Dafür konnte ich gut singen. – Ich kann es heute noch!

Lourdes, heutiger Wohnort: Bern

3 Mädchen und Buben waren getrennt

Bei uns waren die Mädchen und die Buben in getrennten Klassen. Wir waren 24 Schülerinnen in der Mädchen-Klasse und wir mussten alle die gleichen Schürzen tragen. Wir durften keine Hosen tragen. Das war damals verboten. Jeden Morgen, wenn die Lehrerin ins Schulzimmer gekommen ist, hat sie «buon giorno!» gesagt. Wir mussten alle aufstehen und wir haben mit «buon giorno, signora!» geantwortet. Dann durften wir uns setzen. Während der Stunde durften wir nicht miteinander reden. Wir mussten ruhig sein und gut zuhören. Ich konnte und wollte aber nicht immer so still sein und habe manchmal leise mit meinen Freundinnen gesprochen. Darum musste ich ein paar Mal zur Strafe länger in der Schule bleiben. Das war aber nicht so schlimm für mich.

Ana, heutiger Wohnort: Zürich

Was passt zusammen?

Foto	A	B	C
Text	___	___	___

2 Sätze ergänzen

Was erzählen Lourdes und Ana in Übung 1 über ihre Schulzeit? Ergänzen Sie die Sätze in der Tabelle. Arbeiten Sie zu zweit.

lesen sein reden ~~rechnen~~ singen tragen

1	Maria	konnte	gut	*rechnen* .
2	Ich	konnte	gut	________ .
3	Wir	konnten	beide gut	________ .
4	Die Mädchen	durften	in der Schule keine Hosen	________ .
5	Während der Stunde	durften	wir nicht miteinander	________ .
6	Wir	mussten	ruhig	________ .

3 Grammatik aktiv

Ergänzen Sie nun die Tabelle. Sie finden die Verbformen in den Übungen 1 und 2. Arbeiten Sie noch einmal zu zweit.

	können		müssen		wollen		dürfen
ich	________	ich	________	ich	________	ich	durfte
du	konntest	du	musstest	du	wolltest	du	durftest
er/es/sie	________	er/es/sie	musste	er/es/sie	wollte	er/es/sie	durfte
wir	________	wir	________	wir	wollten	wir	________
ihr	konntet	ihr	musstet	ihr	wolltet	ihr	durftet
sie	konnten	sie	________	sie	wollten	sie	________
Sie	konnten	Sie	mussten	Sie	wollten	Sie	durften

➔ Grammatik, **G 3 – G 4**

4 Meine Schulzeit

Schreiben Sie mindestens fünf Sätze über Ihre Schulzeit. Vergleichen Sie dann Ihren Text mit Kolleginnen und Kollegen im Kurs.

Mit dem Präteritum können Sie von früher erzählen.

5 Franca Magnani: Meine Schulzeit in Zürich

Hören Sie, lesen Sie mit und beantworten Sie die Fragen 1 – 5.

Eine italienische Familie

Franca Magnani (1925 – 1996), Journalistin und Buchautorin, war Italienerin. Ihre Familie musste 1926 vor dem Faschismus aus Italien fliehen, zuerst nach Frankreich, dann in die Schweiz. Im Buch «Eine italienische Familie» hat Franca Magnani über ihr Leben geschrieben, besonders über ihre Kindheit und Jugend in Zürich. Das Buch ist nicht nur eine persönliche Geschichte, Franca Magnani hat damit auch die Zeit von 1925 bis 1960 dokumentiert. Lesen Sie hier ihre Erinnerungen an ihren ersten Schultag in Zürich (leicht vereinfachte Version).

Der erste Schultag

Am ersten Schultag haben mich meine Eltern begleitet. Es war das einzige Mal. Danach bin ich, wie alle Schweizer Kinder, allein gegangen. Das Schulhaus – das «Wipkinger-schulhaus» – war etwa zehn Minuten von unserer Wohnung entfernt und es war von einem grossen Garten umgeben. Da hatte es viele Sportgeräte.

Mein Klassenzimmer war gross und hell. An den Wänden waren Bilder aus der Schweiz: Berge, Seen, Dörfer, Kühe. Aber ein Kruzifix war nicht da.

Der Lehrer hat Herr Meili geheissen, aber die Kinder haben «Herr Lehrer» zu ihm gesagt. Er war ein alter Herr mit weissen Haaren und einer freundlichen Art. Er hat uns gar keine Angst gemacht. Wir durften uns hinsetzen. Die Schulbänke waren sehr sauber und schön, wie neu aus der Möbelfabrik.

Wir waren etwa 40 Mädchen und Jungen, Herr Meili hat uns aufgerufen und hat gesagt, dass in der Klasse eine Ausländerin ist. Alle haben sich umgedreht und mich angeschaut. Es hat mich nicht gestört.

Fragen

1 Wie lange war der Schulweg? Ist Franca den Weg alleine gegangen?
2 Wie war das Schulzimmer? Was war an den Wänden?
3 Wie war der Lehrer? Wie hat er geheissen? Hatte Franca Angst vor ihm?
4 Wie gross war die Klasse? Hatte es viele ausländische Kinder in der Klasse?
5 Was ist Franca am ersten Schultag passiert? Wie hat sie reagiert?

Der erste Schultag

1 Der Schulweg war ... . Franca ist ...
2 Das Schulzimmer ...
...

6 Meine Schulzeit in ...

Hören Sie, lesen Sie mit und sprechen Sie dann in Gruppen über Ihre Schulzeit.

Schulerinnerungen

Ich bin in ... zur Schule gegangen.
Ich erinnere mich gern an ...
Ich erinnere mich ...
Ich bin nicht gern ...
Mein Schulweg war lang.
Ich bin immer zu Fuss ...
Ich bin mit dem Schulbus ...
Ich bin immer mit ... zur Schule gegangen.
Das Klassenzimmer war ...
Die Schulbücher waren ...
Die Hefte ...

Wir waren 35 Kinder in der Klasse.
Wir haben alle eine ... getragen.
Wir mussten immer ...
Wir durften nicht ..., wenn der Lehrer ...
Ich wollte ..., aber ich musste ...
Zur Strafe musste ich einmal ...
Zur Strafe musste ich oft ...
Ich erinnere mich gut an ...
Er war ... . Wir hatten ... vor ihm.
Aber ich hatte keine Angst ...
Ich hatte ... vor den Prüfungen.

Ü14 – Ü20 Arbeitsbuch, Seite 78 – 79

57 Erwachsene lernen weiter

1 Lernen, nur etwas für Kinder?

Lesen Sie die Sätze. Was meinen Sie? Diskutieren Sie in Gruppen.

1 Kinder lernen leicht und schnell.
2 Erwachsene lernen langsam und vergessen viel.
3 Kinder haben Spass am Lernen.
4 Man muss das ganze Leben lang lernen.
5 Erwachsene müssen arbeiten und haben keine Zeit zum Lernen.
6 Lernen ist teuer und nützt Erwachsenen nicht viel.

Das stimmt nicht ganz. Auch Kinder …

Das stimmt zwar, aber …

Das finde ich nicht. Ich zum Beispiel …

2 Sich weiterbilden

Lesen Sie den Text. Kreuzen Sie an.

Bilden Sie sich weiter!

Nicht nur Kinder und Jugendliche gehen zur Schule, auch viele Erwachsene tun das. Sie besuchen Kurse und wollen Neues lernen, für sich selber oder für den Beruf. Man sagt dann «Ich bilde mich weiter» oder «Ich mache eine Weiterbildung».
Weiterbildung ist heute sehr wichtig. Früher konnte man zehn oder sogar zwanzig Jahre lang am gleichen Arbeitsplatz arbeiten und immer die gleiche Arbeit machen. Heute geht das nicht mehr: Arbeitsplätze verschwinden und neue Arbeitsplätze entstehen. Die Arbeit selber ändert sich ständig. Man muss das ganze Leben lang lernen. Das kann Angst machen, aber wer sich weiterbildet, trainiert das Lernen und ist besser vorbereitet auf die neue Arbeitswelt.
Wenn Sie eine Weiterbildung machen wollen, brauchen Sie gute Deutschkenntnisse, Disziplin und Zeit. Die Familie muss einverstanden sein, weil Sie weniger Freizeit haben. Es gibt viele Kurse für Erwachsene. Informationen darüber finden Sie im Berufsinformationszentrum (BIZ) oder auf dem Arbeitsamt.

Steht das im Text?	Ja	Nein
1 «Sich weiterbilden» heisst Neues lernen, für sich selber oder für den Beruf.	☐	☐
2 Wenn man eine Arbeit hat, muss man nichts mehr lernen.	☐	☐
3 Lernen kann Angst machen.	☐	☐
4 Wer eine Weiterbildung macht, hat Zeit.	☐	☐
5 Das Berufsinformationszentrum (BIZ) ist nur für Jugendliche offen.	☐	☐

3 Als Erwachsener eine Lehre abschliessen

Herr León hat mit 35 Jahren die Lehrabschlussprüfung gemacht. Hören Sie, was er erzählt. Ergänzen Sie dann die Sätze.

Ein langer Weg

Herr León kommt … Er ist seit … in der Schweiz.
Zuerst hat er in einem Restaurant als … gearbeitet.
Er wollte aber als … arbeiten, das ist … und man verdient …
Er hat gehört, dass man auch als Erwachsener … machen kann.
Drei Jahre lang ist er …
Nach der Arbeit musste er …
Er hatte wenig …
Seine Frau hat ihm …
Jetzt ist er …
Er meint: «Es war …, aber es hat sich …»

Arbeitsbuch, **Seite 80 – 81** Ü21 – Ü23

58 Dialekt und «Schriftsprache»

1 Kevin

Schauen Sie das Foto an und beantworten Sie die Fragen zu zweit. Hören Sie dann, was Kevin sagt. Stimmen Ihre Vermutungen?

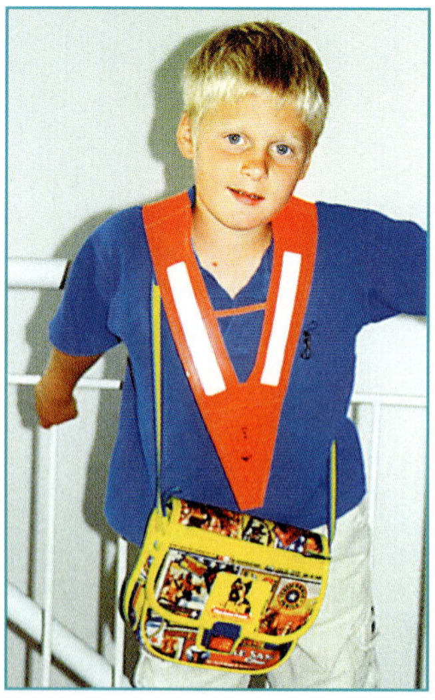

Was meinen Sie?

1 Wie alt ist Kevin?
2 Geht er schon zur Schule?
3 Warum hat er ein Dreieck angezogen?
4 Was ist wohl in der kleinen Tasche?

Ich glaube, ...

Wahrscheinlich ...

...

2 Wann lernen die Kinder Hochdeutsch?

Lesen Sie den Text. Was haben Sie schon gewusst? Was ist neu für Sie? Sprechen Sie in Gruppen darüber.

Hochdeutsch: Die Schriftsprache

Deutschschweizer Kinder sprechen in der Regel Dialekt miteinander. Das ist ihre Sprache beim Spielen und zu Hause. Auch die Lehrerin im Kindergarten spricht mit den Kleinen Schweizerdeutsch.

Einige Kinder verstehen aber schon früh etwas Hochdeutsch. Sie hören diese Sprache am Fernsehen und am Radio. Einige Deutschschweizer Kinder versuchen dann, die hochdeutsche Sprache zu imitieren. Oder sie machen Dialekt-Hochdeutsch-Spiele. Das ist eine gute Vorbereitung für die Schule.

Denn Lesen und Schreiben lernt ein Deutschschweizer Kind auf Hochdeutsch: Es lernt in der Primarschule die ersten Wörter und Sätze auf Hochdeutsch schreiben. Auch sind alle Bücher in der Schule auf Hochdeutsch geschrieben. Darum ist Hochdeutsch für viele Schweizerinnen und Schweizer ein Leben lang die «Schriftsprache», das heisst eine Sprache zum Schreiben, aber nicht zum Sprechen. Sie sagen dann: «Hochdeutsch ist für mich wie eine Fremdsprache.» Oder: «Ich spreche nicht gern in der Schriftsprache.»

3 Das Dialekt-Hochdeutsch-Spiel

Das Spiel ist für zwei Personen. Hören Sie. Wie geht das Spiel? Kreuzen Sie an.

Das Spiel geht so:

1 Eine Person fragt auf Hochdeutsch und die andere Person antwortet auf Hochdeutsch. ☐
2 Eine Person fragt im Dialekt, die andere Person antwortet auf Hochdeutsch. ☐
3 Eine Person spricht im Dialekt und die andere Person übersetzt auf Hochdeutsch. ☐
4 Eine Person spricht Hochdeutsch. Die andere Person übersetzt in den Dialekt. ☐

→ Kinder lernen beim Spielen. Und Sie? Möchten Sie das Dialekt-Hochdeutsch-Spiel auch einmal ausprobieren?
→ Spielen Sie es mit Bekannten, mit Erwachsenen und mit Kindern.
→ Erzählen Sie danach im Kurs, wie es gegangen ist.

4 Mach schnell! Es ist schon halb acht!

Hören Sie die Familienszenen am Morgen. Was braucht Nadine? Was darf Kevin nicht vergessen? Kreuzen Sie an.

Was ist für wen?	Kevin	Nadine
1 Die Znüni-Tasche ist für ...	☐	☐
2 Die Schultasche ist für ...	☐	☐
3 Das Turnzeug ...	☐	☐
4 Das Heft ...	☐	☐
5 Das Znüni-Brot ist für ...	☐	☐
6 Der Apfel ist für ...	☐	☐
7 Das Dreieck ...	☐	☐

SCHULE Schule und Ausbildung

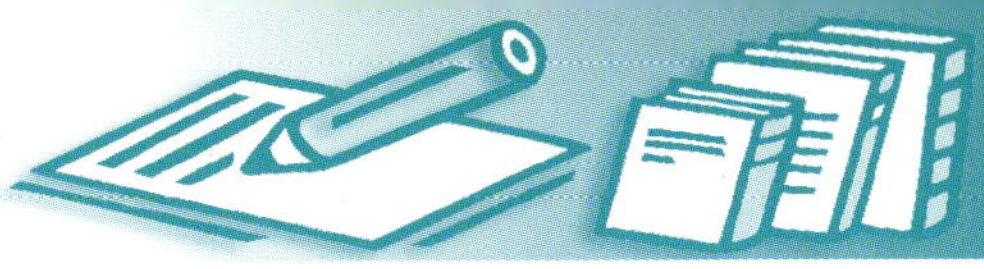

59 Aus Fehlern lernen

1 Ideen sammeln

«Fehler beim Deutschlernen»: Was kommt Ihnen zu diesem Thema in den Sinn? Notieren Sie Ihre Ideen in einem Assoziogramm. Arbeiten Sie in Gruppen.

2 Was ist Ihre Meinung?

Lesen Sie und kreuzen Sie an. Vergleichen Sie mit Kolleginnen und Kollegen im Kurs.

Das finde ich auch:	**Ja**	**Nein**
1 Fehler sind schlimm.	☐	☐
2 Wer Fehler macht, sagt besser nichts.	☐	☐
3 Wer etwas Neues ausprobiert, darf Fehler machen.	☐	☐
4 Wenn man keine Angst vor Fehlern hat, kann man besser sprechen.	☐	☐
5 Wenn man keine Fehler macht, lernt man viel.	☐	☐
6 Wer lernt, macht Fehler.	☐	☐
7 Aus Fehlern kann man lernen.	☐	☐
8 Wenn man über einen Fehler spricht, kann man etwas lernen.	☐	☐
9 In jedem Fehler ist etwas Positives: Ich kann ihn verbessern und etwas daraus lernen.	☐	☐

3 Was meint der Lernexperte?

Lesen Sie den Text und diskutieren Sie dann in Gruppen die Frage: Wie kann man aus Fehlern lernen? Sammeln Sie Ideen im Kurs.

Wer lernt, macht Fehler

Wenn Erwachsene einen Kurs besuchen, haben sie oft Angst vor dem Fehlermachen. Sie sind blockiert und können nicht richtig lernen. Kleine Kinder haben noch keine Angst vor dem Fehlermachen. Darum lernen sie gut. Sie probieren alles aus. Wer viel ausprobiert, kann auch viel lernen.

Sie kennen das wahrscheinlich aus Ihrem Deutschkurs: Einige Kolleginnen und Kollegen sprechen viel. Sie probieren alles aus und machen dabei auch Fehler. – Andere sind still: Sagen sie nichts, weil sie keine Fehler machen wollen? Vielleicht.

Frage: Wer lernt mehr? – Die Antwort ist einfach: Wer lernt, probiert etwas Neues aus. Wer etwas Neues ausprobiert, kann nicht schon alles richtig machen.

Das ist normal: Wer lernt, macht Fehler. Das ist nicht schlimm! – Wichtig ist, dass Sie die Fehler anschauen. Dass Sie verstehen, was noch nicht richtig ist. So können Sie viel aus Fehlern lernen.

Mein Tipp zum Deutschlernen: Probieren Sie neue Wörter und Sätze aus. Experimentieren Sie mit Deutsch. Bleiben Sie ganz ruhig, wenn etwas nicht geht oder noch nicht perfekt ist. Denken Sie dann einfach: «Aha, hier kann ich noch etwas lernen!» Und schauen Sie danach genau hin: «Was funktioniert hier noch nicht? Wie heisst es richtig? Und warum ist das so?» Ihre Lehrerin oder Ihre Kolleginnen und Kollegen können Ihnen dabei helfen.

So können Sie aus jedem Fehler etwas lernen. – Und Ihr Deutsch wird immer besser.

Hans Leicht (38), Lernexperte

Rückblick

4 Deutsch lernen

Lösen Sie die Übung 28 im Arbeitsbuch auf Seite 83.

Arbeitsbuch, **Seite 82 – 83** Ü24 – Ü28

Grammatik

G 1 Satzbau: Der Nebensatz mit «weil»

Hauptsatz	Nebensatz-signal	Nebensatz	
Mein Ziel ist die WBS,	weil	ich für meinen Traumberuf kein Studium	brauche.
Ich möchte in die WBS,	weil	ich da Hilfe bei der Berufswahl	habe.
Mein Ziel ist das Gymnasium,	weil	ich später Architektur studieren	möchte.
Ich will ins Gymnasium,	weil	ich gerne in die Schule	gehe.

Im Nebensatz mit «weil» steht das konjugierte Verb am Ende.

Mit «weil»-Sätzen kann man auf «warum»-Fragen antworten.

G 2 Verben mit Präpositionen

Verb	+	Präposition	+	Kasus
warten	+	auf	+	Akkusativ
träumen	+	von	+	Dativ
sich entscheiden	+	für	+	Akkusativ
sich interessieren	+	für	+	Akkusativ
sich vorbereiten	+	auf	+	Akkusativ

Bilden Sie Beispielsätze:
Ich warte auf dich. Ich träume von dir.
So lernen Sie ein Verb mit Präposition und Kasus am leichtesten.

G 3 Modalverben: Konjugation Präteritum

Infinitiv		können		müssen		wollen		dürfen
Singular	ich	konnte	ich	musste	ich	wollte	ich	durfte
(Sg)	du	konntest	du	musstest	du	wolltest	du	durftest
	er / es / sie	konnte	er / es / sie	musste	er / es / sie	wollte	er / es / sie	durfte
Plural	wir	konnten	wir	mussten	wir	wollten	wir	durften
(Pl)	ihr	konntet	ihr	musstet	ihr	wolltet	ihr	durftet
	sie	konnten	sie	mussten	sie	wollten	sie	durften
formell (Sg + Pl)	Sie	konnten	Sie	mussten	Sie	wollten	Sie	durften

G 4 Der Satz mit Modalverben im Präteritum

Maria	konnte	gut	rechnen.
Die Mädchen	durften	in der Schule keine Hosen	tragen.
Ich	wollte	mit meiner Freundin	sprechen.
Wir	mussten	aber ruhig	sein.

Das konjugierte Modalverb im Präteritum steht im Satz auf Position 2. Das Hauptverb steht im Infinitiv am Satzende.

Mit dem Präteritum können Sie von früher erzählen.

Arbeitswelt

Arbeitswelt

60 Mein Arbeitsplatz

1 Ein süsser Arbeitsplatz

Welchen Text möchten Sie lesen? Wählen Sie. Lesen Sie dann und machen Sie Notizen. Die Tabelle hilft Ihnen dabei. Erzählen Sie danach in einer Dreiergruppe, was Sie gelesen haben. Benutzen Sie Ihre Notizen dazu.

1 Die Kellnerin

Barbara ist im Kanton Tessin geboren und auch dort aufgewachsen. Jetzt studiert sie in Zürich. Sie arbeitet als Kellnerin im **Italian Sweet** und verdient so das Geld für ihr Studium. Heute arbeitet Barbara von 8 bis 15 Uhr. Von 11 bis 12 Uhr hat sie Pause. Um diese Zeit isst das ganze Personal zusammen zu Mittag. Oft muss Barbara aber ihr Mittagessen unterbrechen und Kunden bedienen. Barbara verkauft Gebäck und Glace an der Theke und bedient die Kunden im Restaurant. Weil die Küche im Erdgeschoss und das Restaurant im ersten Stock ist, muss Barbara immer die Treppe hinauf- und hinuntergehen. «Das ist zwar anstrengend, aber man bleibt dabei fit», sagt Barbara. Sie spricht gerne mit den Kunden und freut sich, wenn sie sich wohl fühlen. Deshalb mag sie nicht, wenn am Mittag viele Leute kommen und alles schnell gehen muss. «Da haben wir Stress und keine Zeit zum Sprechen!»

2 Der Küchenchef

Giovanni ist der Küchenchef im **Italian Sweet**. Er kommt aus Italien. Schon seine Grossmutter war Köchin. Von ihr hat Giovanni kochen gelernt. Heute ist er ein Meister im Kochen neapoletanischer Spezialitäten. Aber am liebsten macht er moderne Torten. Giovanni liebt seinen Beruf. Deshalb kennt er keine genauen Arbeitszeiten. Er meint: «Ich arbeite 28 Stunden am Tag.» Als Küchenchef macht Giovanni die Arbeitspläne für den Hilfskoch und für den Patissier. Er muss die Menüpläne schreiben, die Nahrungsmittel bestellen und vieles mehr. Auch wenn er oft Stress hat, gefällt ihm das Arbeitsklima. «Wir alle sind junge Leute und haben ein freundschaftliches Verhältnis zueinander. Da sagt man sich auch manchmal seine Meinung, aber nach einer Minute ist alles wieder in Ordnung.»

3 Die Besitzer

Raffaele Salvati und Raffaele Lo Porto sind die Besitzer des **Italian Sweet**. Beide sind Italiener. Sie haben keine festen Arbeitszeiten, weil es immer viel zu tun gibt. Heute hat Raffaele Salvati um 10.30 Uhr mit der Arbeit begonnen. Es ist Zahltag und er muss die Lohnabrechnungen für die Angestellten machen. Sein Kollege Raffaele Lo Porto ist unter anderem für das Personal im Restaurant verantwortlich. Am liebsten hat er, wenn seine Angestellten Freude an der Arbeit haben. Am Mittag und am Abend ist mindestens einer von den Besitzern während den Essenszeiten im Restaurant anwesend. Der Kontakt zu den Kunden ist sehr wichtig – und macht auch Freude. Es gibt viele Stammkunden. Wenn sie im **Italian Sweet** sind, können sie sich wie zu Hause fühlen.

ItalianSweet
Gastronomia Italiana in tempo Reale

Pasticceria
Gelateria
Ristorante
Pizzeria
Bar

Raf & Raf

Hardstrasse 7
8004 Zürich
Tel. 01 / 492 76 22
Fax 01 / 492 76 96
E-Mail:Italiansweet@swissonline.ch

Meine Textwahl:

____

Ich habe Text ... gelesen.
Die Besitzer heissen ...

...

Name	Beruf Stellung	Arbeitszeit	Tätigkeit	Das macht Spass	Das bringt Stress

2 Eine Unterhaltung mit dem Chef

Raffaele Salvati unterhält sich mit einem Gast. Hören Sie: Über welche Themen spricht Herr Salvati? Kreuzen Sie an.

Herr Salvati spricht über

- ☐ seinen Herkunftsort
- ☐ italienische Philosophen
- ☐ die Gründe, warum er in die Schweiz gekommen ist
- ☐ zufriedene Kunden
- ☐ seine Freizeitaktivitäten
- ☐ Stress im Geschäft
- ☐ seine Mitarbeiter
- ☐ das wichtigste Werkzeug in seinem Beruf
- ☐ das Arbeitsklima

3 Notizen

Hören Sie das Gespräch zwischen dem Gast und Raffaele Salvati noch einmal. Welche Antwort von Herrn Salvati finden Sie besonders interessant? Welcher Satz gefällt Ihnen besonders gut? Notieren Sie und vergleichen Sie mit Ihren Kolleginnen und Kollegen im Kurs.

Am schönsten finde ich den Satz: ...

Am besten gefällt mir ...

...

Interessant finde ich:
...

4 Sätze ergänzen

Was sagt Herr Salvati? Ergänzen Sie die Sätze.

Raffaele Salvati unterhält sich mit einem Gast. Er meint: «Für meine Gäste habe ich immer ________ .» Er erzählt: «Ich habe mich in eine ________________ verliebt. Das ist aber nur ein Grund, warum ich in die ____________ gekommen bin. Der andere Grund ist die __________ zu meinem Beruf.» Raffaele freut sich immer über zufriedene __________ . Und er ärgert sich, wenn seine ____________________ zu spät kommen. Und das meinen die Gäste: «Wir freuen uns, dass es das ‹**Italian Sweet**› gibt. Wenn wir hier sind, fühlen wir uns wie in ______________ .»

5 Grammatik aktiv

Ergänzen Sie die Tabelle.

sich	freuen	
ich	freue	mich
du	freust	dich
er / es / sie	freut	_____
wir	freuen	_____
ihr	freut	euch
sie	freuen	sich
Sie	freuen	sich

→ Grammatik, G 1

6 Einen Arbeitsplatz beschreiben

Beschreiben Sie einen Arbeitsplatz. Sie haben drei Möglichkeiten. Wählen Sie. Sie können Ihren Text auch mit Fotos oder einer Zeichnung illustrieren.

Varianten:

Meine Wahl: Variante ____

1 Wenn Sie eine Stelle haben, können Sie über Ihren heutigen Arbeitsplatz schreiben.
2 Als was haben Sie früher gearbeitet? Beschreiben Sie einen früheren Arbeitsplatz von Ihnen.
3 Was für eine Arbeitsstelle möchten Sie? Beschreiben Sie Ihren Wunsch-Arbeitsplatz.

Arbeitsort   Beruf   Arbeit als ...   Arbeitszeiten   Aufgaben
Tätigkeiten   Sprachen am Arbeitsplatz   Das wichtigste Werkzeug   Arbeitsklima
Ärger   Spass   Der Chef   Die Kollegen

Mein Arbeitsplatz
...

Arbeitsbuch, **Seite 84 – 85**   Ü1 – Ü6

61 Berufe und Branchen

1 Berufe raten

Was sind die Leute von Beruf? Als was arbeiten sie? Raten Sie und ergänzen Sie die Sätze.

A

Sie fährt mit einem Hubstapler. Sie räumt Waren aus und ein und sie nimmt Bestellungen entgegen. Sie ist __________________ .

B

Er reinigt Treppenhäuser, Böden und Teppiche. Er putzt Fenster und er räumt das Altpapier weg. Er arbeitet als __________________ .

C

Er ist Spezialist für Computersprachen. Er schreibt und testet Programme. Er ist __________________ .

D

Sie untersucht Patientinnen und Patienten und sie stellt ihnen viele Fragen. Sie gibt Ratschläge und schreibt Rezepte. Sie ist __________________ .

E

Er mischt Farben und streicht Wände. Er renoviert Wohnungen. Er arbeitet als __________________ .

F

Sie macht Termine ab und sie berät ihre Kundinnen und Kunden. Sie schneidet, färbt und fönt Haare. Sie ist __________________ .

Lager-Mitarbeiterin Maler Coiffeuse
Verkäuferin Kellner Sekretärin Ärztin
Elektromonteur Raumpfleger Köchin
Zahnarztassistentin Programmierer

2 Branchen

Zu welchen Branchen gehören die Berufe aus Übung 1? Ordnen Sie zu.

Branchen	Berufe
Verkauf	
Baugewerbe	*Maler*
Pflege und Medizin	
Gastgewerbe	
Kaufmännische Berufe	
Informatik	
Hauswirtschaft / Reinigung	
Diverse Berufe	

3 Rätsel schreiben

Arbeiten Sie zu zweit.

→ Schreiben Sie ein Berufe-Rätsel.
→ Notieren Sie drei bis vier typische Tätigkeiten zum Beruf.
→ Schreiben Sie ganze Sätze. Übung 1 hilft Ihnen dabei.
→ Lesen Sie Ihr Berufe-Rätsel im Kurs vor. Ihre Kolleginnen und Kollegen raten.

Ü7 – Ü9 Arbeitsbuch, **Seite 85 – 86**

1 Inserate lesen

Lesen Sie die Stelleninserate A – E. Zu welchem Inserat passen die Aussagen? Notieren Sie die Buchstaben.

STELLEN-MARKT

Jeden Montag, Mittwoch und Samstag. **Heute mit 417 Angeboten**

A

Zur Ergänzung unseres Speditions-Teams suchen wir einen

Magaziner/Chauffeur Kat. C

für folgende Tätigkeiten:

- Verpacken von Waren
- Warenannahme und -kontrolle
- Rüsten der anfallenden Bestellungen
- Warenlieferungen an unsere Kunden

Wir erwarten Selbständigkeit, guten Umgang mit Kunden und sehr gutes Fahren. Wir bieten guten Lohn, interessante Arbeit, gutes Arbeitsklima.
Frau L. Rutz freut sich auf Ihren Anruf oder Ihre Bewerbung.

Moser & Co. AG, Bözingenstr. 126, 2502 Biel, Tel. 032/341 22 36

B

Sachbearbeiterin Export 50%

Wir suchen für unseren Kunden versierte kaufm. Mitarbeiterin. Hauptaufgaben: Führen des Sekretariats, Korrespondenz E/D, telefonische Kundenbetreuung E/D. Für diese abwechslungsreiche Aufgabe benötigen Sie sehr gute mündliche und schriftliche Kenntnisse in Englisch und Deutsch. Sie können halbtags oder während vier Tagen reduziert arbeiten. Interessiert? Bitte senden Sie Frau Conny Gehrig Ihre Bewerbungsunterlagen auf Englisch oder auf Deutsch.

Advantage Personalvermittlungen, Monbijoustrasse 145, CH-3007 Bern

C

Funktaxi sucht per sofort in Zürich und Umgebung

Taxichauffeur(-euse).

Gute Stadt- und Deutschkenntnisse erforderlich. Englisch oder Französisch von Vorteil.
Tel. 01/222 12 12

D

Wir suchen per sofort oder n.V. **Küchenhilfe** für unser italienisches Restaurant in Basel.
Erfahrung im Gastgewerbe von Vorteil.
Interessenten/innen melden sich bei:

Restaurant Da Angela,
Tel. 061/272 36 66

E

Bistro Kiosk Marina

In unserem Betrieb suchen wir per sofort oder nach Vereinbarung **Kiosk-Mitarbeiterin**. Bewilligung C und gute Deutschkenntnisse erwünscht. 5-Tage-Woche, regelmässige Arbeitszeit, gute Entlöhnung.
Melden Sie sich bitte bei **Frau A. Brinkmann**, Kugelgasse 25, 9000 St. Gallen, Tel. 071/222 29 26.

	Diese Aussage passt zum ...	Inserat
1	Für diese Stelle muss man gut Deutsch sprechen können.	B, C, E
2	Die Firma sucht eine Frau, keine Männer.	
3	Man kann Teilzeit arbeiten.	
4	Für diese Stelle muss man bereits Erfahrung mitbringen.	
5	Hier ist eine Stelle im Gastgewerbe frei.	
6	Hier muss man auch Englisch oder Französisch können.	
7	Die Arbeitszeit ist regelmässig.	
8	Man muss einen Lastwagen fahren können.	
9	Hier muss man selbständig arbeiten können.	
10	Für diese Stelle muss man eine C-Bewilligung haben.	

2 Sich telefonisch bewerben

Hören Sie die Dialoge. Für welche Stellen aus Übung 1 bewerben sich die Leute? Notieren Sie.

Die Frau in Dialog 1 bewirbt sich als ...

...

Dialog 1 ____________________

Dialog 2 ____________________

Dialog 3 ____________________

Dialog 4 ____________________

3 Am Telefon

Hören Sie die Telefongespräche noch einmal und kreuzen Sie an.

Wer ist das?	Frau Birrer	Herr Miftari	Frau Svoboda	Herr Kathiravelu
1 Er hat schon als Küchenhilfe gearbeitet.	☐	☐	☐	☐
2 Sie hat auf den Philippinen im Verkauf gearbeitet.	☐	☐	☐	☐
3 Er hat den Führerschein Kategorie C.	☐	☐	☐	☐
4 Sie interessiert sich für die Stelle als Taxichauffeuse.	☐	☐	☐	☐
5 Er kann sich beim Arbeitgeber vorstellen.	☐	☐	☐	☐
6 Er hat keine Erfahrung als Magaziner.	☐	☐	☐	☐
7 Er kommt aus Sri Lanka.	☐	☐	☐	☐
8 Sie bekommt eine Absage.	☐	☐	☐	☐
9 Sie schickt ihre Bewerbungsunterlagen.	☐	☐	☐	☐

4 Das Vorstellungsgespräch

Frau Birrer kann sich beim «Bistro Kiosk Marina» persönlich vorstellen. Was meinen Sie: Was fragt die Personalchefin? Sprechen Sie zu dritt darüber und machen Sie Notizen. Hören Sie danach das Vorstellungsgespräch und kreuzen Sie an.

Die Personalchefin fragt wahrscheinlich:
Was ... ?

	Ja	Nein	Vielleicht
1 Frau Brinkmann hat die Bewerbungsunterlagen von Frau Birrer bekommen.	☐	☐	☐
2 Frau Birrer hat Erfahrung im Verkauf.	☐	☐	☐
3 Frau Birrer erklärt, warum sie die Stelle am Bistro-Kiosk möchte.	☐	☐	☐
4 Frau Birrer möchte zu viel Lohn.	☐	☐	☐
5 Frau Birrer will wissen, wie viele Wochen Ferien sie hat.	☐	☐	☐
6 Für diese Stelle haben sich 40 Personen beworben.	☐	☐	☐
7 Frau Birrer bekommt die Stelle am Bistro-Kiosk.	☐	☐	☐
8 Frau Brinkmann gibt Frau Birrer in zirca zwei Wochen Bescheid.	☐	☐	☐

5 Sich bewerben: Fragen und Antworten

Hören Sie, lesen Sie mit und sprechen Sie nach.

Am Telefon: Interesse zeigen

Grüezi. Hier ist ...
Kann ich mit ... sprechen, bitte?

Ich habe Ihr Inserat in der Zeitung gelesen.
Sie haben ein Inserat ...

Ich interessiere mich für die Stelle als ...
Sie suchen ...
Kann ich ... vorbeikommen?

Personalchef/in: Fragen

Was haben Sie bis jetzt gearbeitet?
Haben Sie schon als ... gearbeitet?
Wie lange ... gearbeitet?
Haben Sie Erfahrung als ...?

Was für eine Bewilligung haben Sie?
Wie lange sind Sie in der Schweiz?

Haben Sie eine Ausbildung als ...?
Können Sie uns Ihre Bewerbungsunterlagen ...?

Bewerber/in: Fragen, Antworten

Ich habe ... Jahre als ... gearbeitet.
Ich habe viel Erfahrung in dieser Branche.
Nein, ich habe keine Erfahrung ..., aber ...
Nein, ich habe keine ...
Ich habe eine ...
Ich habe ...
Ich habe keine Ausbildung als ..., aber ...
Gerne. Wie ist Ihre Adresse, bitte?

Fragen Sie am Telefon nicht nach dem Lohn oder nach Ferien.

Notieren Sie sich im Gespräch alle wichtigen Informationen.

6 Rollenspiel

→ Wählen Sie ein Inserat.
→ Was für ein Gespräch möchten Sie spielen: die telefonische Bewerbung oder das Vorstellungsgespräch?
→ Entscheiden Sie sich für eines der beiden Gespräche.
→ Üben Sie das Gespräch zu zweit.

Wir suchen ab sofort **Service-Mitarbeiter/in**
für unser italienisches Restaurant. Italienischkenntnisse von Vorteil.
Restaurant Italian Sweet, Tel. 01/462 38 58.
Herrn Lo Porto verlangen.

A

Für unseren Minibar-Service in den Zügen suchen wir
Minibar-Stewardess/Steward
Wir erwarten: Kontaktfreudigkeit, gute Deutschkenntnisse, Französisch- und Englischkenntnisse sind von Vorteil, Flexibilität.
Wir bieten: Eine interessante und abwechslungsreiche Tätigkeit im Zug, eine sichere Stelle.
Sind Sie interessiert? Dann nehmen Sie mit unserer Frau Werner Kontakt auf. Tel. 081/444 22 11

B

Unsere Wahl: Wir üben mit Inserat ___
☐ die telefonische Bewerbung
☐ das Vorstellungsgespräch

Ü10 – Ü14 Arbeitsbuch, **Seite 87 – 88**

63 Ein Lebenslauf

1 Das Leben von Sultan Mian in Pakistan

Lesen Sie den Text und schreiben Sie mindestens fünf Fragen dazu. Eine Kollegin oder ein Kollege im Kurs beantwortet danach Ihre Fragen.

Herr Mian aus Pakistan

Das ist Sultan Mian. Er kommt aus Pakistan, ist 1960 geboren und lebt seit 1990 in der Schweiz. In Pakistan ist er 14 Jahre in die Schule gegangen: zuerst in die Primarschule, dann in die Mittelschule.
1983 hat er in der Hauptstadt, Islamabad, eine eigene Firma gegründet. Er hat am Flughafen gearbeitet. Wenn Firmen Waren importieren, müssen sie Steuern zahlen. Seine Firma hat die Zollabfertigung gemacht. Nach ein paar Jahren hat sich die politische Situation in Pakistan verändert. Herr Mian hat seine Arbeit verloren und musste sein Land verlassen. Er ist 1990 in die Schweiz gekommen. Am Anfang war das Leben für ihn in der Schweiz sehr schwierig.

Wann? Wo? Wie viele? Wie lange? Seit wann? Warum?

Fragen
1 Wer ...
2 ...

2 Das Leben von Sultan Mian in der Schweiz

Was meinen Sie: Warum war es für Sultan Mian am Anfang schwierig in der Schweiz? Warum ist er in der Schweiz geblieben? Diskutieren Sie. Hören Sie danach, was Herr Mian erzählt, und kreuzen Sie die richtigen Antworten an.

1 Warum war es für Sultan Mian am Anfang in der Schweiz schwierig?
- ☐ Er hat keine Leute gekannt.
- ☐ Er musste als Tellerwäscher arbeiten.
- ☐ Er hat keine Arbeit gefunden.

2 Warum konnte Sultan Mian am Buffet arbeiten?
- ☐ Weil er Englisch konnte.
- ☐ Weil er gut Deutsch gesprochen hat.
- ☐ Weil er schon am Buffet gearbeitet hat.

3 Warum ist Sultan Mian in der Schweiz geblieben?
- ☐ Weil er seine Frau kennen gelernt hat.
- ☐ Weil er eine gute Arbeitsstelle gefunden hat.
- ☐ Weil er nicht in sein Land zurückkehren konnte.

4 Welche Weiterbildungen hat Sultan Mian in der Schweiz gemacht?
- ☐ Er hat Deutschkurse besucht.
- ☐ Er hat einen Computerkurs besucht.
- ☐ Er hat einen Grundpflegekurs gemacht.

5 Welche Arbeit macht Sultan Mian heute?
- ☐ Er ist Buffetangestellter.
- ☐ Er arbeitet am Flughafen.
- ☐ Er ist Pflegeassistent.

6 Warum sucht Sultan Mian jetzt eine Stelle in Bern?
- ☐ Er und seine Frau ziehen in die Nähe von Bern.
- ☐ Er hat seine Stelle in Zürich verloren.
- ☐ Er will nicht mehr als Pflegeassistent arbeiten.

3 Der Lebenslauf

Sultan Mian aktualisiert seine Bewerbungsunterlagen. Er schreibt auch das Curriculum Vitae, den Lebenslauf, neu. Welche Angaben gehören in einen Lebenslauf? Diskutieren Sie zu dritt und notieren Sie Ihre Ideen.

Was muss im Lebenslauf stehen?
Personalien, ...

LEBENSLAUF

Personalien

Name	Mian
Vorname	Sultan
Adresse	Martastrasse 124 8003 Zürich
Telefonnummer	P 01/383 44 05 G 01/435 80 75
Geburtsdatum	20.6.1960
Zivilstand	verheiratet, 1 Kind
Nationalität	Pakistan/Schweiz
In der Schweiz seit	1990

Schule / Ausbildung

1967–1972	Grundschule in P
1972–1981	

Arbeitsbuch, **Seite 89–90** Ü15 – Ü18

64 Arbeitsrecht

1 Ein Problem

Lesen Sie den Anfang des Dialogs. Was meinen Sie: Was für ein Problem hat Markus? Diskutieren Sie zu zweit. Hören Sie dann das Gespräch und kreuzen Sie an.

- ► Tschau, Markus.
- ○ Hallo, Giovanni.
- ► Geht's gut?
- ○ Naja, ich habe schon bessere Tage gesehen!
- ► Was ist denn passiert?
- ○ Probleme am Arbeitsplatz! – Ich sag dir, es ist einfach unglaublich!
- ► Warum denn? Was ist denn los?
- ○ Ja, mein Chef!
- ► Hat er dir gekündigt?
- ○ Nein, das nicht. Aber …

Welches Problem hat Markus am Arbeitsplatz?

- ☐ Er bekommt weniger Ferien.
- ☐ Er muss Überstunden machen.
- ☐ Er bekommt keinen 13. Monatslohn.
- ☐ Er bekommt keine Kinderzulage.
- ☐ Er muss am Wochenende arbeiten.

2 Noch mehr Probleme

Überschriften und Texte: Was passt zusammen? Ordnen Sie zu.

Muss ich Überstunden machen?	Text ___
Kündigung bei Krankheit?	Text ___
Ein neuer Vertrag, aber weniger Lohn	Text ___
13. Monatslohn gestrichen	Text ___
Kündigungsfrist: Wann kann ich gehen?	Text ___

1 Ich habe eine Teilzeit-Anstellung (80%) als Hilfspflegerin in einem Spital. Vor fünf Monaten hat eine Kollegin gekündigt. Seither muss ich immer Überstunden machen, weil man ihre Stelle nicht mehr neu besetzt hat. Das heisst, ich muss in Wirklichkeit 100% arbeiten, oft noch mehr. Was kann ich machen?
S. T.

2 Ich arbeite im Verkauf. Letzten Monat habe ich die Kündigung bekommen. Gleichzeitig hat mir die Chefin einen neuen Vertrag angeboten. Im neuen Vertrag ist der Lohn aber tiefer: Ich verdiene da Fr. 400.– weniger pro Monat. Mein Mann verdient auch nicht so viel, und wir haben zwei Kinder. Wir brauchen die Fr. 400.–. Was kann ich machen?
M. B.

3 Ich habe ein sehr gutes Stellenangebot bekommen. Mein neuer Chef möchte, dass ich sofort in seiner Firma anfange. Ich muss meine alte Stelle aber noch kündigen. Wie schnell kann ich dort gehen? Wie lange ist meine Kündigungsfrist?
H. K.

4 Ich arbeite als Zimmermädchen in einem Hotel. Vor drei Monaten hatte ich Rückenprobleme und mein Arzt hat mich für zwei Wochen krankgeschrieben. Nun hatte ich letzte Woche eine schwere Grippe und ich konnte nicht arbeiten gehen. Da hat mein Chef mir gekündigt. Ich habe jetzt gehört, dass man mir nicht kündigen darf, wenn ich krank bin. Stimmt das?
V. D.

5 Ich arbeite seit vier Jahren als Kellner in einem Restaurant. Mein Chef hat mir gesagt, dass er sparen und mir den 13. Monatslohn streichen muss. Er sagt, ich bekomme eine Kündigung und dann einen neuen Vertrag ohne 13. Monatslohn. Darf er das machen?
M. T.

3 Diskussion

Was können die Leute machen? Wählen Sie ein Problem aus Übung 2 und diskutieren Sie in Gruppen. Notieren Sie Ihre Ideen auf einem Poster. Präsentieren Sie danach das Poster mit Ihren Ideen im Deutschkurs.

4 Was sagen die Experten?

Eine Arbeitsrecht-Expertin antwortet: Welche Antwort passt zu welcher Frage aus Übung 2? Ordnen Sie zu. Diskutieren Sie dann im Kurs: Was haben Sie schon gewusst? Was ist neu für Sie?

IHRE FRAGEN – UNSERE ANTWORTEN

Das meint Susi Matter, die Expertin für Arbeitsrecht

A Wenn Ihr Arbeitgeber die Kündigungsfrist einhält, kann er Ihnen kündigen und Ihnen einen neuen Arbeitsvertrag anbieten. Das ist sein Recht. Erkundigen Sie sich aber: Gibt es für Ihren Betrieb einen Gesamtarbeitsvertrag (GAV)? In einem GAV ist nämlich immer ein Minimallohn festgelegt. Der Lohn im neuen Vertrag darf dann nicht unter diesem Minimallohn liegen.

B Lesen Sie Ihren Arbeitsvertrag sorgfältig durch. Die Kündigungsfrist muss nämlich in Ihrem Arbeitsvertrag stehen. Nach der Probezeit beträgt sie mindestens einen Monat. Im Arbeitsvertrag steht u.a. auch, wie viele Stunden Sie pro Woche arbeiten müssen oder wie Ihre Arbeitszeiten sind, was Ihre Aufgaben im Betrieb sind, wie hoch der Lohn ist, wie viel Ferien Sie haben und welche Sicherheiten (z.B. Lohnzahlung bei Krankheit) Ihr Arbeitgeber Ihnen bietet.

C Das stimmt: Wenn Sie krank sind, darf man Ihnen in der ersten Zeit nicht kündigen. Wenn Ihr Chef die Kündigung während Ihrer Grippe-Erkrankung geschrieben hat, ist sie ungültig.

D Sie müssen als Angestellte in einer Firma Überstunden machen, wenn es für den Betrieb nötig ist.
Die Überstunden müssen aber eine Ausnahme bleiben. Überstunden während mehreren Monaten sind nicht erlaubt. Sprechen Sie mit Ihrem Chef oder Ihrer Chefin darüber oder gehen Sie zu einer Beratungsstelle.

E Im Gastgewerbe gibt es einen Gesamtarbeitsvertrag (GAV). Die Bestimmungen in diesem Vertrag sind für die ganze Branche gültig.
Im GAV für das Gastgewerbe steht unter anderem, dass Sie den vollen 13. Monatslohn bekommen, wenn Sie seit mehr als drei Jahren an einer Stelle arbeiten. Ihr Arbeitgeber darf den Dreizehnten also nicht einfach streichen.
Schreiben Sie Ihrem Chef einen Brief. Gehen Sie auf eine Beratungsstelle, wenn Sie dabei Hilfe brauchen.

Zu Antwort	A	B	C	D	E
passt Frage	___	___	___	___	___

5 Was tun?

Beantworten Sie Frage 1. Wählen Sie dann Frage 2 oder 3 und diskutieren Sie in Gruppen. Machen Sie Notizen. Erzählen Sie zum Schluss im Kurs von Ihrem Gespräch.

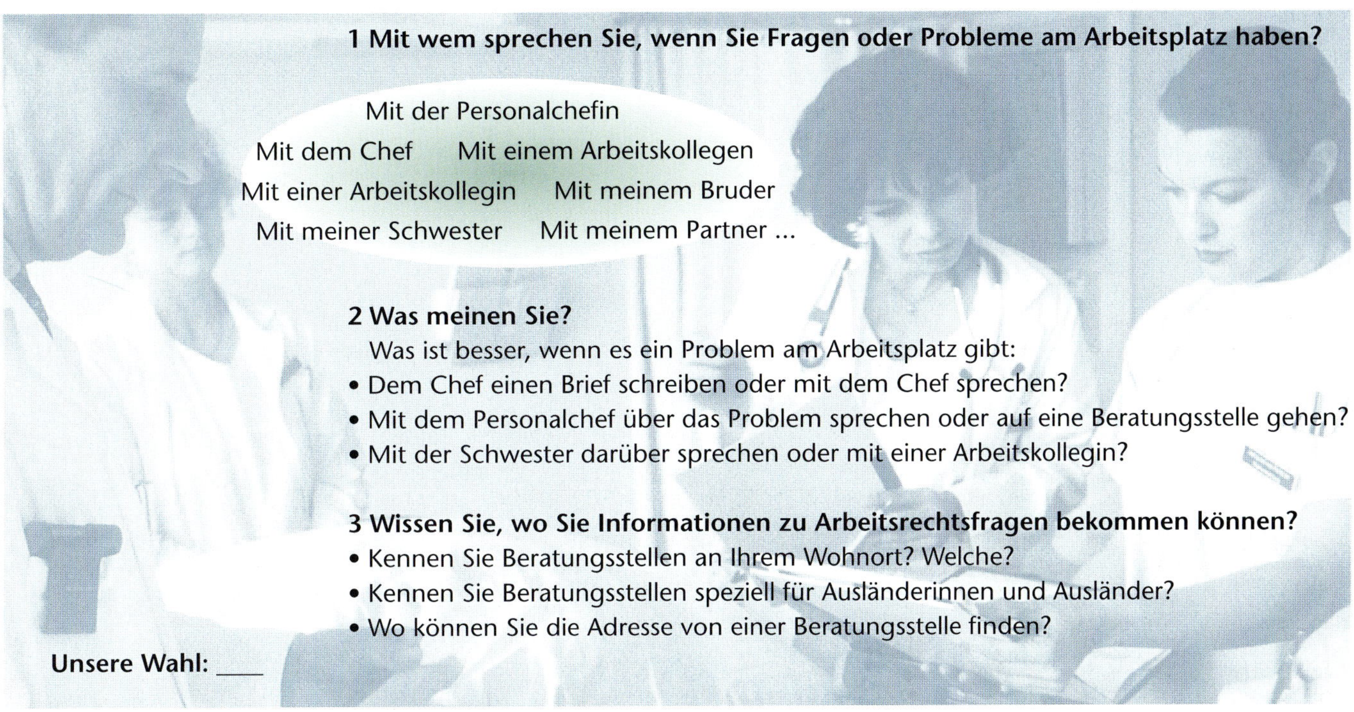

1 Mit wem sprechen Sie, wenn Sie Fragen oder Probleme am Arbeitsplatz haben?

Mit der Personalchefin
Mit dem Chef   Mit einem Arbeitskollegen
Mit einer Arbeitskollegin   Mit meinem Bruder
Mit meiner Schwester   Mit meinem Partner ...

2 Was meinen Sie?
Was ist besser, wenn es ein Problem am Arbeitsplatz gibt:
- Dem Chef einen Brief schreiben oder mit dem Chef sprechen?
- Mit dem Personalchef über das Problem sprechen oder auf eine Beratungsstelle gehen?
- Mit der Schwester darüber sprechen oder mit einer Arbeitskollegin?

3 Wissen Sie, wo Sie Informationen zu Arbeitsrechtsfragen bekommen können?
- Kennen Sie Beratungsstellen an Ihrem Wohnort? Welche?
- Kennen Sie Beratungsstellen speziell für Ausländerinnen und Ausländer?
- Wo können Sie die Adresse von einer Beratungsstelle finden?

Unsere Wahl: ___

Arbeitsbuch, **Seite 90**   Ü19

65 Stellenlos

1 Julio G. (42) ist arbeitslos

Lesen Sie den Bericht von Julio. Notieren Sie die Hauptaussage von jedem Abschnitt. Arbeiten Sie zu zweit. Vergleichen Sie danach mit Ihren Kolleginnen und Kollegen im Kurs.

Fusion in der Maschinenindustrie   Fabrik in Basel geschlossen
200 Angestellte entlassen   Personalabbau   Arbeitslosigkeit   RAV

Julio G. (42) ist Spanier. Er arbeitet seit 20 Jahren in der Schweiz und lebt seit 12 Jahren mit seiner Familie hier. Er war fast ein Jahr arbeitslos. Lesen Sie hier, was er von dieser Zeit erzählt.

Ich habe zehn Jahre als Hilfsmechaniker bei der gleichen Firma gearbeitet. Ich habe immer mein Bestes gegeben. Dann hat man die Fabrik geschlossen. Man hat mir gekündigt und ich war arbeitslos. Ich war wütend und schockiert. Immer wieder habe ich gedacht: «Warum passiert das gerade mir?» Ich konnte es einfach nicht glauben! – Ich bin dann zur Regionalen Arbeitsvermittlung (RAV) gegangen und habe den Antrag für das Arbeitslosen-Taggeld ausgefüllt.

Erst nach etwa zwei Monaten konnte ich meine neue Situation langsam akzeptieren. Im RAV-Zentrum haben sie mir Kurse empfohlen und ich habe einen Deutschkurs besucht. Das war eigentlich eine gute Erfahrung: Am Morgen habe ich Arbeit gesucht und am Nachmittag bin ich in den Kurs gegangen.

Am Anfang habe ich gehofft, dass ich schnell wieder Arbeit finde. Ich habe viele Bewerbungen geschrieben und auf Inserate telefoniert. Aber alle meine Versuche waren erfolglos: Ich habe immer nur Absagen bekommen. Das hat mich mit der Zeit deprimiert und meine Hoffnung auf eine neue Arbeit ist gesunken. Ich war unzufrieden und habe mich unsicher gefühlt. Oft konnte ich nicht schlafen. Immer die gleichen Fragen haben sich in meinem Kopf gedreht: «Wie bezahlen wir die Wohnungsmiete? Wo können wir noch mehr sparen? Warum will mich niemand anstellen? Bin ich weniger gut als die anderen? Was machen wir, wenn ich keine Arbeit mehr finde?»

Diese Krise hat lange gedauert. Immer wieder habe ich alles sinnlos und uninteressant gefunden. Aber ich wollte etwas gegen diese Gefühle tun. Ich habe z.B. mit meiner Frau und auch mit Freunden über meine Situation gesprochen. Das hat mir etwas geholfen. Aber die Sorgen sind geblieben.

Nach zehn Monaten habe ich endlich eine neue Stelle gefunden. Ich arbeite jetzt als Chauffeur bei einer Grossbäckerei. Ich verdiene zwar weniger als früher, aber ich bin froh, dass ich wieder Arbeit habe.

Die Hauptaussagen in Julios Bericht

1. Abschnitt: Nach zehn Jahren Arbeit hat man Julio gekündigt. Er …
2. Abschnitt: Er hat …

2 Diskussion

Kennen Sie stellenlose Menschen? Wie haben sie sich während ihrer Arbeitslosigkeit gefühlt? War es ähnlich wie bei Julio G.? Sprechen Sie im Deutschkurs darüber.

3 Grammatik aktiv

Was bedeuten die Adjektive? Ergänzen Sie die Tabelle.

		Das heisst …	
arbeitslos	→	*ohne*	*Arbeit*
stellenlos	→	______	*Stelle*
erfolglos	→	______	______
sinnlos	→	______	______
hoffnungslos	→	______	______

		Das heisst …	
uninteressant	→	*nicht*	*interessant*
unsicher	→	______	*sicher*
unzufrieden	→	______	______
______	→	______	______
______	→	______	______

→ Grammatik, G 2

4 Der RAV-Berater informiert

Herr Keller arbeitet als Berater auf einer Regionalen Arbeitsvermittlung (RAV). Was möchten Sie von ihm wissen? Notieren Sie zuerst drei Fragen. Hören Sie dann das Interview und kreuzen Sie an.

Sagt Herr Keller das?	Ja	Nein
1 Wenn man eine Stelle verliert, geht man am besten gleich in ein RAV-Zentrum. Da bekommt man Informationen.	☐	☐
2 Man bekommt nur Arbeitslosengeld, wenn man selber aktiv Arbeit sucht.	☐	☐
3 Wenn man an der letzten Stelle Fr. 3000.– verdient hat, bekommt man auch Fr. 3000.– Arbeitslosengeld.	☐	☐
4 Man bekommt maximal drei Jahre Arbeitslosengeld.	☐	☐
5 Wer arbeitslos ist, muss Kurse besuchen. Das ist obligatorisch.	☐	☐
6 Man hat jede Woche ein Gespräch mit dem RAV-Berater.	☐	☐
7 Im RAV-Zentrum gibt es nur Informationsbroschüren auf Deutsch.	☐	☐

5 Informationen bekommen

Haben Sie in Übung 2 Antworten auf Ihre Fragen bekommen? Oder gibt es noch offene Fragen? Wer kann Ihnen in diesem Fall Ihre Fragen beantworten? Wo können Sie Informationen dazu bekommen? Sprechen Sie im Kurs darüber.

6 Sozialversicherungen

Woher kommt das Arbeitslosen-Taggeld? Was steht im Text? Und was zeigt die Zeichnung? Sprechen Sie zu dritt darüber.

Kurz-Information

Es gibt verschiedene Sozialversicherungen. Die Arbeitslosenversicherung ist eine davon. Arbeitnehmer und Arbeitgeber zahlen beide für die Versicherungen ein. Das heisst: Wer arbeitet, zahlt einen Teil vom Lohn für die Sozialversicherungen ein und die Firmen bezahlen den anderen Teil.

Welche Versicherung bezahlt wann und für wen Beiträge?

- AHV: Für Frauen über 62 und Männer über 65 Jahren
- IV: Bei Invalidität
- ALV: Für Arbeitslose
- PK: Zusätzliches Geld im Alter
- UV: Für Spital- und Arztkosten nach einem Unfall

7 Interview

Beantworten Sie zuerst die Fragen für sich. Fragen Sie danach eine Kollegin oder einen Kollegen im Kurs. Vergleichen Sie. Diskutieren Sie.

Fragen

1 Gibt es in Ihrem Herkunftsland viele Leute ohne Arbeit?
2 Bekommen Stellenlose in Ihrem Herkunftsland finanzielle Unterstützung?
3 Woher bekommen sie Geld? Wie viel? Wie lange?
4 Gibt es in Ihrem Herkunftsland auch eine AHV?
5 Welche anderen Sozialversicherungen gibt es?

Arbeitsbuch, **Seite 91** Ü20 – Ü22

66 Dialekt am Arbeitsplatz

1 Wo muss man Deutsch können? Wo muss man Dialekt können?

Lesen Sie und diskutieren Sie in Gruppen.

Deutsch am Arbeitsplatz

Viele Arbeitgeber verlangen heute, dass man als Arbeitnehmerin oder Arbeitnehmer am Arbeitsplatz Deutsch versteht und auch Deutsch spricht. In den Stelleninseraten steht dann: «Deutschkenntnisse erwünscht.» Oder: «Minimale Deutschkenntnisse erforderlich.» Oder auch: «Beherrschung der deutschen Sprache ist Voraussetzung.»
An vielen Stellen muss man auch etwas Mundart verstehen. An einigen Arbeitsplätzen muss man sogar gut Dialekt verstehen und zum Teil auch sprechen können.

Ich habe schon als … gearbeitet. Dort muss man …

Was meinen Sie?

Für welche Branchen und in welchen Berufen sind minimale oder gute Deutschkenntnisse erforderlich?
Wo muss man ein wenig Dialekt verstehen? Wo muss man Schweizerdeutsch gut verstehen und manchmal auch sprechen können? Was sind Ihre Erfahrungen?

➔ Ein Verkäufer muss Schweizerdeutsch …
➔ Auf dem Bau spricht man …
➔ Als Coiffeuse muss man …
➔ Ein Programmierer muss …
➔ Als Sekretärin muss man …
➔ Im Service muss man Hochdeutsch …
➔ Eine Raumpflegerin muss Anweisungen auf … verstehen können.
➔ …

Ich glaube …

…

2 Dialekt am Telefon

Lesen Sie zuerst die Inserate. Hören Sie dann die Telefongespräche und beantworten Sie die Fragen.

MODELLO CHIC
Für unsere Mode-Filiale in St. Gallen suchen wir per sofort
Verkäuferin
mit Verkaufserfahrung sowie gepflegter und modischer Erscheinung.
Idealalter: 25–35 Jahre, gute Deutschkenntnisse erforderlich.
Frau G. Schüpbach freut sich auf Ihre Bewerbung.
Modello Chic, Augustinergasse 122, **9000 St. Gallen**
Tel. 071/223 15 38

Dialog 1

Was sagt Frau Schüpbach?
Im Verkauf muss man Schweizerdeutsch …
- ☐ verstehen können
- ☐ sprechen können
- ☐ lesen können
- ☐ schreiben können

P i z z a ***B l i t z***
sucht für Stadt und Region **Zürich**
Pizza-Kurier/in
Voll- oder Teilzeit, gute Ortskenntnisse erforderlich
Tel. 01/267 77 99

Dialog 2

Was ist richtig?
- ☐ Die Stelle ist schon besetzt.
- ☐ Die Personalchefin ist im Moment besetzt.
- ☐ Frau Svoboda kann später noch einmal anrufen.

Gesucht:
Chauffeur für Möbeltransporte
Voraussetzungen: Gute Deutschkenntnisse, Zuverlässigkeit, Flexibilität, wenn möglich mit Schreiner-Erfahrung.
Büchler AG, Herr T. Nussbaumer, **3052 Zollikofen BE**, Tel. 031/910 27 93

Dialog 3

Was fragt Herr Nussbaumer?
- ☐ Woher kommen Sie?
- ☐ Was haben Sie bis jetzt gearbeitet?
- ☐ Bei welcher Firma?
- ☐ Wie ist Ihre Adresse?
- ☐ Haben Sie Erfahrung als Schreiner?
- ☐ Können Sie einmal vorbeikommen?

Wir suchen für unser Personalrestaurant freundliche
Mitarbeiter/innen
für die Kasse und die Mithilfe im Restaurant.
Sie verfügen über einen guten Umgang mit Kunden, arbeiten selbständig und sind belastbar.
Sind Sie interessiert? Dann senden Sie Ihre Bewerbung mit den üblichen Unterlagen an:
INCOMS AG, Elisabethenstr. 245, **4051 Basel**.
Frau P. Huber steht Ihnen für weitere Auskünfte gerne zur Verfügung (Tel. 061/691 84 45).

Dialog 4

Hören Sie die Ansage auf dem Telefonbeantworter.
Was ist richtig?
- ☐ Die Firma hat Betriebsferien.
- ☐ Man kann eine Nachricht hinterlassen.

Was meinen Sie: Was macht Herr Kathiravelu jetzt?
- ☐ Er sagt nichts und hängt den Hörer auf.
- ☐ Er sagt, dass er wieder anruft.
- ☐ Er gibt seine Telefonnummer an.

1 Was kann man mit Texten machen?

Was können Sie mit welchem Text machen? Notieren Sie mindestens 5 Ideen und diskutieren Sie Ihre Beispiele miteinander.

Ein Kochrezept muss man ...
Den Stellenanzeiger kann man ...
Einen Liebesbrief möchte man ... Ein Gedicht ...
Eine Hochzeitseinladung ... Ein Formular ...
Einen spannenden Roman ... Ein Stelleninserat ...
Eine Illustrierte ... Einen Zeitungsartikel ...
Das Kinoprogramm ... Eine Postkarte ...
Eine Telefonnotiz ...

Wort für Wort verstehen
verstehen, ohne dass man jedes Wort kennt
auswendig lernen genau lesen abschreiben
durchblättern vorlesen
an die Wand hängen
wegwerfen ausschneiden
schnell lesen
ausfüllen ...

Das kann man mit Texten machen
...

2 Wo steht der Text?

Schauen Sie den Textausschnitt rechts nur kurz an. Lesen Sie ihn noch nicht. Was meinen Sie: Wo kann man so einen Text finden? Kreuzen Sie an.

☐ In einem Kochbuch
☐ Im Stellenanzeiger
☐ Im Kinoprogramm
☐ In einem Mathematikbuch
☐ In einem Roman
☐ In einer Illustrierten
☐ In einer Zeitung
☐ In ____________________

Ein Tag im Leben von ...

Der Traum vom Fliegen

Myriama Salé ist heute Flugkapitänin. Sie fliegt für eine grosse Fluggesellschaft.

Myriama Salé ist als Kind in die Schweiz gekommen. Als sie 8 Jahre alt war, hatte sie einen grossen Wunsch: Sie wollte fliegen, sie wollte Pilotin werden. Myriama Salé hat diesen Traum verwirklicht. Sie ist «Captain» und fliegt für eine grosse Fluggesellschaft. – Wie sieht heute ein Arbeitstag von Frau Salé aus?

Vor dem Start – Mein Arbeitstag beginnt früh. Wenn ich zum Beispiel um 7.10 Uhr einen Flug nach Barcelona habe, muss ich so zwischen 5.45 Uhr und 6.00 Uhr am Flughafen sein. Die ersten Arbeitsschritte finden am Boden statt. Dazu gehört zuerst ein

3 Was steht im Text?

Welche Zusammenfassung passt besser zum Textausschnitt rechts? A oder B? Kreuzen Sie an.

☐ **A** Als Kind hat Myriama Salé oft geträumt. In einem Traum ist sie als Pilotin in die Schweiz geflogen. Im Zeitungsartikel steht, wie Frau Salé diesen Traum verwirklicht hat.

☐ **B** Myriama Salé wollte als Kind Pilotin werden. Sie hat diesen Traum verwirklicht. Im Zeitungsartikel steht, wie heute ein Arbeitstag von Frau Salé aussieht.

4 Wo sind die Informationen im Text?

Warum denken Sie, dass gerade diese Zusammenfassung passt? Wo haben Sie die Informationen für Ihre Wahl gefunden? Kreuzen Sie an.

Hier habe ich die Informationen gefunden:

☐ Auf dem Foto
☐ Im Text unter dem Foto
☐ Im Titel
☐ In der Einleitung
☐ Im ersten Abschnitt
☐ ____________________

5 Interessiert?

Interessiert Sie das Thema? Möchten Sie den ganzen Text über die Pilotin lesen und gut verstehen? Im Arbeitsbuch finden Sie auf Seite 92 den vollständigen Text und hilfreiche Tipps, wie Sie Zeitungstexte schnell und gut verstehen können.

R ü c k b l i c k

6 Deutsch lernen

Lösen Sie die Übung 26 im Arbeitsbuch auf Seite 93.

Arbeitsbuch, **Seite 92–93** Ü23 – Ü26

Grammatik

G 1 Reflexive Verben

Infinitiv	sich	freuen	
Singular (Sg)	ich	freue	mich
	du	freust	dich
	er / es / sie	freut	sich
Plural (Pl)	wir	freuen	uns
	ihr	freut	euch
	sie	freuen	sich
formell (Sg + Pl)	Sie	freuen	sich

	Reflexivpronomen
ich	mich
du	dich
er	sich
es	sich
sie	sich
wir	uns
ihr	euch
sie	sich
Sie	sich

Wie «sich freuen»:

sich ärgern
sich beeilen
sich bewerben
sich entschuldigen
sich erinnern
sich erkundigen
sich interessieren
sich unterhalten
sich verlieben
...

G 2 Wortbildung: Wörter verstehen

Vorsilben und Nachsilben können beim Verstehen von Wörtern helfen.

Adjektive

		Das heisst ...
arbeits**los**	→	**ohne** Arbeit
stellen**los**	→	**ohne** Stelle
erfolg**los**	→	**ohne** Erfolg
sinn**los**	→	**ohne** Sinn
hoffnungs**los**	→	**ohne** Hoffnung

Die Nachsilbe «**-los**» bedeutet «**ohne**».

		Das heisst ...
uninteressant	→	**nicht** interessant
unsicher	→	**nicht** sicher
unzufrieden	→	**nicht** zufrieden
unglücklich	→	**nicht** glücklich
unfreundlich	→	**nicht** freundlich

Die Vorsilbe «**un-**» bedeutet «**nicht**».

Nomen mit der Nachsilbe «-in»

		Das bedeutet ...
Mitarbeiter	→	ein Mann
Mitarbeiterin	→	eine Frau
Mitarbeiter/in	→	ein Mann oder eine Frau
Mitarbeiter/innen	→	Männer oder Frauen (Plural)

		Das bedeutet ...
Spanier	→	ein Mann aus Spanien
Spanierin	→	eine Frau aus Spanien
Spanier/in	→	ein Mann oder eine Frau aus Spanien
Spanier/innen	→	Männer oder Frauen aus Spanien (Plural)

G 3 Wortbildung: Komposita verstehen

Monatslohn Personalrestaurant Stelleninserat
Arbeitsvermittlungszentrum Bewerbungsunterlagen
Arbeitsvertrag

Zusammengesetzte Nomen liest man am besten von rechts nach links. So versteht man sie besser.

Der Monatslohn ← Lese-Start
Das heisst: Der Lohn für einen Monat

Ein Personalrestaurant ← Lese-Start
Das heisst: Ein Restaurant für das Personal

Das Arbeitsvermittlungszentrum ← Lese-Start
Das heisst: Das Zentrum für die Vermittlung von Arbeit

Ein Stelleninserat ← Lese-Start
Das heisst: Ein Inserat für eine Stelle

Die Bewerbungsunterlagen ← Lese-Start
Das heisst: Die Unterlagen für eine Bewerbung

Der Arbeitsvertrag ← Lese-Start
Das heisst: Der Vertrag für die Arbeit

Rückblick und Ausblick

Rückblick und Ausblick

Rückblick und Ausblick

68 Wege in die Schweiz

1 Von nah und von weit her

Viele Menschen in der Schweiz sind in einem anderen Land geboren. Lesen Sie, wie zehn Personen ihren Weg in die Schweiz beschreiben. Ordnen Sie jedem Text einen Titel zu. Sprechen Sie dann in Gruppen: Was war auf Ihrem Weg ähnlich? Was war ganz anders?

a Das erste Jahr war hart
b Ich vermisse die Musik
c Mit acht Jahren in die Schweiz
d Eine bessere Zukunft
e Zum ersten Mal Schnee
f Endlich keine Angst mehr!
g Ich war oft traurig
h Meine Kinder wollen hier bleiben
i Ich kehre zurück
k Nicht nur das Klima ist hier anders

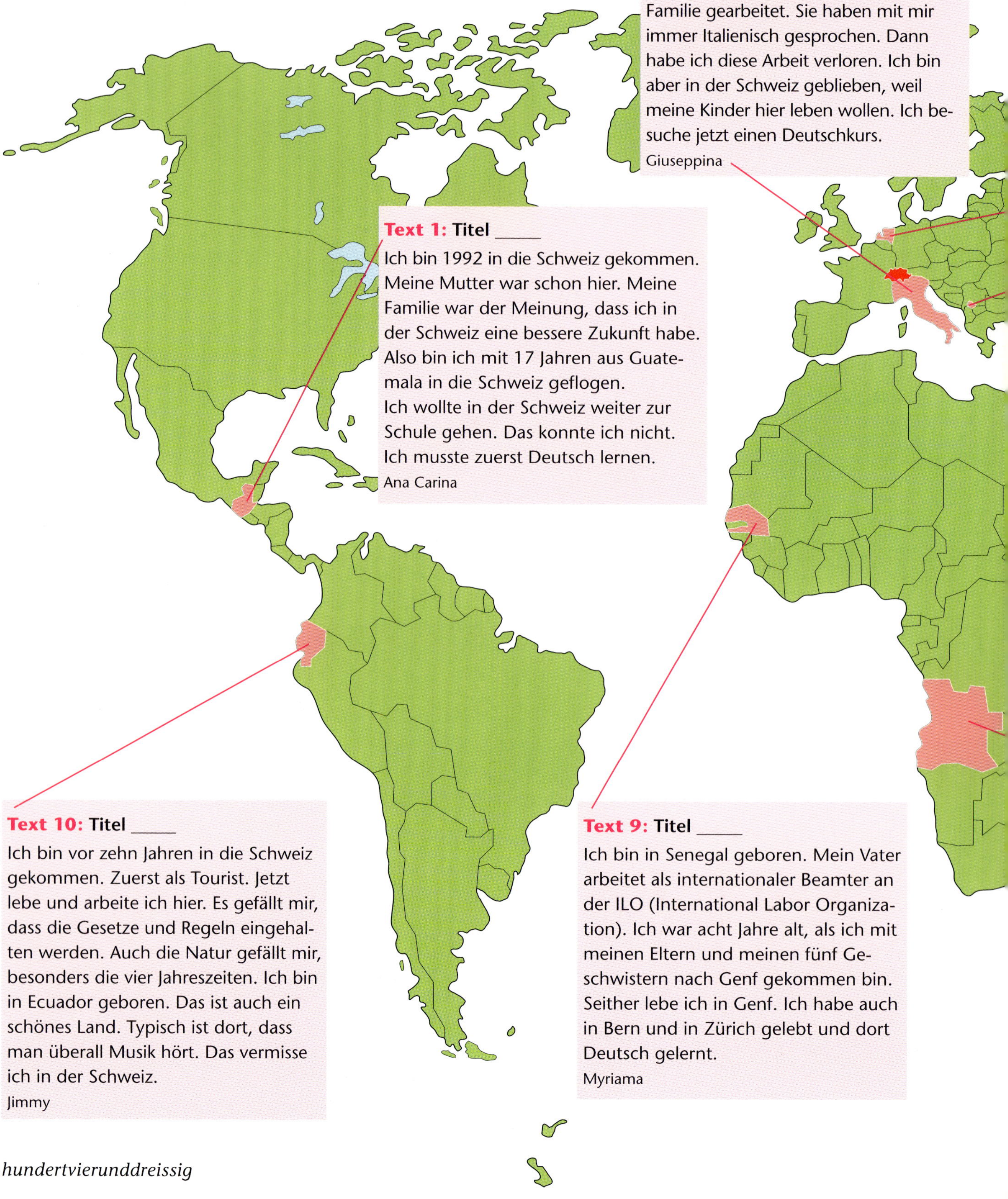

Text 1: Titel _____

Ich bin 1992 in die Schweiz gekommen. Meine Mutter war schon hier. Meine Familie war der Meinung, dass ich in der Schweiz eine bessere Zukunft habe. Also bin ich mit 17 Jahren aus Guatemala in die Schweiz geflogen.
Ich wollte in der Schweiz weiter zur Schule gehen. Das konnte ich nicht. Ich musste zuerst Deutsch lernen.

Ana Carina

Text 2: Titel _____

Ich bin 1945 in Italien geboren und 1962 mit dem Zug in die Schweiz gekommen. Mein Mann hat mich am Bahnhof abgeholt. Ich habe 25 Jahre lang als Haushälterin bei der gleichen Familie gearbeitet. Sie haben mit mir immer Italienisch gesprochen. Dann habe ich diese Arbeit verloren. Ich bin aber in der Schweiz geblieben, weil meine Kinder hier leben wollen. Ich besuche jetzt einen Deutschkurs.

Giuseppina

Text 9: Titel _____

Ich bin in Senegal geboren. Mein Vater arbeitet als internationaler Beamter an der ILO (International Labor Organization). Ich war acht Jahre alt, als ich mit meinen Eltern und meinen fünf Geschwistern nach Genf gekommen bin. Seither lebe ich in Genf. Ich habe auch in Bern und in Zürich gelebt und dort Deutsch gelernt.

Myriama

Text 10: Titel _____

Ich bin vor zehn Jahren in die Schweiz gekommen. Zuerst als Tourist. Jetzt lebe und arbeite ich hier. Es gefällt mir, dass die Gesetze und Regeln eingehalten werden. Auch die Natur gefällt mir, besonders die vier Jahreszeiten. Ich bin in Ecuador geboren. Das ist auch ein schönes Land. Typisch ist dort, dass man überall Musik hört. Das vermisse ich in der Schweiz.

Jimmy

Text 3: Titel _____

Mein Mann ist Schweizer. Ich habe ihn in Holland kennen gelernt. Er hat drei Jahre in Holland gelebt und ist dann in die Schweiz zurückgekehrt. Ein Jahr lang haben wir uns nur an Wochenenden und in den Ferien in der Schweiz gesehen. Dann bin ich nach Zürich gezogen. Das erste Jahr hier war hart. Die Holländer sind offen und spontan. Die Mentalität der Schweizer ist anders. Sie sind sehr höflich, aber auch verschlossen. Jetzt habe ich mich aber eingelebt und lebe gerne hier. Ich habe eine interessante Arbeit und zwei fröhliche Kinder.

Loes

Text 4: Titel _____

Ich habe drei Jahre in Fribourg als Automechaniker gearbeitet und gut Französisch gelernt. Dann bin ich nach Basel gezogen. Aber ich habe keine Stelle gefunden, weil ich nur wenig Deutsch spreche. Im Mai kehre ich in den Kosovo zurück. Ich weiss nicht, was mich erwartet. Vielleicht kann ich als Mechaniker arbeiten.

Zenun

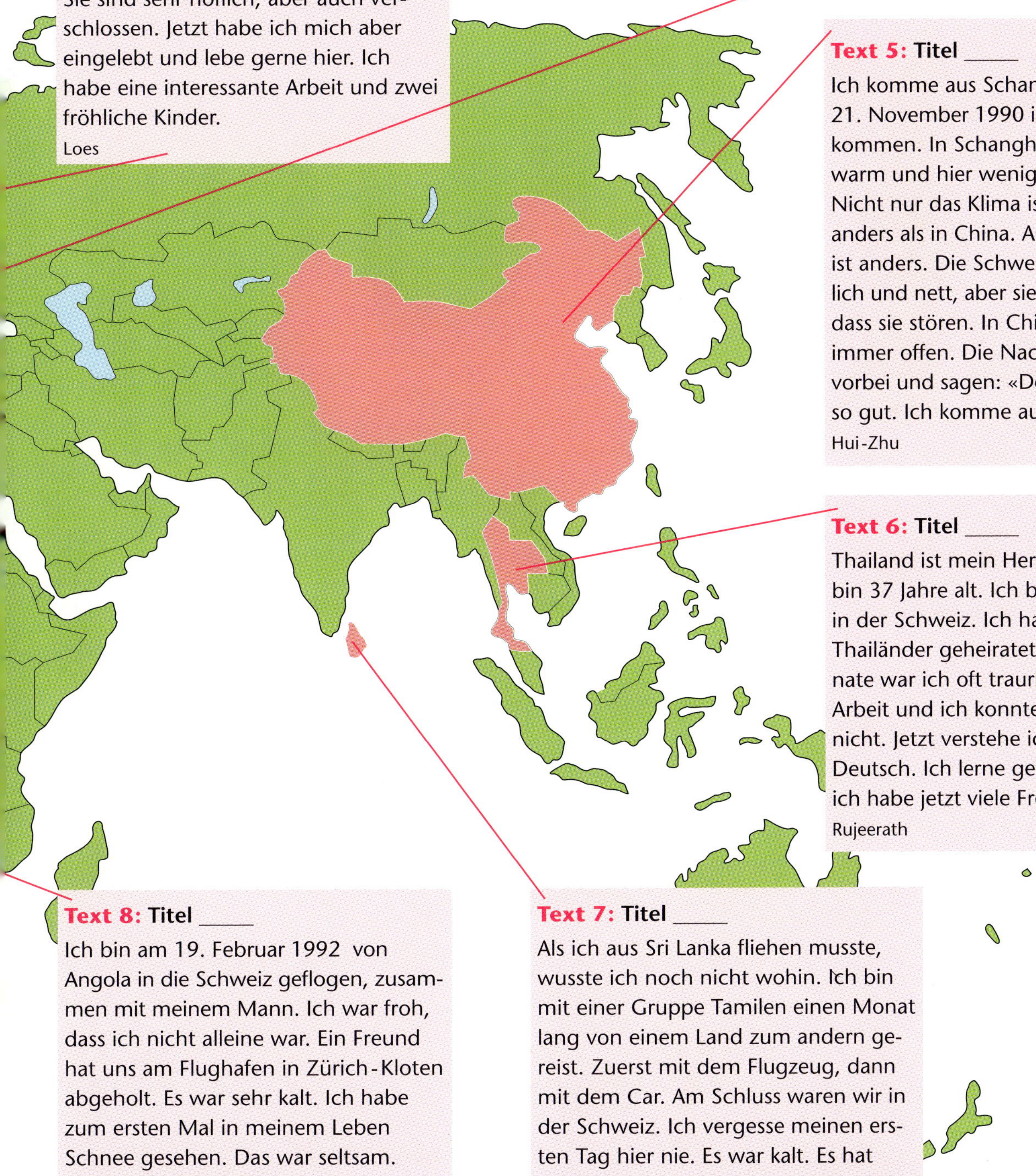

Text 5: Titel _____

Ich komme aus Schanghai. Ich bin am 21. November 1990 in die Schweiz gekommen. In Schanghai war es 38 Grad warm und hier weniger als 0 Grad. Nicht nur das Klima ist in der Schweiz anders als in China. Auch die Mentalität ist anders. Die Schweizer sind sehr höflich und nett, aber sie haben oft Angst, dass sie stören. In China ist die Türe immer offen. Die Nachbarn kommen vorbei und sagen: «Dein Gemüse riecht so gut. Ich komme auch zum Essen.»

Hui-Zhu

Text 6: Titel _____

Thailand ist mein Herkunftsland. Ich bin 37 Jahre alt. Ich bin seit drei Jahren in der Schweiz. Ich habe hier einen Thailänder geheiratet. Die ersten Monate war ich oft traurig. Ich hatte keine Arbeit und ich konnte die Sprache nicht. Jetzt verstehe ich ein wenig Deutsch. Ich lerne gern Deutsch und ich habe jetzt viele Freunde.

Rujeerath

Text 7: Titel _____

Als ich aus Sri Lanka fliehen musste, wusste ich noch nicht wohin. Ich bin mit einer Gruppe Tamilen einen Monat lang von einem Land zum andern gereist. Zuerst mit dem Flugzeug, dann mit dem Car. Am Schluss waren wir in der Schweiz. Ich vergesse meinen ersten Tag hier nie. Es war kalt. Es hat geschneit. Aber ich war beruhigt. Ich hatte endlich keine Angst mehr. Ich bin zur Polizei gegangen und habe mich als politischer Asylbewerber gemeldet.

Sellathurai

Text 8: Titel _____

Ich bin am 19. Februar 1992 von Angola in die Schweiz geflogen, zusammen mit meinem Mann. Ich war froh, dass ich nicht alleine war. Ein Freund hat uns am Flughafen in Zürich-Kloten abgeholt. Es war sehr kalt. Ich habe zum ersten Mal in meinem Leben Schnee gesehen. Das war seltsam. Heute habe ich Schnee sehr gern, weil dann alles so sauber aussieht.

Claudine

2 Mein Weg in die Schweiz

Hören Sie, lesen Sie mit und sprechen Sie nach.

Wie es war	Wie es ist	Wie es wird
Ich bin ... geboren.	Ich lebe seit ... in der Schweiz.	Wir ziehen nächstes Jahr nach ...
Ich bin in ... aufgewachsen.	Ich lebe jetzt schon ...	Ich heirate im ...
Ich bin ... zur Schule gegangen.	Ich wohne seit ... in ...	Ich möchte Kinder.
Ich komme aus ...	Ich habe mich hier eingelebt.	
Als ich zwölf Jahre alt war, ...	Es gefällt mir hier.	Ich möchte eine Ausbildung ...
Ich bin ... in die Schweiz gekommen.	Ich bin ...	Ich möchte mich weiterbilden.
Die erste Zeit hier war ...	Ich habe neue Freunde gefunden.	Ich möchte als ... arbeiten.
Alles war neu und ...	Ich habe nette Nachbarn.	Ich möchte ... arbeiten.
Ich war froh, dass ich ...	Ich habe eine gute Arbeit gefunden.	Ich suche eine Stelle als ...
Ich bin ... gekommen.		
Die erste Zeit war ...	Ich bin manchmal traurig.	Ich möchte bald ... zurückkehren.
Ich war allein.	Mir fehlt meine Familie.	Mein Mann möchte lieber ...
Ich hatte keine Freunde.	Ich vermisse ...	
Ich war traurig, weil ich ...	Mir fehlt das Meer und ...	Wenn ich 50 bin, möchte ich ...
		Wenn ich 60 bin, möchte ich ...

3 Die Welt im Klassenzimmer

- ➔ Bringen Sie ein Foto von sich mit.
- ➔ Schreiben Sie einen Text über sich und Ihren Weg in die Schweiz.
- ➔ Die Kursleiterin bringt eine Weltkarte mit.
- ➔ Kleben Sie das Foto und den Text neben Ihr Land.
- ➔ Machen Sie ein Interview mit einer Kollegin oder einem Kollegen. Schreiben Sie einen Text über sie oder ihn.
- ➔ Kleben Sie auch diese Texte auf die Weltkarte.

Wie bist du ...?

Wann bist du in die Schweiz gekommen?

Was gefällt dir in der Schweiz?

Das gefällt ihm:

Das vermisst er hier:

Sein Weg in die Schweiz:

Ihr Grund für die Emigration:

Das findet sie gut hier:

Das fehlt ihr:

Warum bist du ...?

Was vermisst du hier?

Ü1 – Ü5 Arbeitsbuch, Seite 94 – 95

69 Unterwegs zur deutschen Sprache

1 Fragen und Antworten

Was passt zusammen? Ordnen Sie zu. Hören Sie dann das Gespräch von Barbara, Giosué und Giovanni und kontrollieren Sie Ihre Lösung.

Fragen

1 Wie lange lernst du schon Deutsch?
2 Gefällt dir die deutsche Sprache?
3 Wie lange besuchst du schon Deutschkurse?
4 Wie oft pro Woche ist der Kurs?
5 Ist der Kurs gut? Was macht ihr da?
6 Lernst du gut so?
7 Wie hast du eigentlich Deutsch gelernt?
8 Wie lernst du denn selber?

Antworten

a Zwei Mal pro Woche am Abend.
b Ich habe es selber gelernt.
c Ich habe immer ein Notizheft dabei.
d Etwa acht Jahre.
e Ja. Ich habe gemerkt, dass Lernen so Spass macht.
f Wir machen Interviews oder spielen Dialoge.
g Es geht. Ich finde Italienisch viel schöner.
h Schon länger als ein Jahr.

Frage	1	2	3	4	5	6	7	8
Antwort	_	_	_	_	_	_	_	_

2 Wie ist das bei Ihnen?

Beantworten Sie die Fragen zuerst für sich. Machen Sie Notizen dazu. Vergleichen Sie dann mit einer Kollegin oder einem Kollegen. Was ist gleich? Was ist anders? Notieren Sie.

1 Gefällt Ihnen die deutsche Sprache?
2 Sprechen Sie oft Deutsch ausserhalb der Schule?
3 In welcher Sprache sprechen Schweizer mit Ihnen?
4 Denken Sie manchmal auf Deutsch?
5 Wie lange lernen Sie schon Deutsch?
6 Hilft Ihnen jemand beim Deutschlernen?
7 Lernen Sie auch zu Hause Deutsch?
8 Wie lernen Sie zu Hause?
9 Haben Sie schon andere Fremdsprachen gelernt?

So ist das bei mir 1 …
2 …

So ist das bei uns **Das ist gleich:**
Wir …
Das ist anders:
Ich … aber …

3 Deutsch lernen mit «Deutsch in der Schweiz»

Wie war es? Beantworten Sie die Fragen zu zweit. Vergleichen Sie dann mit den anderen Kolleginnen und Kollegen. Machen Sie eine Hitparade im Kurs: Wählen Sie das interessanteste Thema, die schönste Seite, das schönste Bild und die schwierigste Übung.

Welches Thema war am interessantesten?
Welches ist die schönste Seite im Buch?
Welches Bild gefällt Ihnen am besten?
Welche Grammatik war am leichtesten?
Welche Hörübung war am schwierigsten?
Welches Projekt war am interessantesten?
…

Deutsch in der Schweiz unsere Hitparade:
Das Thema ... war für uns am interessantesten.
Die Seite ... finden wir am schönsten.
Das Bild auf Seite ... gefällt uns am besten.
Die Übung ... auf Seite ... war am schwierigsten.
...

70 Was kann ich jetzt?

1 Was meinen Sie selber?

Lesen Sie die Check-Liste und tragen Sie Ihre eigene Meinung ein.

✔✔✔ Das kann ich ohne Probleme.
□✔✔ Das kann ich schon gut, aber noch nicht perfekt.
□□✔ Das kann ich noch nicht so gut.
~~□□□~~ Das kann ich noch nicht.

Hochdeutsch hören und verstehen

1	Ich verstehe, wenn jemand ein Wort buchstabiert.	□□□
2	Ich verstehe die Zahlen auf Deutsch.	□□□
3	Ich verstehe Uhrzeiten, Wochentage und Daten.	□□□
4	Ich verstehe, wenn mich jemand nach meinen Personalien fragt.	□□□
5	Ich verstehe das Wichtigste, wenn jemand von seinem Leben erzählt.	□□□
6	...	□□□

Hochdeutsch sprechen

7	Ich kann reagieren, wenn ich etwas nicht verstehe, und dazu Fragen stellen.	□□□
8	Ich kann nach der Uhrzeit fragen und sagen, wie spät es ist.	□□□
9	Ich kann Personen passend zur Situation per du oder per Sie begrüssen.	□□□
10	Ich kann fragen, was jemand in der Freizeit und bei der Arbeit macht, und selber auf diese Fragen antworten.	□□□
11	Ich kann jemanden einladen (z. B. zu einem Fest) und auf eine Einladung reagieren.	□□□
12	Ich kann mich entschuldigen, wenn ich zu spät komme, und die Gründe nennen.	□□□
13	Ich kann einen Termin vereinbaren, z. B. beim Arzt oder auf dem Arbeitsamt.	□□□
14	Ich kann mit anderen besprechen, wohin wir gehen wollen (Kino, Konzert), und abmachen, wann und wo wir uns treffen.	□□□
15	Ich kann im Restaurant Essen und Trinken bestellen.	□□□
16	Ich kann am Schalter nach Reise-Informationen fragen und ein Billett kaufen.	□□□
17	Ich kann mich telefonisch um eine Wohnung oder um eine Stelle bewerben.	□□□
18	Ich kann auf Deutsch eine Nachricht auf einen Telefonbeantworter sprechen.	□□□
19	Ich kann ein persönliches Foto beschreiben, z. B. ein Familienfoto.	□□□
20	Ich kann von mir erzählen (Kindheit, Schule, Ausbildung, Arbeit).	□□□
21	Ich kann Rezepte von Spezialitäten aus meiner Heimat erklären.	□□□
22	Ich kann zu einem Thema meine Meinung sagen.	□□□
23	Ich kann sagen, was ich mir für die Zukunft wünsche.	□□□
24	...	□□□

Schweizerdeutsch verstehen

25	Ich verstehe Begrüssungen und Verabschiedungen auf Schweizerdeutsch und kann darauf reagieren.	□□□
26	Ich verstehe Informationen auf einem Telefonbeantworter.	□□□
27	Ich verstehe Preise auf Schweizerdeutsch.	□□□
28	Ich verstehe das Thema, wenn jemand Mundart spricht.	□□□
29	...	□□□

Im Arbeitsbuch finden Sie auf Seite 96 eine Check-Liste für «Lesen», «Schreiben» und «mit dem Wörterbuch arbeiten».

71 Wie gut kann ich das?

1 Kursinformationen

Hören Sie und ergänzen Sie den Text. Beurteilen Sie danach selber: Wie gut haben Sie die Informationen auf dem Telefonbeantworter verstanden? Markieren Sie Ihre eigene Beurteilung auf der Skala. Vergleichen Sie dann mit Ihren Kolleginnen und Kollegen im Kurs und sprechen Sie miteinander über Ihre Resultate.

Öffnungszeiten des Sekretariates

__________ bis Freitag von 10 Uhr bis ________ Uhr

und am __________ von 9 Uhr bis _____ Uhr.

Informationen zu den Deutschkursen

D1: Mo + Do, 19.15 Uhr bis ________ Uhr; Beginn: 11. September

D2: Di – Fr, 9.30 Uhr bis 12.30 Uhr und _____ Uhr bis _____ Uhr;
Beginn: 12. September

D3: _____ + _____, ________ Uhr bis 21.15 Uhr; Beginn: _____ September

D4: _____, ________ Uhr bis ________ Uhr; Beginn: _____ September

Wie ist es gegangen?
Wie gut habe ich die Wochentage, Uhrzeiten und Daten auf dem Telefonbeantworter verstanden?

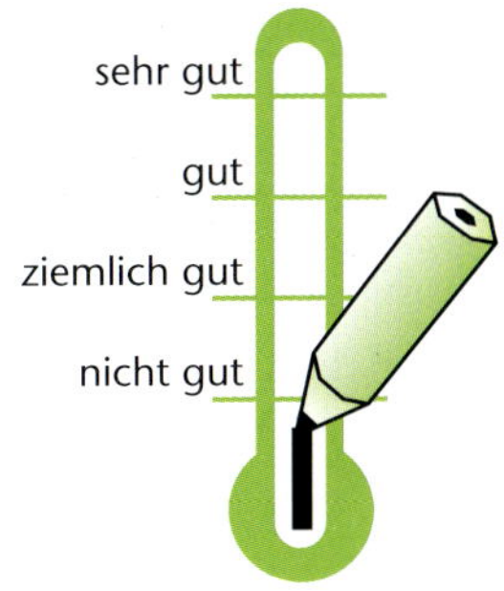

2 Kursanmeldung

Hören Sie das Gespräch und machen Sie Notizen. Wählen Sie eine Variante. Variante A: Ergänzen Sie das Anmeldeformular. Oder Variante B: Ergänzen Sie die Schuladresse.

Polyglott Olten

Kursanmeldung

Name: Elena

Strasse:

Ort: Trimbach

☐ **Kurs D1** (Anfänger) ☐ **Kurs D3** (Fortgeschrittene)

☐ **Kurs D2** (Intensivkurs) ☒ **Kurs D4** (Konversation)

A

Schuladresse

Strasse: ...

Ort: Olten

B

Wie ist es gegangen?
Wie gut konnte ich die buchstabierten Wörter mitschreiben?

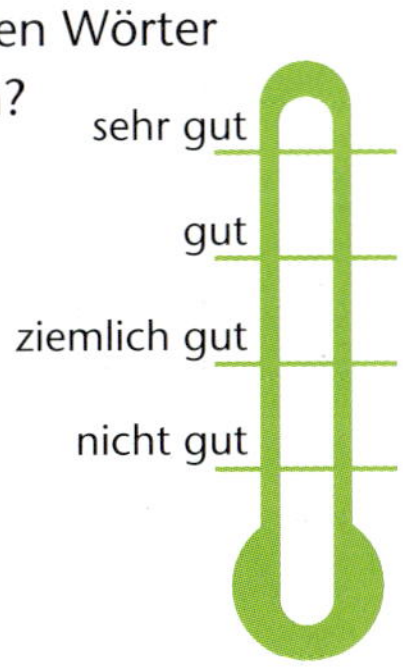

3 Ich muss mich abmelden

Verstehen Sie eine Mitteilung am Telefon? Was notiert die Sekretärin für die Kursleiterin? Hören Sie und ergänzen Sie die Telefonnotiz.

Polyglott Olten

Gesprächsnotiz für Frau Senn

Datum: 13. September Zeit: 10.15 Uhr

Anruf von Frau

Mitteilungen Kurs

Frau ________ kann heute

Nächsten Mittwoch

Wie ist es gegangen?
Wie gut konnte ich die Telefonnotiz ergänzen?

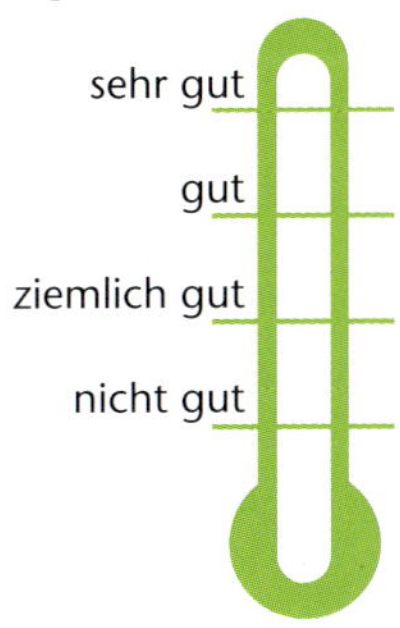

4 Eine Maler-Biografie

Hören Sie, was Albert Manser über sein Leben erzählt. Machen Sie Notizen und ergänzen Sie dann die Sätze.

Albert Manser, Bauernmaler

Albert Manser hat als Kind auf einem Bauernhof in der Nähe von Appenzell gelebt. Seine Eltern …
Albert Manser hat schon als Kind gern … Das war seine Lieblingsbeschäftigung.
Als er … war, ist er in die französische … und hat dort … in einer Bäckerei … und … gelernt.
Danach hat er eine … als Konditor …. Das war in St. Gallen.
Nach der Lehre hat er … Jahre lang in verschiedenen Konditoreien in … gearbeitet. In seiner Freizeit hat er …
1964 hatte er seine erste ….
… hat er aufgehört, … zu arbeiten. Seither arbeitet er …
Das Bilderbuch «Albertli» hat Albert Manser …
Das Buch ist ein Erfolg. Es gibt Übersetzungen auf …

Der Bauernmaler Albert Manser
…

Wie ist es gegangen?
Wie gut konnte ich verstehen, was Albert Manser über sein Leben erzählt?

sehr gut
gut
ziemlich gut
nicht gut

5 Fragen stellen

Herr Manser liest zwei Geschichten aus dem Bilderbuch «Albertli» vor. Hören Sie und lesen Sie mit. Notieren Sie Fragen, wenn Sie etwas nicht verstehen. Suchen Sie anschliessend im Kurs gemeinsam nach Antworten.

Sonntagnachmittag. Albert trifft im Dorf seine Kameraden. Sie beobachten die Ausflügler, die auf ihren Velos durchs Dorf fahren. Von Appenzell nach Gais geht es bergauf. Die meisten Touristen müssen absteigen. Darauf warten die Buben. «Dürfen wir Ihr Velo bis zur Höhe schieben?» fragen sie. Viele Ausflügler nehmen das Angebot an und geben gern einen Batzen für die Hilfe. Immer wieder rennen die Buben zum tiefsten Punkt zurück, stossen ein neues Velo den Berg hinauf, rennen zurück – stossen … Immer mehr Batzen scheppern im Hosensack – das «Chilbigeld» ist verdient!

Albertli rennt mit grossen Schritten an Frau Sutter vorbei. Er hat heute Morgen dem Vater geholfen und dabei den Schulbeginn vergessen. Und er braucht doch eine halbe Stunde vom «Schönenbühl» am Hirschberg bis ins Schulhaus in Appenzell. Viermal am Tag geht Albertli diesen langen Weg.

Meine Fragen
1 …

Wie ist es gegangen?
Wie gut konnte ich Fragen stellen?

sehr gut
gut
ziemlich gut
nicht gut

6 Kommst du mit ins Konzert?

Wie gut können Sie einen Termin abmachen? Arbeiten Sie zu zweit. Lesen Sie die Inserate und spielen Sie dann die Szene.

A

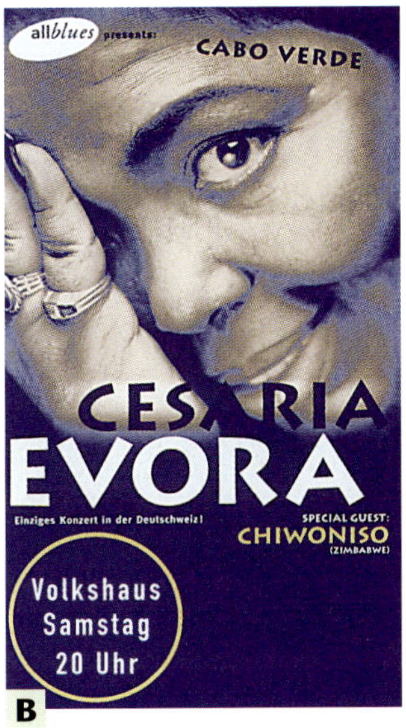

B

Das können Sie abmachen

→ Welches Konzert besuchen wir?
→ Wann treffen wir uns?
→ Wo treffen wir uns?
→ Was machen wir nach dem Konzert?

Wie ist es gegangen?
Wie gut haben wir die Szene gespielt?

Habt ihr uns gut verstanden?

Habe ich deutlich gesprochen?

...

7 Ich habe mich verspätet

Wie gut können Sie sich entschuldigen oder auf eine Entschuldigung reagieren? Hören Sie zuerst. Spielen Sie dann eine Szene zu zweit. Beurteilen Sie sich danach selber oder bitten Sie um ein Feedback.

Sich entschuldigen

Entschuldigen Sie bitte,
ich habe mich verspätet.
Entschuldigen Sie die Verspätung.
Es tut mir Leid, ich konnte nicht ...

Entschuldigung, hast du lange ...
War das ein Stress!
Entschuldige bitte die Verspätung.
Entschuldige bitte, ich wollte ...

Begründen

Es tut mir Leid,
ich habe verschlafen.
Es ist leider etwas dazwischengekommen.
Ich musste zum Arzt.
Ich musste ...
Ich habe ... verpasst.
Der Zug hatte ...

Reagieren

Warum kommen Sie so spät?
Wissen Sie, wie spät es ist?

Ich warte schon ...
Was war denn los?

Naja, das kann ja mal passieren.
Das ist nicht so schlimm.

Szenen:

→ zu spät zur Arbeit kommen
→ zu spät in den Kurs kommen
→ zu spät nach Hause kommen

8 Diskussion

Wie gut können Sie Ihre Meinung sagen? Stimmt der Slogan? Diskutieren Sie in Gruppen und überlegen Sie dann: «Wie gut konnte ich mitdiskutieren?»

Die Schweiz: ein Land der Pünktlichkeit

Ich finde, das stimmt.

Ich habe andere Erfahrungen gemacht.

Wenn ich zum Beispiel ...

Ich glaube, ...

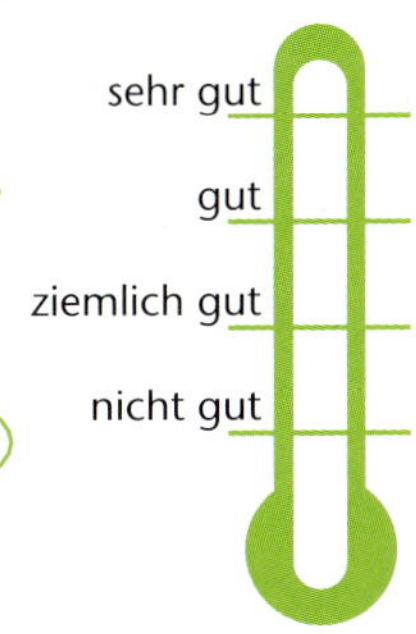

72 Schweizerdeutsch verstehen

1 Die Karateschule ist umgezogen

Hören Sie die Ansage auf dem Telefonbeantworter. Ergänzen Sie die neue Adresse der Karateschule in Chur und die Öffnungszeiten des Sekretariats.

Karateschule Budokai, Chur

Neue Adresse: *Plessurstrasse* ____________

Öffnungszeiten Sekretariat:

Von ____________ bis ____________

Von _____ Uhr bis _____ Uhr

Wie ist es gegangen?
Wie gut habe ich die Informationen auf dem Telefonbeantworter verstanden?

- sehr gut
- gut
- ziemlich gut
- nicht gut

2 Bezahlen, bitte!

Hören Sie das Gespräch. Was bezahlen die Gäste? Ergänzen Sie die Preise.

Bärn, i ha di gärn!

1 Salatteller	*Fr. 16.–*
3 dl Mineral	*Fr.* ________
1 Espresso	*Fr.* ________
Total	*Fr.* ________

A

Bärn, i ha di gärn!

1 Menü 1	*Fr.* ________
1 Most	*Fr.* ________
1 Kaffee crème	*Fr.* ________
Total	*Fr* ________

B

Wie ist es gegangen?
Wie gut habe ich die Preise verstanden?

- sehr gut
- gut
- ziemlich gut
- nicht gut

3 Im Bus

Hören Sie das Gespräch in einem Bus in Zürich. Über welche Themen sprechen die zwei Frauen? Kreuzen Sie an.

Die Frauen sprechen über

- ☐ die Ferien
- ☐ das Wetter
- ☐ den Regen
- ☐ den Chef
- ☐ den Mann
- ☐ den Sohn
- ☐ die Grippe
- ☐ die Tochter
- ☐ das Fernsehprogramm
- ☐ das Wochenende

Wie ist es gegangen?
Wie gut habe ich die Themen im Gespräch verstanden?

- sehr gut
- gut
- ziemlich gut
- nicht gut

73 Ausklang

1 Lieder, Lieder, Lieder

Hören Sie die Lieder und lösen Sie die Aufgaben.

A

B

C

D

Lieder und Bilder: Was passt zusammen?

Zu Lied **1** passt Bild ___
Zu Lied **2** passt Bild ___
Zu Lied **3** passt Bild ___
Zu Lied **4** passt Bild ___

Welcher Titel passt zu welchem Lied?

Es gibt einen Buben mit Namen Fritz	Lied ____
Die Zeit anhalten	Lied ____
Geh, ruf die Braunen	Lied ____
Swimmingpool und Zürichsee	Lied ____

Was meinen Sie?
Sprechen Sie im Kurs über die Lieder.

Wenn ich das Lied ... höre, denke ich an ...

Ich finde die Lieder ...

Mir gefällt das Lied ... besonders gut, weil ...

Wenn ich das Lied ... höre, sehe ich vor mir ...

Mir gefällt das Lied ... gar nicht gut, weil ...

Das Lied ... erinnert mich an ...

...

2 Und bei Ihnen?

Was für Volkslieder, Kinderlieder oder Chansons gibt es in Ihrem Heimatland? Erzählen Sie im Kurs. Bringen Sie Ihre Lieder in den Kurs mit. Hören Sie die Lieder gemeinsam und sprechen Sie darüber. Viel Vergnügen!

Volkslieder
populäre Lieder
moderne Lieder
Kinderlieder
Lieder

Ü19 – Ü21 Arbeitsbuch, Seite 101

74 Grammatik-Spiel

Vorbereitung

1 Sie brauchen eine Spielfigur (z. B. Münze) und einen Würfel.
2 Sie brauchen mindestens eine Partnerin oder einen Partner und spielen als Team gegen ein anderes Team.
3 Bereiten Sie das Spiel in Ihrem Team vor (15 Minuten): Machen Sie Übungen, die Sie schwierig finden, und üben Sie mit Ihrer Partnerin oder Ihrem Partner.
4 Sie dürfen Notizen machen. Versuchen Sie aber, das Spiel ohne Notizen zu spielen!

Spielregeln

1 Zwei Teams spielen gegeneinander.
2 Beide Teams setzen die Spielfigur auf «Start» und würfeln. Das Team mit der grösseren Zahl beginnt.
3 Wenn Sie auf ein Feld mit einem Frosch kommen, folgen Sie dem Pfeil.
4 Wenn in einem Feld «+1» steht, dürfen Sie ein Feld weiter oder können auf dem Feld bleiben. Entscheiden Sie im Team.
5 Wenn Sie auf ein Feld mit einer Übung kommen, wählen Sie eine Variante und machen die Übung.

Start

1

+1

2

Pingpong «Zahlen»

→ 30 – 29 ... (bis 21)
→ 100 – 90 ... (bis 10)
→ 70 – 65 ... (bis 25)
→ 40 – 38 ... (bis 20)

Seite 13, Übung 8

3

15

+1

14

Pingpong «Präsens»

→ ich kaufe ein, du ...
→ ich rufe an, du ...
→ ich helfe mit, du ...
→ ich höre auf, du ...

Seite 61, Grammatik G3

13

12

Auf den Kopf klopfen

Klopfen Sie mit allen zehn Fingern auf Ihren Kopf, bis Sie sich wieder frisch fühlen.

16

Ins Perfekt setzen

→ Frau Beerli steht um 5 Uhr auf. Sie geht um 6 Uhr zur Arbeit.
→ Ich besuche heute einen Freund. Wir trinken Tee und essen Kuchen.

Seite 62, Grammatik G4 und G5

17

18

Mit dem Bauch atmen

Atmen Sie durch die Nase ein und zählen Sie bis 3.
– Kleine Pause –
Atmen Sie aus und zählen Sie wieder bis 3. (10 Mal)

19

Ziel

30

Sätze mit «wenn» bilden

→ Es regnet. Ich nehme das Tram.
→ Ich muss warten. Ich werde nervös.
→ Ich sehe dich. Ich bin glücklich.

Seite 90, Grammatik G3

29

28

Sätze mit «dass» bilden [illegible]

→ Hier ist immer etwas [illegible]
→ Hier kann man Schach [illegible] spielen.
→ Hier gibt es einen Ma[illegible]

Beispiel: Ich finde es gut, dass ...

Seite 90, Grammatik G1

6 Das andere Team kontrolliert mit dem Schlüssel und entscheidet: «Richtig»: Sie dürfen auf dem Feld bleiben. «Falsch»: Sie müssen zwei Felder zurück.

7 Wer zuerst im Ziel ist, hat gewonnen.

Spielvarianten

→ Wenn Sie auf ein Feld mit einer Übung kommen, bestimmt das andere Team die Variante (Regel 5).

→ Wer genau ins Ziel kommt, hat gewonnen. Wer eine grössere Zahl würfelt, muss den Rest zurückgehen (Regel 7).

mparativ und perlativ bilden gut – ... gross – ... gern – ... e104, Grammatik G4	**5** 	**6** **Sich strecken** Stehen Sie auf. Strecken Sie sich eine Minute lang. Setzen Sie sich wieder. So entspannen Sie den Rücken.	**7** +1
1	**10** **Pingpong «Präsens»** → ich nehme, du ... → ich esse, du ... → ich sehe, du ... → ich möchte, du ... Seite 48, Grammatik G5	**9** 	**8** **Pingpong «Präsens»** → ich freue mich, du ... → ich beeile mich, du ... → ich entschuldige mich, du ... Seite 132, Grammatik G1
0 **gpong «Präsens»** ich kann, du ... ich muss, du ... ich will, du ... ich darf, du ... e 76, Grammatik G1	**21** 	**22** **Pingpong «Präteritum»** → ich konnte, du ... → ich musste, du ... → ich wollte, du ... → ich durfte, du ... Seite 118, Grammatik G3	**23**
7	**26** **Ins Präteritum setzen** → Ich bin krank. Ich habe hohes Fieber. → Du bist nervös. Du hast keine Zeit. → Sie ist müde. Sie hat viel zu tun. Seite 48, Grammatik G5	**25**	**24** **An ein «x» denken** Schliessen Sie die Augen und denken Sie eine Minute an ein «x». So verbessern Sie Ihre Konzentration.

75 Immer weiterlernen

1 Fünf Ideen

Lesen Sie die Texte. Überlegen Sie bei jeder Idee: Was kann man damit lernen? Kreuzen Sie an. Vergleichen Sie mit Kolleginnen und Kollegen und diskutieren Sie.

1 Mein Satz von heute: Was haben Sie heute in Ihrer Muttersprache gesagt oder geschrieben? Notieren Sie am Abend mindestens einen Satz davon auf Deutsch in ein Heft. Benutzen Sie dazu auch das Wörterbuch. Blättern Sie von Zeit zu Zeit in Ihrem Heft und lesen Sie einzelne Sätze. Erinnern Sie sich an die Situation?

2 Textsammlung: Blättern Sie in Zeitungen und Illustrierten. Wenn Ihnen ein Zeitungsartikel interessant scheint, dann schneiden Sie ihn aus. Lesen Sie den Text und markieren Sie alles, was Sie verstehen. Sammeln Sie so viele Texte wie möglich. Legen Sie die Texte in eine Kartonschachtel. Lesen Sie Ihre Texte immer wieder.

3 Zwei Zeitungen: Lesen Sie eine Zeitung in Ihrer Muttersprache. Blättern Sie dann in einer deutschen Zeitung. Welches Thema kommt in beiden Zeitungen vor? Vergleichen Sie die Texte und notieren Sie wichtige Wörter.

4 Notizheft: Tragen Sie immer ein kleines Notizheft bei sich. Wenn Sie ein neues Wort hören oder lesen, dann notieren Sie das Wort, am besten mit einem ganzen Satz. Suchen Sie zu Hause in Ihrem Wörterbuch die Übersetzung. Welche Wörter möchten Sie lernen? Markieren Sie diese Wörter.

5 Tandem: Suchen Sie eine Lernpartnerin: Ihre Muttersprache muss Deutsch sein und sie möchte Ihre Muttersprache lernen. Treffen Sie sich einmal pro Woche für zwei Stunden. In der ersten Stunde sind Sie die Lehrerin. Sie lesen z. B. zusammen einen Text in Ihrer Muttersprache oder Sie machen Übungen aus dem Buch Ihrer Partnerin. In der zweiten Stunde ist Ihre Partnerin die Lehrerin. Sie sprechen Deutsch miteinander und machen Übungen aus dem Deutsch-Buch.

Das kann man lernen	Idee 1	Idee 2	Idee 3	Idee 4	Idee 5
Deutsch sprechen	☐	☐	☐	☐	☐
Deutsch schreiben	☐	☐	☐	☐	☐
Texte verstehen	☐	☐	☐	☐	☐
Neue Wörter	☐	☐	☐	☐	☐
Grammatik	☐	☐	☐	☐	☐
…	☐	☐	☐	☐	☐

Das ist eine gute Idee!

Das ist zu kompliziert!

Willst du das ausprobieren?

2 Noch mehr Ideen

Wie kann man auch noch lernen? Haben Sie eine Idee? Notieren Sie sie. Besprechen Sie Ihre Ideen im Kurs.

3 Meine Pläne

Wie möchten Sie in nächster Zeit Deutsch lernen? Notieren Sie Ihre Pläne und vergleichen Sie mit Kolleginnen und Kollegen.

Ü22 – Ü24 Arbeitsbuch, Seite 102 – 103

Schlüssel

Seite 8 — Ü3

1 Fiona
2 Nein, sie kommt aus Irland.
3 Anna
4 Er kommt aus der Schweiz.
5 Ador
6 Nein, er kommt aus Basel.

Seite 10 — Ü1

A Dialog 2 **B** Dialog 4 **C** Dialog 1 **D** Dialog 3

Seite 11 — Ü1

☒ Englisch ☒ Deutsch ☒ Albanisch ☒ Tamilisch
☒ Spanisch ☒ Italienisch ☒ Tagalog ☒ Urdu

Seite 12 — Ü2

Figur A
[4] [3] [15] [2] [20] [6] [9] [14] [17] [1] [19] [13] [4]

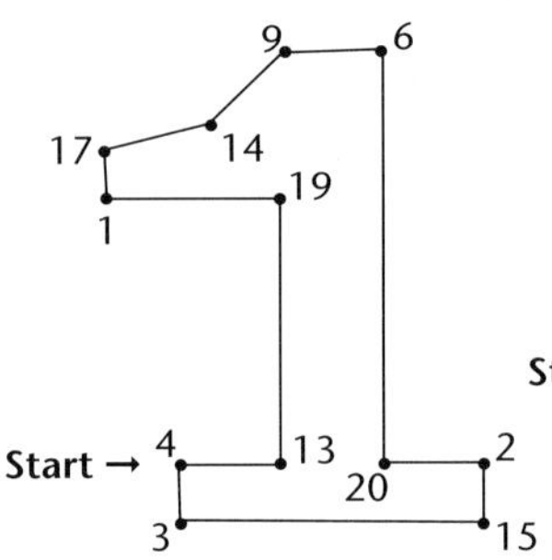

Figur B
[7] [16] [4] [19] [12] [18] [13] [9] [5] [15] [11] [2] [8] [14] [6] [3] [1] [20] [7]

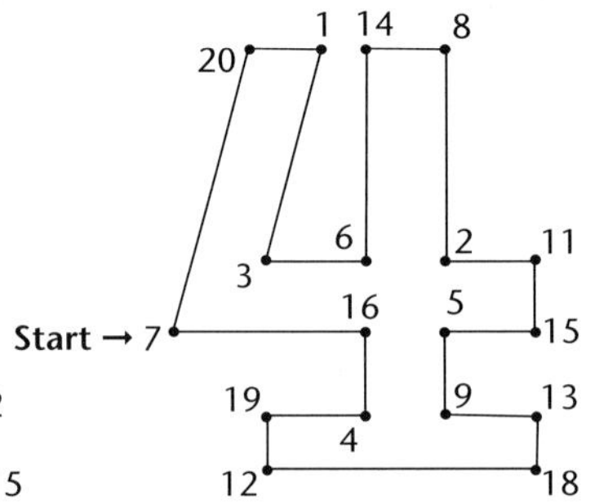

Seite 13 — Ü6

50, 30, 14, 15, 60, 17, 80, 19, 55, 77, 14, 99

Seite 13 — Ü9

120, 250, 380, 440, 510, 630, 760, 870, 990, 1000

Seite 14 — Ü3

	richtig	falsch
1 Die Schweiz hat 26 Kantone.	☒	☐
2 Die Hauptstadt ist Basel.	☐	☒
3 Die Schweiz hat drei Landessprachen.	☐	☒
4 In zehn Kantonen sprechen die Leute Deutsch.	☐	☒
5 Französisch spricht man in der Ostschweiz.	☐	☒
6 Im Kanton Tessin sprechen die Leute Italienisch.	☒	☐

Seite 15 — Ü5

1 Von Bern nach Zürich sind es **120** Kilometer.
2 Von Zürich nach Schaffhausen sind es nur **50** Kilometer.
3 Von Schaffhausen nach Genf sind es **300** Kilometer.
4 Von Basel nach Lugano sind es **260** Kilometer.
5 Von St. Gallen nach Chur sind es **110** Kilometer.

Seite 15 — Ü6

1 Von Bern nach München sind es **430** Kilometer.
2 Von Bern nach Mailand sind es nur **240** Kilometer.
3 Von Bern nach Paris sind es **600** Kilometer.

Seite 16 — Ü3

M a n i a d a k i s

Seite 16 — Ü5

4 SBB **5** CH **3** ec direct **6** WWF **2** C&A **1** SF DRS **7** i **8** ABM

Seite 17 — Ü2

a sehr klein **b** klein **c** mittelgross **d** gross **e** sehr gross

Seite 18 — Ü1

	Hochdeutsch	Mundart
verstehen	☒	☒
sprechen	☒	☐
lesen	☒	☐
schreiben	☒	☐

Seite 18 — Ü2

1 Basel
2 Bern
3 Genf
4 Zermatt
5 Lugano
6 St. Moritz
7 Chur
8 St. Gallen
9 Zürich

Seite 18 — Ü3

☒ Guten Tag, Frau Stirnimann

Seite 22 — Ü1

A Text 6
B Text 5
C Text 1
D Text 2
E Text 4
F Text 3

Seite 23 — Ü2

1 Hui-Zhu wohnt in **Luzern**. Sie arbeitet als **Gymnastiklehrerin**.
2 Astrid sagt: «Ich wohne in **Genf**. Ich fahre oft nach **Paris**.»
3 Sellathurai wohnt in **Kloten**. Er arbeitet als **Küchenhilfe**.
4 Ilario sagt: «Ich komme aus dem Tessin. Meine Muttersprache ist Italienisch. Ich spreche auch **relativ** gut Deutsch und Französisch.»
5 Neina ist **18** Jahre alt. Sie fährt jeden Tag nach **Chur**. Sie spricht **Rätoromanisch und Bündnerdeutsch**.
6 Ana Carina ist **22**. Sie kommt aus **Guatemala**.

Seite 23 — Ü3

1 Hui-Zhu **wohnt** in Einsiedeln. Sie **arbeitet** als Übersetzerin.
2 Astrid **sagt**: «Ich **wohne** in Luzern. Ich **fahre** oft nach München.»
3 Sellathurai **wohnt** in Basel. Er **arbeite**t im Kantonsspital.
4 Ilario **sagt**: «Ich **komme** aus dem Tessin. Meine Muttersprache **ist** Italienisch. Ich **spreche** auch sehr gut Deutsch und Französisch.»
5 Neina **ist** 19 Jahre alt. Sie **fährt** jeden Tag nach Lugano. Sie **spricht** Spanisch.
6 Ana Carina **ist** 21. Sie **kommt** aus Mexiko.

Seite 24 — Ü5

Ich und du
Ich bin **ich**.
Du bist **du**.
Er ist **er**.
Wir sind **wir**.
Wer seid **ihr**?

So sind wir!
Ich **bin**, wie ich **bin**.
Du **bist**, wie du **bist**.
Er **ist**, wie er **ist**.
Sie **ist**, wie sie **ist**.

So **ist** es:
Wir **sind**, wie wir **sind**.
Und ihr?
Wie **seid** ihr?

Seite 25 Ü1

B 9.40 Uhr: 20 vor 10 am Vormittag
D 23.30 Uhr: halb 12 am Abend
A 6.05 Uhr: 5 nach 6 am Morgen
C 17.15 Uhr: Viertel nach 5 am Nachmittag

Seite 25 Ü2

11.10 Uhr: **10 nach 11**
11.20 Uhr: **20 nach 11**
11.45 Uhr: **Viertel vor 12**
11.55 Uhr: **5 vor 12**

Seite 26 Ü5

A Hörtext 2 **B** Hörtext 3 **C** Hörtext 1

Seite 26 Ü6

Der Kiosk ist **von** Sonntag **bis** Donnerstag **von** 6 Uhr am Morgen **bis** halb 11 Uhr **am** Abend geöffnet.
Am Freitag und **am** Samstag haben wir **von** 6 Uhr **am** Morgen **bis** Mitternacht offen.

Seite 26 Ü7

Frau Künzli: Von **6** Uhr bis **9** Uhr am Vormittag; von **12** Uhr bis **halb 7** Uhr am Abend.
Frau Berisha: Von **6** Uhr bis **10** Uhr am Morgen; von **12** bis **4** Uhr am Nachmittag.
Frau Ferrari: Von **10** Uhr bis **1** Uhr am Mittag und von **3** bis **8** Uhr.
Frau Beerli: Von **7** bis **11** Uhr am Vormittag; von **6** bis **halb 11** am Abend.

Seite 27 Ü1

	richtig	falsch
1 Es ist halb acht.	☐	☒
2 Herr Cimildoro ist fertig mit der Arbeit.	☒	☐
3 Er arbeitet schon 20 Jahre als Taxifahrer.	☐	☒
4 Er spricht gern mit den Leuten.	☒	☐
5 Er wartet nicht gern, das ist langweilig.	☒	☐
6 Morgen arbeitet Herr Cimildoro von 14 Uhr bis 24 Uhr.	☒	☐
7 Er fährt nicht gern in der Nacht.	☐	☒
8 Er schläft manchmal am Tag.	☒	☐

Seite 28 Ü1

Das sind zusammen **88** Franken und **80** Rappen.

Seite 28 Ü2

Münzen	Noten
5 Rappen	**10** Franken
10 Rappen	**20** Franken
20 Rappen	**50** Franken
50 Rappen	**100** Franken
1 Franken	**200** Franken
2 Franken	**1000** Franken
5 Franken	

Münzen und Noten sind zusammen **1388** Franken und **85** Rappen.

Seite 29 Ü4

1 Jimmy Freddy León Bello
2 in Zürich
3 Fr. 49.30
4 Swisscom AG

Seite 29 Ü5

Gipfeli: Hörtext **1**
Schokoladen: Hörtext **4**
Ananas: Hörtext **2**
Kaffeerahm: Hörtext **5**
Zahnpasten: Hörtext **3**

Seite 30 Ü1

1 Patricia Pereira Locher
2 aus Brasilien
3 in Goldau
4 Verkäuferin
5 ja
6 ist nicht im Ausweis

Seite 31 Ü4

☒ 041/783 72 86

Seite 31 Ü5

a 01/262 73 93 (Zürich)
b 022/784 26 79 (Genf)
c 061/673 81 12 (Basel)
d 031/356 93 87 (Bern)
e 041/410 11 56 (Luzern)
f 021/303 14 38 (Lausanne)
g 081/280 13 93 (Chur)
h 091/825 17 54 (Bellinzona)

Seite 31 Ü6

Frau Patricia Pereira
Poststrasse 18
6410 Goldau

Seite 32 Ü2

A ☒ Iseli ☒ Steiner
B ☒ Franz ☒ Hildegard

Seite 32 Ü3

1 Silvia kommt aus **Chur**. Sie wohnt jetzt in **Zürich**.
2 Franz kommt aus **Basel**. Er wohnt jetzt in **Luzern**.
3 Elisabeth kommt aus **St.Gallen** und wohnt jetzt in **Bern**.
4 Fritz kommt aus **Bern** und wohnt in **Bern**.

Seite 33 Ü2

1 42 Jahre alt **2** Berndeutsch

Seite 33 Ü3

Vorname	**Fred**
Name	**Hodel**
Alter	**42**
Wohnort	**Thun**
Arbeit, Beruf	**Lehrer**
Sprachen	**Berndeutsch, Hochdeutsch**

Seite 36 Ü1

A spazieren gehen
C tanzen gehen
B essen gehen
E picknicken
D Fussball spielen

Seite 36 Ü2

1 **Was?** in ein Konzert gehen
Wo? in Zürich
Wann? am Donnerstag, ab 20.00 Uhr

2 **Was?** tanzen gehen
Wo? in Zug
Wann? ab 22.00 Uhr

3 **Was?** in den Zoo gehen
Wo? in Basel
Wann? 365 Tage im Jahr

4 **Was?** essen gehen
Wo? in Bern
Wann? täglich von 11.00 bis 14.30 Uhr
und von 17.00 bis 23.30 Uhr

Seite 37 Ü1

Zum Dialog passt Inserat **B**.

Seite 37 Ü2

☒ am Montag um halb sieben.

Seite 38 Ü1

Richtig ist: Aber mehr Frauen als Männer lesen Bücher: **72%** der **Frauen** lesen Bücher, bei den **Männern** sind es **47%**.

Seite 38 Ü2

	Ja	Nein
1 Sie hat ein- bis zweimal pro Woche Besuch.	☒	☐
2 Sie geht manchmal ins Kino.	☒	☐
3 Sie geht oft auswärts essen.	☐	☒
4 Sie hütet die Kinder von ihrer Schwester.	☒	☐
5 Sie backt Kuchen.	☒	☐
6 Sie bleibt am Dienstagabend selten zu Hause.	☐	☒
7 Sie sieht jeden Abend fern.	☐	☒
8 Sie hört nur am Wochenende Musik.	☐	☒

Seite 39 Ü1

D Der erste Eindruck
B Am See
F Auf dem Schiff
E Die Kapellbrücke
A Pause
H Das Verkehrsmuseum
C Das Kulturzentrum
G Abschied

Seite 40 Ü4

5 der Rucksack
10 die Handtasche
8 die Sonnenbrille
4 die Mütze
2 der Bär
11 die Puppe
7 der Tee
1 die Bananen
12 das Brot für die Schwäne
3 die Zugbillette
9 das Portemonnaie
6 der Fotoapparat

Seite 41 Ü8

1 Was ist das?
Ist das ein **Schiff**?
Nein, das ist kein **Schiff**.
Vielleicht ein **Schwan**!

2 Stimmt, das ist ein **Schwan**.

3 Der **Schwan** hat Hunger.
Er bekommt Brot.

Seite 41 Ü9

A ein Fotoapparat, **B** Bananen, **C** eine Rechnung, **D** eine Sonnenbrille
E ein Ausweis, **F** eine Zehnernote, **G** eine Puppe, **H** ein Schiff

Seite 42 Ü1

Dialog 1 Am Bratwurst-Stand
Dialog 2 Am China-Take-away
Dialog 3 Am Kebab-Stand

Seite 42 Ü2

Dialog 1
☒ einen Cervelat
☒ eine Bratwurst
☒ ein Poulet
☒ Pommes frites

Dialog 2
☒ zwei Frühlingsrollen

Dialog 3
☒ zwei Dönerkebabs

Seite 43 Ü5

Irma (55) bezahlt:
☒ den Kaffee
☒ das Mineralwasser
☒ die vier Glacen

Seite 43 Ü6

der Kaffee – **den** Kaffee
das Bier – **das** Bier
die Milch – **die** Milch
die Glacen – **die** Glacen

Seite 43 Ü7

Was bezahlen Sie?
Ich bezahle **den** Cervelat und **das** Bier.
Und Sie? Was bezahlen Sie?
Ich bezahle **die** Bratwurst und **das** Mineralwasser.
Und Sie?
Ich bezahle **das** Poulet, **die** Pommes frites und **das** Coca-Cola.

Seite 43 Ü8

A Fr. 10.50 **B** Fr. 14.40 **C** Fr. 16.70 **D** Fr. 19.20

Seite 44 Ü1

	Zymer	Patricia	Hui-Zhu	Pamela
1 Ich war zu Hause.	☒	☐	☒	☒
2 Ich hatte Besuch.	☐	☐	☒	☐
3 Ich war bei Freunden.	☐	☒	☐	☐
4 Ich hatte viele Telefongespräche.	☐	☐	☐	☒
5 Das Fernsehprogramm war gut.	☒	☐	☐	☐
6 Ich war in Luzern.	☐	☒	☐	☐
7 Wir hatten es schön zusammen.	☐	☐	☒	☐
8 Am Sonntag war ich müde.	☒	☐	☐	☐
9 Wir waren in einem Konzert.	☐	☒	☐	☐

Seite 44 Ü5

Zu Hause
Ich **war** zu Hause.
Er **war** zu Hause.
Anna **war** auch zu Hause.
Wir **waren** alle zu Hause.
Nur du **warst** weg.
Wo **warst** du denn?

Ein Wochenende mit Stress
Du **hattest** Zeit.
Er **hatte** Zeit.
Sie **hatte** auch Zeit.
Ihr **hattet** alle viel Zeit.
Nur ich **hatte** keine Zeit.
Ich **hatte** Stress, viel Stress.

Seite 45 Ü1

der Zoo — **das** Kino — **die** Musik

Seite 45 Ü2

das Inserat — **die** Zeitung — **der** Text — **die** Information
das Foto — **das** Museum — **der** Kaffee — **das** Telefon

Seite 45 Ü3

der Film — **das** Konzert — **die** Verabredung

Seite 46 Ü1

	Herr Simão	Frau Senti	Herr Ahsan
1 Er kommt aus Portugal.	☒	☐	☐
2 Sie kommt aus dem Kanton Graubünden.	☐	☒	☐
3 Er ist 34 Jahre alt.	☐	☐	☒
4 Sie hat jeden Tag mit vielen Leuten Kontakt.	☐	☒	☐
5 Er ist 19.	☒	☐	☐
6 Er ist gern im Zug unterwegs.	☒	☐	☐
7 Sie arbeitet schon 30 Jahre an der Minibar.	☐	☒	☐
8 Er lacht oft.	☒	☐	☐

Seite 46 Ü2

Dialog 1
☒ Orangensaft

Dialog 2
☒ Tee crème
☒ Mineralwasser
☒ Bier
☒ Sandwich mit Käse

Dialog 3
☒ Kaffee crème
☒ Gipfeli

Seite 46 Ü3

Dialog 1: ☒ Fr. 4.10
Dialog 2: ☒ Fr. 20.20
Dialog 3: ☒ Fr. 5.60

Seite 50 Ü1

	Ja	Nein
1 Herr Nogueira arbeitet seit 8 Jahren in der Schweiz.	☐	☒
2 Frau Nogueira lebt seit 7 Jahren in der Schweiz.	☒	☐
3 Herr und Frau Nogueira hatten früher eine 2-Zimmer-Wohnung.	☒	☐
4 Die Kinder von Herrn und Frau Nogueira waren früher in Portugal.	☒	☐
5 Familie Nogueira hat ein Haus mit Garten in der Schweiz.	☐	☒
6 Seit drei Jahren leben auch die Kinder in der Schweiz.	☐	☒
7 Familie Nogueira hat jetzt eine 4-Zimmer-Wohnung.	☒	☐
8 Die Wohnung ist gross und teuer.	☐	☒

Seite 50 Ü2

1 der Korridor
7 das Wohnzimmer
3 die Küche
5 das Schlafzimmer (Eltern)
8 das Kinderzimmer (1 Tochter)
2 das Kinderzimmer (2 Söhne)
4 das Bad
6 die Toilette

Seite 51 Ü3

1 **der** Keller
2 **die** Waschküche
3 **die** Wohnung im Parterre
4 **die Wohnung** im ersten Stock
5 **die Wohnung** im zweiten **Stock**
6 **das** Treppenhaus
7 **der** Lift
8 **der** Estrich
9 **der** Balkon
10 **der** Garten
11 **die** Garage

Seite 52 Ü1

Zum Gespräch passt: Inserat **2**

Seite 53 Ü4

ein Bett	☒
ein Kleiderschrank	☒
ein Bücherregal	☒
ein Tisch	☒
zwei Stühle	☒
ein Sofa	☐
ein Sessel	☐
ein Teppich	☒
drei Lampen	☒
drei Bilder	☐
ein Spiegel	☐

Seite 54 Ü1

7 das Bett machen
3 abwaschen
9 Abfallsäcke wegtragen
2 den Tisch abräumen
1 einkaufen
8 staubsaugen
4 abtrocknen
5 Wäsche waschen
11 kochen
10 das Bad putzen
6 bügeln

Seite 54 Ü2

Marçia **kauft** am Dienstag, Mittwoch und Donnerstag **ein**.
Die Söhne **räumen** nach dem Essen den Tisch **ab**.
Alexandre **wäscht** dann fast immer **ab**.
Ricardo **trocknet ab**.

Seite 55 Ü3

Am Morgen	Am Mittag	Am Nachmittag	Am Abend
aufstehen	nach Hause gehen	Deutsch lernen	fernsehen
Schule	einkaufen	telefonieren	lesen
	zu Mittag essen		Musik hören

Seite 56 Ü1

	Ja	Nein	Vielleicht
1 Ilario hat Brot mit Käse gegessen.	☐	☐	☒
2 Er hat Zeitung gelesen.	☐	☐	☒
3 Er hat Wäsche gewaschen.	☒	☐	☐
4 Er hat den Tisch abgeräumt.	☐	☒	☐
5 Er hat das Bett gemacht.	☐	☒	☐
6 Er hat eingekauft.	☒	☐	☐
7 Er hat Kaffee getrunken.	☐	☐	☒
8 Er hat geduscht.	☒	☐	☐

Seite 56 Ü2

a in Zürich
b Bockhornstrasse
c Nummer 16
d 8047
e 01/491 13 26

Seite 58 Ü2

A Dialog **3** — B Dialog **1** — C Dialog **2**

Seite 59 Ü1

Hörtext A	Hörtext B	Hörtext C
1 Ja	1 Ja	1 Ja
2 Ja	2 Nein	2 Ja
3 Nein	3 Ja	3 Nein
4 Ja	4 Nein	4 Ja
5 Nein	5 Ja	5 Nein
6 Ja	6 Ja	6 Ja

Seite 60 Ü2

Dialog 1
A ☒ Frau Nadarajah ist freundlich.
B ☒ Herr Rüegg ist freundlich.
C ☒ Es ist Abend.
D ☒ Herr Rüegg kocht Fisch.
E ☒ Er hat keine Zitrone.

Dialog 2
A ☒ Herr Elshani ist freundlich.
B ☒ Herr Meier ist unfreundlich.
C ☒ Vor der Türe steht ein Abfallsack.
D ☒ Das sage ich dem Hauswart.
E ...

Dialog 3
A ☒ Frau Aybek ist freundlich.
B ☒ Frau Brun ist freundlich.
C ☒ Sie hat morgen Waschtag.
D ☒ Sie sucht den Waschküchenschlüssel.
E ☒ Herr Coban.

Seite 64 Ü1

Süsses
Schokolade
Zucker
Gummibärchen

Öle, Fette
Öl
Butter

Milch, Milchprodukte
Käse
Joghurt
Milch

Fleisch, Fisch, Ei
Eier
Poulet
Forelle
Rindfleisch

Früchte, Gemüse, Salate
Bananen
Birnen
Zitronen
Orangen
Beeren
Äpfel
Tomaten
Artischocken
Lauch
Kopfsalat
Karotten
Pilze

Getreideprodukte
Brot
Teigwaren
Knäckebrot

Getränke
Mineralwasser
Bier
Orangensaft
Eistee

Seite 65 Ü2

	richtig	falsch
1 Trinken ist sehr wichtig für die Gesundheit.	☒	☐
2 Der Körper braucht jeden Tag mindestens 1,5 Liter Flüssigkeit.	☒	☐
3 Früchte und Gemüse sind gesund. Sie haben viele Vitamine.	☒	☐
4 Reis, Mais, Teigwaren und Brot machen dick.	☐	☒
5 Auch Getreideprodukte haben Vitamine.	☒	☐
6 Der Mensch braucht jeden Tag eine Portion Fleisch oder Fisch.	☐	☒
7 Milch und Milchprodukte sind nur für Kinder wichtig.	☐	☒

Seite 65 Ü3

Diese Spezialität heisst **Rösti**.

Seite 66 Ü1

D Velo fahren
E joggen
B wandern
I Ski fahren
G Snowboard fahren
C schlitteln
H Volleyball spielen
A schwimmen
K Krafttraining machen
F Gymnastik machen

Seite 66 Ü2

Person 1: «Ich mache viel für meine **Fitness**. Ich mache jeden Morgen **Gymnastik**. Zwei Mal pro Woche mache ich auch Aerobic oder **Krafttraining**. In Brasilien habe ich am Wochenende oft **Volleyball** gespielt. Hier in der Schweiz gehe ich jeden Sonntag mit meinem Mann **joggen**.»

Person 2: «Ich **treibe keinen Sport**. Im Sommer gehen meine Frau und ich aber oft **wandern** und im Winter gehen wir am Wochenende manchmal **schlitteln**. Früher bin ich auch **Ski gefahren**.» Er sagt auch: «**Snowboard fahren**, das ist etwas für junge Leute.»

Seite 67 Ü4

D Die Beine tun heute weh,
B die Arme tun weh,
C der Rücken tut weh,
A der Bauch tut weh.

Seite 67 Ü5

1 **der** Kopf	**8** **der** Arm
2 **der** Hals	**9** **die** Hand
3 **die** Schulter	**10** **die** Finger
4 **die** Brust	**11** **das** Bein
5 **das** Herz	**12** **das** Knie
6 **der** Rücken	**13** **der** Fuss
7 **der** Bauch	**14** **die** Zehe

Seite 68 Ü2

	Frau	Mann
1 Was ist los mit dir?	☒	☐
2 Willst du nicht aufstehen?	☒	☐
3 Ich kann nicht aufstehen.	☐	☒
4 Du musst im Bett bleiben	☒	☐
5 Ich muss zur Arbeit gehen.	☐	☒
6 Die Kollegen können nicht weiterarbeiten.	☐	☒
7 Du darfst heute nicht aus dem Haus gehen.	☒	☐
8 Ich muss den Chef anrufen.	☐	☒
9 Das kann ich für dich tun.	☒	☐

Seite 68 Ü3

Herr Tobler kann nicht **aufstehen**.
Er will, aber er kann nicht.
Er hat **Fieber**.
Es ist sehr kalt draussen.
Er darf nicht **aus dem Haus gehen**.
Er muss heute **im Bett bleiben**.
Er muss schlafen und **viel Tee trinken**.
Er will aber zuerst **den Chef anrufen**.
Er sagt: «Ich muss **mich krankmelden**.»
Seine Frau antwortet: «Das kann ich **für dich tun**.»

Seite 70 Ü1

A Sie hat **Schnupfen.**
B Sie hat **Husten.**
C Er hat **Halsweh.**
D Er hat **Zahnweh.**
E Sie hat **Rückenschmerzen.**
F Sie hat **Kopfweh.**

Dialog 1 – Bild **A**
Dialog 2 – Bild **F**
Dialog 3 – Bild **B**
Dialog 4 – Bild **E**

Seite 71 Ü4

1 **D** 2 **A** 3 **E** 4 **B** 5 **C**

Seite 71 Ü6

1 ☒ freundlich
2 ☒ unfreundlich
3 ☒ unfreundlich
4 ☒ freundlich
5 ☒ freundlich
6 ☒ unfreundlich

Seite 72 Ü2

1 Am Montag und Dienstag und am Donnerstag und Freitag.
2 Von 8 bis 11 Uhr und von 14 bis 17 Uhr.
3 071/244 57 30
4 071/224 60 00

Seite 72 Ü3

Der Termin ist ☒ **am 5. November.**

Seite 73 Ü6

1	☒ Frau Huber	7	☒ Frau Fanconi
2	☒ Frau Fanconi	8	☒ Dr. med. Kunz
3	☒ Frau Huber	9	☒ Dr. med. Kunz
4	☒ Dr. med. Kunz	10	☒ Frau Fanconi
5	☒ Dr. med. Kunz	11	☒ Dr. med. Kunz
6	☒ Dr. med. Kunz	12	☒ Dr. med. Kunz

Seite 73 Ü7

Die Ärztin stellt wahrscheinlich Fragen zum Thema ...
☒ Rauchen
☒ Asthma
☒ Allergien
☒ Familien-Krankheiten
☒ Medikamente

Seite 73 Ü8

Frau Fanconi hat ☒ Bronchitis.

Seite 73 Ü9

Frau Fanconi bekommt das Rezept **B.**

Seite 74 Ü1

1 Bei Zahnweh geht sie zum **Zahnarzt.**
2 Bei Husten nimmt sie **Hustensaft.**
3 Bei Halsweh hilft meistens ein **Kräutertee.**
4 Bei Schnupfen braucht sie immer viele **Taschentücher.**
5 Bei Grippe bleibt sie meistens ein, zwei Tage zu **Hause.**
6 Bei Fieber hilft oft ein **Zäpfchen.**
7 Sie meint auch: Bei einer Lungenentzündung braucht man **Antibiotika.**

Seite 74 Ü2

Dialog 1	Der Mann hat	☒ **Zahnweh.**
Dialog 2	Die Frau hat	☒ **Grippe.**

Seite 74 Ü3

Herr Gubler bekommt das Kärtchen **B.**

Seite 78 Ü1

1 **C** 2 **E** 3 **A** 4 **B** 5 **D**

Seite 78 Ü2

1 Sie lebt am **Stadtrand.**
Hier wohnen viele **Familien.**
Sie hat viel Kontakt mit den **Nachbarinnen.**

2 Der Lärm ist **schrecklich.**
Sie kann die Fenster **keine Minute öffnen.**
Der Verkehr ist viel zu **laut.**

3 Er ist **auf dem Land** aufgewachsen.
Als Kind hat er beim Arbeiten **auf dem Land mitgeholfen.**
Nach der Arbeit ist er immer mit dem Traktor **nach Hause gefahren.**

Seite 78 Ü3

45% leben in den 10 grössten Städten und Agglomerationen
69% leben in Städten
24% leben in kleinen Städten
5% arbeiten in der Landwirtschaft
31% leben auf dem Land

Seite 80 Ü1

Bar – **G**
Sportgeschäft – **H**
Brillengeschäft – **E**
Bibliothek – **C**
Schuhgeschäft – **F**
Pause – **A**
Schachspielplatz – **D**
Markt – **B**

Seite 81 Ü3

	Tanja	Frau Hofstetter	Herr Alili
1	☐	☐	☒
2	☒	☐	☐
3	☒	☐	☐
4	☐	☒	☐
5	☒	☐	☐
6	☐	☒	☐

Seite 84 Ü1

D	mit dem Motorrad	18 km
B	mit dem Bus	
H	mit dem Tram	**45** km
E	mit dem Postauto	
C	mit dem Velo	**72** km
F	zu Fuss	
A	mit dem Zug	**140** km
G	mit dem Auto	**679** km
	Rest	46 km
	pro Monat	**1 000** km

Seite 85 Ü5

Neina: Meine Wahl: das **Postauto**
Philipp: Meine Wahl: das **Velo** und das **Tram**
Susanne: Meine Wahl: das **Motorrad** und die **Rollerblades**

	den Bus	das Velo	das Postauto	das Tram
1	☐	☐	☒	☐
2	☐	☐	☐	☒
3	☒	☐	☐	☐

Seite 86 Ü2

1 Abfahrt in Basel
☒ um 5.51 Uhr

Ankunft in Wien
☒ um 16.50 Uhr

2 Basel ab
☒ um 8.20 Uhr

Wien an
☒ um 18.50 Uhr

3 Frau Aybek reist
☒ mit dem Transalpin

☒ am Tag

Seite 86 Ü3

	Ja	Nein
1 Haben Sie ein Halbtaxabonnement?	☒	☐
2 Einfach oder retour?	☒	☐
3 Reisen Sie alleine?	☒	☐
4 Möchten Sie erste oder zweite Klasse?	☒	☐
5 Im Raucher-Abteil oder im Nichtraucher?	☒	☐
6 Wie lange bleiben Sie in Wien?	☐	☒
7 Haben Sie schon ein Hotelzimmer reserviert?	☐	☒
8 Bezahlen Sie bar oder mit Kreditkarte?	☒	☐
9 Reisen Sie gern mit dem Zug?	☐	☒

Seite 88 Ü2

1 ☒ Einen Campari Soda
2 ☒ Der Ventilator
3 ☒ Der Kopilot
4 ☒ Schweizerdeutsch
☒ Englisch

Seite 88 Ü3

A Dialog **2**

B Dialog **1**

Seite 88 Ü4

Dialog 1
1 ☒ 40 Minuten
2 ☒ Sie gehen in die Bye-Bye-Bar
3 ☒ Nach Rom

Dialog 2
1 ☒ London
2 ☒ Das Flugzeug ist gerade gelandet.
3 ☒ Die Mutter

Seite 92/93 Ü1

1 C	2 F	3 A	4 H
5 G	6 B	7 D	8 E

Seite 94 Ü1

Text **1**	Text **2**	Text **3**
Foto **B**	Foto **C**	Foto **A**

Seite 95 Ü3

Regula und
☒ ihr Mann
☐ ihr Kind
☐ ihre Schwester
☐ ihre Eltern

Carlo und
☐ sein Bruder
☐ sein Kind
☒ seine Frau
☐ seine Eltern

Seite 95 Ü4

1	2	3	4	5	6
D	C	A	E	B	G

Seite 96 Ü1

Geburtstagsparty	**B**
Hausfest	**E**
Begrüssungsapéro	**A**
Silvesterparty	**C**
Personalfest	**D**

Seite 97 Ü3

	richtig	falsch
1 Pamela ruft Sandra an und lädt sie zu einer Party ein.	☒	☐
2 Ramón ist der Vater von Sandra. Sie nimmt ihn zur Party mit.	☐	☒
3 Pamela hat viele Freundinnen und Freunde eingeladen. Sandra kennt sie alle gut.	☐	☒
4 Sandra macht ein Dessert und nimmt es mit zur Party.	☒	☐

Seite 97 Ü6

1 Familie Antunes schreibt: «Liebe Frau Hofer, wir möchten **Sie** herzlich zum Apéro einladen.»
2 Herr Meier, der Personalchef, schreibt: «Liebe Mitarbeiterinnen und Mitarbeiter, ich möchte **Sie** herzlich zu unserem Firmenessen einladen.»
3 Max schreibt: «Bald beginnt das neue Jahr. Ich möchte **es** zusammen mit meinen Freunden begrüssen.»
4 Pamela sagt: «Sandra, alle meine Freundinnen und Freunde kommen an die Grillparty. Kommst du auch? So lernst du **sie** mal kennen.»
5 Sandra sagt: «Pamela, mein Bruder ist hier. Kann er zur Party mitkommen? So kannst du **ihn** auch kennen lernen.»

Seite 98 Ü2

	Vater	Kaila	Mutter
1 Wir sind zum Geburtstagsfest von Sergio eingeladen.	☐	☐	☒
2 Wie alt wird er denn?	☒	☐	☐
3 Lies vor! Bitte, lies vor!	☐	☒	☐
4 Was möchtest du Sergio schenken?	☐	☐	☒
5 Er darf meinen Delfin haben.	☐	☒	☐
6 Gut, du darfst ihm deinen Delfin schenken.	☐	☐	☒
7 Können wir ihm auch eine Videokassette schenken?	☐	☒	☐
8 Wir schenken ihm besser eine CD mit Frühlingsliedern.	☒	☐	☐
9 Ich rufe Sergios Mutter an und sage ihr, dass wir kommen.	☐	☐	☒
10 Bringen wir den Eltern auch etwas mit?	☒	☐	☐
11 Ja, wir bringen ihnen eine gute Flasche Wein mit.	☐	☐	☒

Seite 99 Ü4

Zum Dialog passt Karte **A**.

Seite 100 Ü1

«Am schönsten hat Sergio an seinem vierten **Geburtstag** gefunden, dass fast alle seine **Freunde und Freundinnen** gekommen sind. Wir haben im Quartierzentrum **gefeiert**. Die Kinder waren den ganzen Nachmittag **aktiv**. Sie haben immer wieder **Spiele gemacht**.
Am beliebtesten war das Seilziehen. Wir **Erwachsenen** haben geschaut, welche **Gruppe** am stärksten ist.
Später haben **die Kinder** ein Hindernisrennen gemacht. Kaila war schnell, Sergio war schneller, aber Leroy war am schnellsten.
Und dann hat Sergio **die Geschenke** ausgepackt. Am meisten Freude haben ihm **die Rollerblades** gemacht.
Etwas später **am Nachmittag** sind alle Kinder an den Tisch gekommen und haben den **Geburtstagskuchen** gegessen. Ein Schokoladekuchen natürlich. Den haben die Kinder einfach am liebsten.
Zum Schluss **haben wir** «Zum Geburtstag viel Glück» **gesungen**. Zuerst auf Deutsch, dann auf **Italienisch** und dann noch auf **Englisch**. Am lautesten hat Sergio selber gesungen.
Ja, es war ein schönes **Fest**. Auch Sergio hat es gefallen. Am meisten **Freude** hat ihm am Schluss Kailas Kompliment gemacht.»

Seite 101 Ü1

Am Montag hat sie um **14.15** Uhr einen Termin beim Arzt. Am Mittwoch**nachmittag** muss sie zur Krankenkasse und dort ein Formular abgeben. Sie will das Formular am Dienstagabend ausfüllen. Am Donnerstag**abend** kommt ihr Schwager Silvio zu Besuch. Am Freitag hat sie Waschtag und am Samstag ist das Geburtstagsfest ihrer Tochter Alessandra. Das muss sie auch noch vorbereiten. Frau Locatelli darf nichts vergessen! Sie hat notiert, was sie alles machen muss.

Seite 102 Ü1

1 am 16. und 17. September
2 in Flaach
3 Konzerte, Ausstellungen, Wettbewerbe und vieles mehr
4 der Wein aus der Region von Flaach
5 regionale Spezialitäten

Seite 102 Ü1

Foto **A**	Foto **B**	Foto **C**
Interview **2**	Interview **1**	Interview **3**

Seite 106 Ü1

	in der Grafik	**im Text**
a In der Schweiz hat jeder Kanton sein eigenes Schulsystem.	☐	☒
b Alle Kinder müssen in die Schule gehen.	☐	☒
c Die obligatorische Schulzeit beträgt neun Jahre.	☐	☒
d Der Schulbesuch kostet in der Schweiz nichts.	☐	☒
e Im Kanton Basel-Stadt gibt es die Schultypen «Primarschule», «Orientierungsschule» (OS) und «Weiterbildungsschule» (WBS).	☒	☒
f Für fremdsprachige Kinder und Jugendliche gibt es in Basel-Stadt die Fremdsprachenklassen und die Integrationsgruppen.	☒	☒
g Im Kanton Basel-Stadt gibt es auf der Sekundarstufe 1 die OS und die WBS.	☒	☐

Seite 107 Ü4

A Französisch
B Deutsch
C Sport
D Mathematik
E Musik
F Manuelle Gestaltung

Seite 108 Ü6

	Sandra	**Dragan**	**Julia**	**Michael**
1 Ich will in die WBS, weil ich für meinen Traumberuf kein Studium brauche.	☒	☐	☐	☐
2 Ich will ins Gymnasium, weil ich gern zur Schule gehe.	☐	☐	☒	☐
3 Ich gehe in die WBS, weil ich lieber gut in der WBS als schlecht im Gymnasium bin.	☐	☒	☐	☐
4 Ich möchte in die WBS, weil ich da Hilfe bei der Berufswahl bekomme.	☐	☐	☐	☒
5 Mein Ziel ist das Gymnasium, weil ich später Architektur studieren will.	☐	☒	☐	☐

Seite 109 Ü1

Arbeitsstelle: **5 %**
Zwischenjahr: **23 %**
Anlehre: **2 %**
Berufslehre: **57 %**
Gymnasium oder Diplommittelschule: **11 %**

Seite 109 Ü2

Das sagt Frau Thoma	**Ja**	**Nein**
1 Viele Jugendliche entscheiden sich für eine Berufslehre. Das ist in der Schweiz seit vielen Jahren so.	☒	☐
2 Die jungen Leute interessieren sich nur für das Gymnasium.	☐	☒
3 In der Schweiz kann man nur an der Universität einen Beruf lernen.	☐	☒
4 Eine Lehre machen, das heisst praktisch und theoretisch lernen.	☒	☐
5 Die Jugendlichen lernen drei bis vier Tage pro Woche in einem Betrieb.	☒	☐
6 Ein bis zwei Tage pro Woche gehen sie in die Berufsschule.	☒	☐
7 In der Berufsschule spricht man vor allem Italienisch.	☐	☒
8 Mit einer Lehre hat man gute Chancen im Beruf.	☒	☐
9 Alle jungen Leute von heute träumen von einer schnellen Karriere und vom grossen Geld.	☐	☒
10 Eine Lehrstelle finden, das ist nicht immer einfach.	☒	☐
11 Auch im 10. Schuljahr kann man sich auf die Berufswahl vorbereiten.	☐	☒
12 Wenn junge Leute keine Lehrstelle finden, müssen sie auf ein Wunder warten.	☐	☒

Seite 109 Ü3

1 **Satz 12** 2 **Satz 9** 3 **Satz 1** 4 **Satz 2** 5 **Satz 11**

Seite 110 Ü4

Name: **Deborah DeCarlo**
Muttersprache: **Italienisch und Deutsch**
Herkunftsland: **Italien**
Schulen: **Primarschule, Realschule, 10. Schuljahr, Berufsschule**
Pläne: **Lehrabschlussprüfung, Arbeit als Pharma-Assistentin, Ferien**

Name: **Enrique Cabreja**
Muttersprache: **Spanisch**
Herkunftsland: **Dominikanische Republik**
Schulen: **Grundschule, Klasse für Fremdsprachige, Oberstufe, Berufsschule**
Pläne: **Deutschkenntnisse verbessern, Lehre mit Lehrabschluss**

Seite 111 Ü1

1 in Thun
2 Integrationskurs für fremdsprachige Jugendliche (BVI), Berufsvorbereitung mit Schwerpunkt in der praktischen Ausbildung (BVP), Berufsvorbereitung mit Schwerpunkt Allgemeinbildung (BVA), Vorlehre
3 den BVI-Kurs
4 der BVA-Kurs
5 die Vorlehre

Seite 112 Ü1

Foto **A**	Foto **B**	Foto **C**
Text **1**	Text **3**	Text **2**

Seite 113 Ü2

1 Maria konnte gut rechnen.
2 Ich konnte gut **singen**.
3 Wir konnten beide gut **lesen**.

4 Die Mädchen durften in der Schule keine Hosen **tragen**.
5 Während der Stunde durften wir nicht miteinander **reden**.
6 Wir mussten ruhig **sein**.

Seite 114 Ü5

1 Der Schulweg war zehn Minuten von der Wohnung entfernt. Am ersten Schultag haben die Eltern Franca begleitet. Danach ist sie den Weg allein gegangen.
2 Das Schulzimmer war gross und hell. An den Wänden waren Bilder aus der Schweiz.
3 Der Lehrer war freundlich. Er hat Herr Meili geheissen. Franca hatte keine Angst vor ihm.
4 Sie waren etwa vierzig Mädchen und Jungen. Es hatte nur eine Ausländerin, Franca.
5 Alle haben Franca angeschaut. Es hat sie nicht gestört.

Seite 115 Ü2

	Ja	Nein
1 «Sich weiterbilden» heisst Neues lernen.	☒	☐
2 Wenn man eine Arbeit hat, muss man nichts mehr lernen.	☐	☒
3 Lernen kann Angst machen.	☒	☐
4 Wer eine Weiterbildung macht, hat viel Zeit.	☐	☒
5 Das Berufsinformationszentrum ist nur für Jugendliche offen.	☐	☒

Seite 115 Ü3

Herr León kommt **aus Ecuador**. Er ist seit **acht Jahren** in der Schweiz. Zuerst hat er in einem Restaurant als **Küchenhilfe** gearbeitet. Er wollte aber als **Koch** arbeiten, das ist **interessanter** und man verdient **besser**. Er hat gehört, dass man auch als Erwachsener **eine Lehre** machen kann. Drei Jahre lang ist er **jeden Dienstag zur Schule gegangen**. Nach der Arbeit musste er **lernen und Hausaufgaben machen**. Er hatte wenig **Freizeit**. Seine Frau hat ihm **viel geholfen**. Jetzt ist er Koch. Er meint: «Es war **anstrengend**, aber es hat sich **gelohnt**.»

Seite 116 Ü1

1 Kevin ist sechs Jahre alt.
2 Nein, Kevin geht in den Kindergarten.
3 Er benötigt es für den Schulweg.
4 Ein Apfel.

Seite 116 Ü3

1 Eine Person fragt auf Hochdeutsch und die andere Person antwortet auf Hochdeutsch.	☐
2 Eine Person fragt im Dialekt, die andere Person antwortet auf Hochdeutsch.	☐
3 Eine Person spricht im Dialekt und die andere Person übersetzt auf Hochdeutsch.	☒
4 Eine Person spricht Hochdeutsch. Die andere Person übersetzt in den Dialekt.	☐

Seite 116 Ü4

	Kevin	Nadine
1 Die Znüni-Tasche ist für ...	☒	☐
2 Die Schultasche ist für ...	☐	☒
3 Das Turnzeug ist für ...	☐	☒
4 Das Heft ist für ...	☐	☒
5 Das Znüni-Brot ist für...	☐	☒
6 Der Apfel ist für ...	☒	☐
7 Das Dreieck ist für ...	☒	☐

Seite 120 Ü1

Text 1:	**Die Kellnerin**
Name	Barbara
Beruf	Studentin
Stellung	Kellnerin
Arbeitszeit	8 bis 15 Uhr
Tätigkeit	Gebäck und Glace an der Theke verkaufen, im Restaurant Kunden bedienen
Das macht Spass	mit den Kunden sprechen
Das bringt Stress	wenn am Mittag viele Leute kommen und alles schnell gehen muss
Text 2:	**Der Küchenchef**
Name	Giovanni
Beruf	Koch
Stellung	Küchenchef
Arbeitszeit	«28 Stunden am Tag», keine genauen Arbeitszeiten
Tätigkeit	Arbeitspläne für Hilfskoch und für Patissier machen, Menüpläne schreiben, Nahrungsmittel bestellen und vieles mehr
Das macht Spass	das Arbeitsklima
Das bringt Stress	immer viel Arbeit
Text 3:	**Die Besitzer**
Name	Raffaele Salvati Raffaele Lo Porto
Beruf/ Stellung	Besitzer des Restaurants
Arbeitszeit	keine festen Arbeitszeiten
Tätigkeit	Lohnabrechnungen für die Angestellten, im Restaurant anwesend sein
Das macht Spass	Kontakt zu den Kunden
Das bringt Stress	Es gibt immer viel zu tun

Seite 121 Ü2

Herr Salvati spricht über
- ☒ seinen Herkunftsort
- ☒ die Gründe, warum er in die Schweiz gekommen ist
- ☒ zufriedene Kunden
- ☒ Stress im Geschäft
- ☒ seine Mitarbeiter
- ☒ das wichtigste Werkzeug in seinem Beruf

Seite 121 Ü4

Raffaele Salvati unterhält sich mit einem Gast. Er meint: «Für meine Gäste habe ich immer **Zeit**. Er erzählt: «Ich habe mich in eine **Schweizerin** verliebt. Das ist aber nur ein Grund, warum ich in die **Schweiz** gekommen bin. Der andere Grund ist die **Liebe** zu meinem Beruf.» Raffaele freut sich immer über zufriedene **Kunden**. Und er ärgert sich, wenn seine **Mitarbeiter** zu spät kommen. Und das meinen die Gäste: «Wir freuen uns, dass es das ‹Italian Sweet› gibt. Wenn wir hier sind, fühlen wir uns wie in **Italien**.»

Seite 122 Ü1

A Sie ist **Lager-Mitarbeiterin**.
B Er arbeitet als **Raumpfleger**.
C Er ist **Programmierer**.
D Sie ist **Ärztin**.
E Er arbeitet als **Maler**.
F Sie ist **Coiffeuse**.

Seite 122 Ü2

Branchen	**Berufe**
Verkauf	Verkäuferin
Baugewerbe	Maler, Elektromonteur
Pflege und Medizin	Ärztin, Zahnarztassistentin
Gastgewerbe	Köchin, Kellner
Kaufmännische Berufe	Sekretärin
Informatik	Programmierer
Hauswirtschaft/Reinigung	Raumpfleger
Diverse Berufe	Coiffeuse, Lager-Mitarbeiterin

Seite 123 Ü1

Diese Aussage passt zum ...	**Inserat**
1 Für diese Stelle muss man gut Deutsch sprechen können.	B, C, E
2 Die Firma sucht eine Frau, keine Männer.	B, E
3 Man kann Teilzeit arbeiten.	B
4 Für diese Stelle muss man bereits Erfahrung mitbringen.	D
5 Hier ist eine Stelle im Gastgewerbe frei.	D
6 Hier muss man auch Englisch oder Französisch können.	B, C
7 Die Arbeitszeit ist regelmässig.	E
8 Man muss einen Lastwagen fahren können.	A
9 Hier muss man selbständig arbeiten können.	A
10 Für diese Stelle muss man eine C-Bewilligung haben.	E

Seite 123 Ü2

Dialog **1**	Kiosk-Mitarbeiterin
Dialog **2**	Magaziner/Chauffeur
Dialog **3**	Taxichauffeuse
Dialog **4**	Küchenhilfe

Seite 123 Ü3

	Frau Birrer	**Herr Miftari**	**Frau Svoboda**	**Herr Kathiravelu**
1	☐	☐	☐	☒
2	☒	☐	☐	☐
3	☐	☒	☐	☐
4	☐	☐	☒	☐
5	☐	☐	☐	☒
6	☐	☒	☐	☐
7	☐	☐	☐	☒
8	☐	☐	☒	☐
9	☒	☐	☐	☐

Seite 124 Ü4

	Ja	**Nein**	**Vielleicht**
1	☒	☐	☐
2	☒	☐	☐
3	☒	☐	☐
4	☐	☒	☐
5	☐	☒	☐
6	☒	☐	☐
7	☐	☐	☒
8	☒	☐	☐

Seite 125 Ü2

1 ☒ Er musste als Tellerwäscher arbeiten.
2 ☒ Weil er Englisch konnte.
3 ☒ Weil er seine Frau kennen gelernt hat.
4 ☒ Er hat Deutschkurse besucht.
☒ Er hat einen Grundpflegekurs gemacht.
5 ☒ Er ist Pflegeassistent.
6 ☒ Er und seine Frau ziehen in die Nähe von Bern.

Seite 126 Ü1

☒ Er bekommt keinen 13. Monatslohn.

Seite 126 Ü2

Text 1: Muss ich Überstunden machen?
Text 4: Kündigung bei Krankheit?
Text 2: Ein neuer Vertrag, aber weniger Lohn
Text 5: 13. Monatslohn gestrichen
Text 3: Kündigungsfrist: Wann kann ich gehen?

Seite 127 Ü4

A 2 **B** 3 **C** 4 **D** 1 **E** 5

Seite 129 Ü4

	Ja	**Nein**
1 Wenn man eine Stelle verliert, geht man am besten gleich in ein RAV-Zentrum. Da bekommt man Informationen.	☒	☐
2 Man bekommt nur Arbeitslosengeld, wenn man selber aktiv Arbeit sucht.	☒	☐
3 Wenn man an der letzten Stelle Fr. 3000.– verdient hat, bekommt man auch Fr. 3000.– Arbeitslosengeld.	☐	☒
4 Man bekommt maximal drei Jahre Arbeitslosengeld.	☐	☒
5 Wer arbeitslos ist, muss Kurse besuchen. Das ist obligatorisch.	☒	☐
6 Man hat jede Woche ein Gespräch mit dem RAV-Berater.	☐	☒
7 Im RAV-Zentrum gibt es nur Informationsbroschüren auf Deutsch.	☐	☒

Seite 130 Ü2

Dialog 1
Im Verkauf muss man Schweizerdeutsch
☒ verstehen können

Dialog 2
Was ist richtig?
☒ Frau Svoboda kann später noch einmal anrufen.

Dialog 3
Was fragt Herr Nussbaumer?
☒ Was haben Sie bis jetzt gearbeitet?
☒ Haben Sie Erfahrung als Schreiner?
☒ Können Sie einmal vorbeikommen?

Dialog 4
Was ist richtig?
☒ Man kann eine Nachricht hinterlassen.

Was meinen Sie: Was macht Herr Kathiravelu jetzt?
☒ Er sagt, dass er wieder anruft.

Seite 131 Ü3

☒ B

Seite 134/135 Ü1

1 **d**	2 **h**	3 **a**	4 **i**	5 **k**
6 **g**	7 **f**	8 **e**	9 **c**	10 **b**

Seite 137 Ü1

1 **d**	2 **g**	3 **h**	4 **a**
5 **f**	6 **e**	7 **b**	8 **c**

Seite 139 Ü1

Öffnungszeiten des Sekretariates
Montag bis Freitag von 10 Uhr bis **18.30** Uhr und am **Samstag** von 9 Uhr bis **13** Uhr.

Informationen zu den Deutschkursen
D1: Mo + Do, 19.15 Uhr bis **21.15** Uhr; Beginn: 11. September
D2: Di + Fr, 19.15 Uhr bis 12.30 Uhr und **14** Uhr bis **16** Uhr; Beginn: 12. September
D3: **Di** + **Fr**, **19.15** Uhr bis 21.15 Uhr; Beginn **12.** September
D4: **Mittwoch**, **20.15** Uhr bis **22.15** Uhr; Beginn **13.** September

Seite 139 Ü2

Name: Elena **Voyatzis**
Strasse: **Baslerstrasse 46**
Ort: **4632** Trimbach

Seite 139 Ü3

Datum: 13. September — Zeit: 10.15 Uhr
Anruf von Frau **Voyatzis**
Mitteilungen Kurs **D4**: Frau **Voyatzis** kann heute **nicht kommen**.
Nächsten Mittwoch **kommt sie**.

Seite 140 Ü4

Albert Manser hat als Kind auf einem Bauernhof in der Nähe von Appenzell gelebt. Seine Eltern **waren Bauern**. Albert Manser hat schon als Kind gern **gemalt und gezeichnet**. Das war seine Lieblingsbeschäftigung. Als er **14 Jahre alt** war, ist er in die französische **Schweiz** gegangen und hat dort **ein Jahr** in einer Bäckerei **gearbeitet** und **Französisch** gelernt. Danach hat er eine **Lehre** als Konditor **gemacht**. Das war in St. Gallen. Nach der Lehre hat er **elf** Jahre lang in verschiedenen Konditoreien in d**er Ostschweiz** gearbeitet. In seiner Freizeit hat er **sehr viel** gemalt. 1964 hatte er seine erste **Ausstellung**. **1967** hat er aufgehört, a**ls Konditor** zu arbeiten. Seither arbeitet er **nur noch als Maler**. Das Bilderbuch «Albertli» hat Albert Manser **1987 gemacht**. Das Buch ist ein Erfolg. Es gibt Übersetzungen auf **Englisch**, **Französisch** und **Japanisch**!

Seite 142 Ü1

Plessurstrasse **161**
Von **Montag** bis **Freitag**
Von **8** Uhr bis **11** Uhr

Seite 142 Ü2

A		B	
1 Salatteller	Fr. 16.–	1 Menü 1	Fr. **19.–**
3 dl Mineral	Fr. **3.–**	1 Most	Fr. **4.–**
1 Espresso	Fr. **3.40**	1 Kaffee crème	Fr. **3.40**
Total	Fr. **22.40**	Total	Fr. **26.40**

Seite 142 Ü3

☒ das Wetter
☒ den Regen
☒ den Mann
☒ die Grippe
☒ die Tochter

Seite 143 Ü1

Zu Lied 1 passt Bild **C**.
Zu Lied 2 passt Bild **B**.
Zu Lied 3 passt Bild **A**.
Zu Lied 4 passt Bild **D**.

Es gibt einen Buben mit Namen Fritz	Lied **1**
Die Zeit anhalten	Lied **3**
Geh, ruf die Braunen	Lied **4**
Swimmingpool und Zürichsee	Lied **2**

Seite 144/145 Feld 2

→ dreissig – neunundzwanzig – achtundzwanzig – siebenundzwanzig – sechsundzwanzig – fünfundzwanzig – vierundzwanzig – dreiundzwanzig – zweiundzwanzig – einundzwanzig
→ hundert – neunzig – achtzig – siebzig – sechzig – fünfzig – vierzig – dreissig – zwanzig – zehn
→ siebzig – fünfundsechzig – sechzig – fünfundfünfzig – fünfzig – fünfundvierzig – vierzig – fünfunddreissig – dreissig – fünfundzwanzig
→ vierzig – achtunddreissig – sechsunddreissig – vierunddreissig – zweiunddreissig – dreissig – achtundzwanzig – sechsundzwanzig – vierundzwanzig – zweiundzwanzig – zwanzig

Seite 144/145 Feld 4

→ gut – besser – am besten
→ gross – grösser – am grössten
→ gern – lieber – am liebsten

Seite 144/145 **Feld 8**

→ ich freue mich – du freust dich – er (es, sie) freut sich – wir freuen uns – ihr freut euch – sie freuen sich
→ ich beeile mich – du beeilst dich – er (es, sie) beeilt sich – wir beeilen uns – ihr beeilt euch – sie beeilen sich
→ ich entschuldige mich – du entschuldigst dich – er (es, sie) entschuldigt sich – wir entschuldigen uns – ihr entschuldigt euch – sie entschuldigen sich

Seite 144/145 **Feld 10**

→ ich nehme – du nimmst – er (es, sie) nimmt – wir nehmen – ihr nehmt – sie nehmen
→ ich esse – du isst – er (es, sie) isst – wir essen – ihr esst – sie essen
→ ich sehe – du siehst – er (es, sie) sieht – wir sehen – ihr seht – sie sehen
→ ich möchte – du möchtest – er (es, sie) möchte – wir möchten – ihr möchtet – sie möchten

Seite 144/145 **Feld 14**

→ ich kaufe ein – du kaufst ein – er (es, sie) kauft ein – wir kaufen ein – ihr kauft ein – sie kaufen ein
→ ich rufe an – du rufst an – er (es, sie) ruft an – wir rufen an – ihr ruft an – sie rufen an
→ ich helfe mit – du hilfst mit – er (es, sie) hilft mit – wir helfen mit – ihr helft mit – sie helfen mit
→ ich höre auf – du hörst auf – er (es, sie) hört auf – wir hören auf – ihr hört auf – sie hören auf

Seite 144/145 **Feld 16**

→ Frau Beerli ist um 5 Uhr aufgestanden. Sie ist um 6 Uhr zur Arbeit gegangen.
→ Ich habe heute einen Freund besucht. Wir haben Tee getrunken und Kuchen gegessen.

Seite 144/145 **Feld 20**

→ ich kann – du kannst – er (es, sie) kann – wir können – ihr könnt – sie können
→ ich muss – du musst – er (es, sie) muss – wir müssen – ihr müsst – sie müssen
→ ich will – du willst – er (es, sie) will – wir wollen – ihr wollt – sie wollen
→ ich darf – du darfst – er (es, sie) darf – wir dürfen – ihr dürft – sie dürfen

Seite 144/145 **Feld 22**

→ ich konnte – du konntest – er (es, sie) konnte – wir konnten – ihr konntet – sie konnten
→ ich musste – du musstest – er (es, sie) musste – wir mussten – ihr musstet – sie mussten
→ ich wollte – du wolltest – er (es, sie) wollte – wir wollten – ihr wolltet – sie wollten
→ ich durfte – du durftest – er (es, sie) durfte – wir durften – ihr durftet – sie durften

Seite 144/145 **Feld 26**

Ich war krank. Ich hatte hohes Fieber.
Du warst nervös. Du hattest keine Zeit.
Sie war müde. Sie hatte viel zu tun.

Seite 144/145 **Feld 28**

→ Ich finde es gut, dass hier immer etwas los ist.
→ Ich finde es gut, dass man hier Schach spielen kann.
→ Ich finde es gut, dass es hier einen Markt gibt.

Seite 144/145 **Feld 30**

→ Wenn es regnet, nehme ich das Tram.
→ Wenn ich warten muss, werde ich nervös.
→ Wenn ich dich sehe, bin ich glücklich.

Quellenverzeichnis

Appenzeller Schaukäserei, Stein: S. 40
Berufsberatung: Fotos André Melchior © Berufsberatung der Stadt Zürich: S. 119, 127
Bundesamt für Landestopographie: S. 7, 14, 15
Cathomen, Neina: S. 77, 79
Dolderer, Heinz: S. 86
Domenig-Krug, Hans: S. 78
Edition M, Thailändische Küche; Kochen rund um die Welt: S. 65
EMI Records, Zürich: S. 18
Verlag Karl Engelberger, Stansstad: S. 40
Erni, Regina: S. 33, 34, 111
Ernst Klett Verlag, Stuttgart: S. 7, 17
Exposa Verlags GmbH, Bäch: S. 32, 88
Foto Geiger & Co., Flims: S. 77, 79
Foto-Service SBB, Bern: S. 87
Gähwyler, Karl, Caritas Schweiz: S. 112
Getty One Stone: S. 75
Giannini, Amadeo: S. 112
Globetrotter GmbH, Luzern: S. 39
Gyger, Markus: S. 84
Harder, Franziska: S. 8, 25, 26, 30, 35, 38, 39, 41, 47, 49, 58, 79, 80, 81, 84, 115
Hess, Jörg, Basel: S. 28
Hippokrates: Heribert Schmidt, «Konstitutionelle Akupunktur» Hippokrates Verlag, Stuttgart: S. 67
Hodel, Fred: S. 111
Hug, Rebecca: S. 7, 8, 11, 14, 25, 29, 30, 38, 42, 74, 77, 117
Kiepenheuer & Witsch: «Eine italienische Familie» von Franca Magnani © 1990 by Verlag Kiepenheuer & Witsch, Köln: S. 114
Kindler, Nora: S. 105, 106, 107, 116, 119, 120
Kirchner Museum Davos: S. 82–83
Klink, Reto: S. 119
Klubschule Migros: S. 66
Koschig Werni: S. 46
Leemann Andreas: S. 88
Lindig, Susi: S. 105, 112, 113
Maurer, Ernst: S. 21, 22, 27, 33, 35, 42, 44, 50, 55, 59, 60, 100, 110, Umschlag
Migros-Genossenschafts-Bund: S. 64
Photoglob Zürich: S. 18, 35, 39, 48, 77
Prisma: S. 39
Pro Juventute: Albert Manser, «Albertli», Verlag Pro Juventute, Zürich: S. 140
Salzmann, Madeleine: S. 19, 21, 22, 24, 45, 52, 56
Schweiz Tourismus: S. 7, 14, 15
Sperto, Gabriela: S. 98
Städtische Verkehrsbetriebe Bern: S. 84, 85
Swisscom: S. 52
Swissmint: S. 28
Verlag Dominique: S. 91
Volpi, S.: S. 119
Zanetti, Pia: S. 94, 95

Trotz intensiver Bemühungen konnten nicht alle Inhaber von Text- und Bildrechten ausfindig gemacht werden. Für entsprechende Hinweise ist der Verlag dankbar.